KB260208

임동석중국사상100

유학경림

幼學瓊林

1/3

程登吉 撰 · 鄒聖脈 註 / 林東錫 譯註

〈鷄雛待飼圖〉宋, 李迪, 北京故宮博物館

"상아, 물소 뿔, 진주, 옥. 진괴한 이런 물건들은 사람의 이목은 즐겁게 하지만 쓰임에는 적절하지 않다. 그런가 하면 금석이나 초목, 실, 삼베, 오곡, 육재는 쓰임에는 적절하나 이를 사용하면 닳아지고 취하면 고갈된다. 그렇다면 사람의 이목을 즐겁게 하면서 이를 사용하기에도 적절하며, 써도 닳지 아니하고 취하여도 고갈되지 않고, 똑똑한 자나 불초한 자라도 그를 통해 얻는 바가 각기 그 자신의 재능에 따라주고, 어진 사람이나 지혜로운 사람이나 그를 통해 보는 바가 각기 그 자신의 분수에 따라주되 무엇이든지 구하여 얻지 못할 것이 없는 것은 오직 책뿐이로다!"

《소동파전집》(34) 〈이씨산방장서기〉에서 구당(丘堂) 여원구(呂元九) 선생의 글씨

책머리에

　명대 격언서와 몽학서 중에 가장 중요하며 훌륭하다고 널리 알려진 《명심보감》, 《채근담》, 《증광현문》을 역주하여 마치면서 필자는 매우 신기한 행복감에 젖어 있었다. 즉 나이 들어 이들 처세명언집을 완전히 새롭게 샅샅이 파고들면서 '그래, 맞아!' 하고 감탄이 절로 나올 때가 한두 번이 아니었고, 나아가 구절마다 문장마다 바로 나를 두고 하는 말임을 절감했기 때문이었다. 나도 모르게 공부한 보람이 이런 것이려니 하였던 것이다. 그러나 그것조차 사치요 거만이었다. 춘추시대 거백옥遽伯玉이라는 사람은 공자도 무척 칭찬한 인물이었는데, 그는 나이 쉰이 되어서 마흔아홉까지의 삶이 그릇되었음을 알게 되었다고 스스로 후회하였다. 그런데 내 나이 망륙望六이 훨씬 넘었는데도 이제껏 내 잘난 줄 알았고, '나는 그렇게 못되게 살지 않았어'라고 독선을 부린 엊그제를 생각하면 부끄럽기 그지없고, 나아가 깨닫지 못하고 살아온 것이 그믐밤에 촛불 하나 들고 어두운 산길을 헤맨 것임을 자인할 줄 몰랐다는 것이 더욱 안타깝게 느껴질 뿐이었다.

　물론 이 《유학경림》이라는 책은 문학서는 아니다. 더구나 역사서도 아니며 무슨 아름다운 작품도 아니다. 그저 어린아이가 익혀야 할 필수적인 상식이라는 뜻을 가진 하찮은 책일지도 모른다. 게다가 고대 봉건적 사회, 명대 중국 전통적인 몽학서에 불과하다. 그럼에도 나는 또 다시 이 책을 역주하면서 앞서 말한 다른 책을 작업할 때처럼 무한한 기쁨과 또 다른 발견에 스스로를 고맙게 보는 기회를 갖게 되었다. 지혜의 바다에 풍덩 빠지고, 지식의 숲 속을 실컷 헤맨 느낌이었으며 '학해무애學海無涯'의 순박한 감동이 기대보다 많이 내게 다가왔다.

하늘의 섭리와 땅의 이치, 우주의 생성과 만물의 순환, 그리고 삼라만상의 인간을 위한 명칭과 인류의 정도正道는 도리어 사회화된 규범어일 뿐, 실제는 그저 생활 그 자체이며, 앉아서 천리를 보고, 서서는 만리를 보며, 누워 상상하면 천년을 꿰뚫고, 굽어 내려다보면 만년을 직시할 수 있는 어린 아이의 발견의 기쁨, 그런 것이 들어 있었다. 그래서 물건을 닫을 때는 왼손가락으로 해야 한다. 그래야 그보다 큰 힘의 오른손으로 풀 수 있다. 마찬가지로 내 가슴의 문을 잠글 때는 어린아이 힘으로 해야 하리라. 그래야 어른의 힘으로 풀 수 있다. 나아가 이 삶의 소중한 인연을 어쩔 수 없이 닫아야 한다면 내 가장 약한 눈물로 닫으리라. 그래야 다시 풀 때 시원한 함박웃음으로 열지 않겠는가?

이 천지 자연에 내가 해 준 것이 무엇이 있다고 계절은 나에게 그 때마다 꽃을 보여주고 구름을 얹어주며 바람으로 옷깃을 흔들어주고, 아니 매서운 추위를 주고 견딜 수 없는 폭풍우까지 선사해주는가? 산길 능선을 걷도록 해주고 더덕과 삽주 뿌리를 알게 해주었으며, 잔설 속의 산동박으로 환희를 만들어 가슴에 부어주고 진달래로 선녀의 옷자락을 만들어 눈 안 가득 하늘거리는 치졸한 시상을 떠올리도록 해 주는가?

이렇게 참으로 고맙고, 건강하고 아름다운 세상을 뜬눈으로 보게 해 주었던 많은 고마움이 내 살면서 갚아야 할 부채요 빚이 아닐까 하고 부담스러워 해 본 적이 있다.

　이에 《유학경림》에 보이는 아름다운 동심의 소박한 지식들처럼, 무한하고 고차원적인 엄청난 학술 못지않게 지식도 행복도 꿈도 사랑도 아주 작은 어린아이의 눈에 보이는 세계와 같은 것임을 터득할 수 있는 것들을 찾아내는 책으로, 읽는 이들에게 그 작은 기쁨을 주면 그것으로 족하겠다는 아주 작은 바람으로 책을 다시 꾸며 내놓는다. 작은 지식의 확인도 때로는 '감동'이라는 말로 표현해도 되는 책이기 때문이다.

줄포茁浦 임동석林東錫 부곽재負郭齋에서 적음.

일러두기

1. 이 책은 《유학고사경림幼學故事瓊林》(明 程登吉 原著, 群樂 龍飛改編, 上下 2책. 簡體 活字本. 復旦大學出版社, 1988. 上海)를 저본으로 하였다.

2. '원문原文' 다음에 이어지는 '증문增文'도 연결하여 전체를 1326련聯으로 나누어 완역상주完譯詳註하였다.

3. 〈복단대본〉(1988)은 모두 일련번호를 부여하여 1537련聯을 싣고 있으나 실제로 14련이 누락되어 있고, 속증續增 225련은 현대인 비유용費有容이 추가한 것으로 이를 제외할 경우 모두 1326련이 된다. 이를 모두 일련번호를 부여하여 전체를 주석하였다.

4. 한편 '속증續增'(총 225련)은 매 항목 끝에 그 원문을 제시하여 참고로 활용할 수 있도록 하였다.

5. 백화본으로 《신역유학경림新譯幼學瓊林》(臺灣 三民書局 馬自毅 注譯, 陳滿銘 校閱, 2003 臺北)이 있어 매우 유익한 참고가 되었음을 밝힌다.

6. 그 외에 《유학경림幼學瓊林》(岳麓書社, 1989, 長沙), 《유학백화구해幼學白話句解》(華聯出版社, 1975 臺北), 《유학경림幼學瓊林》(葉玉麟 註解, 大夏出版社, 1982, 臺南), 《유학경림幼學瓊林》(陝西旅遊出版社, 2003)등이 있으나 일부는 어린이용으로 재편집하거나 초록하여 일부만 다룬 것, 만화로 재구성한 것 등 다양하며 더구나 체제와 내용이 매우 상이한 것도 있다.

7. 본 역주는 원문을 대련으로 정리하여 싣고 이를 해석하였으며 이어서 그에 관련된 주석은 우선 추성맥鄒聖脈의 주를 근거로 하였으나 일부는 출처와 내용의 오류가 있고 문자의 오자, 탈자가 있어 이를 일일이 원전과 대조하여 밝혔으며 본인이 각 원전들을 검색하여 부연하거나 새로운 출전을 근거로 교체하거나 추가한 내용도 있다.

8. 한편 추씨 주석은 자신이 원전의 내용을 축약, 혹은 문장을 변형하여 실은 것이 많아, 일부는 그 원의 해석이 명료하여 이를 그대로 활용하였으나 일부는 본인이 다시 원전을 찾아 원래대로 제시하여 정확도를 높이고자 하였다.

9. 원문이 판본마다 다를 경우 〈복단대본〉을 근거로 하되 그 내용을 주에서 밝혔다.

10. 출전은 가능하면 모두 밝혀 근거를 제시하고 그 내용을 알 수 있도록 다시 설명하였으며, 주석에서 내용과 분량이 많아 그 원문을 모두 실을 수 없을 경우 해석의 괄호 안에 중요한 구절을 한문 원문을 넣어 원의原義와의 대조에 도움이 되도록 하였다.

❋ 참고문헌

1. 《幼學故事瓊林》(上下) 明 程登吉(찬) 淸 鄒聖脈(增補) 復旦大學出版社 1988 上海

2. 《幼學瓊林》 明 程登吉(撰) 淸 鄒聖脈(增補) 岳麓書社 1989 長沙

3. 《幼學瓊林》 明 程登吉(編) 陝西旅游出版社 2002 西安

4. 《幼學白話句解》 明 程允升(撰著) 黃錫山(箋註) 葉玉麟(譯解) 華聯出版社 1975 臺北

5. 《幼學瓊林》(華一兒童啓蒙文學) 華一書局 1988 臺北

6. 《新譯幼學瓊林》馬自毅(註譯) 三民書局 2003 臺北

7. 《幼學瓊林》葉玉麟(註解) 大夏出版社 1982. 臺南

8. 《新增繪圖幼學故事瓊林》玉秉楠重枚 坊問本 年代未詳

9. 《幼學瓊林》(八部蒙書) 重慶出版社 2008. 重慶

10. 《幼學瓊林》(中國傳統蒙學全書) 李少林(主編) 中國書店 2007. 北京

11. 《十三經注疏》·《二十五史》·《新編諸子集成》·《太平御覽》·《太平廣記》· 《初學記》·《藝文類聚》·《百子全書》·《世說新語》·《搜神記》·《說苑》· 《新序》·《列女傳》·《韓詩外傳》·《戰國策》·《文選》·《四書集註》·《歷代 名畫記》·《唐才子傳》·《全唐詩》·《酉陽雜俎》·《蒙求》·《潛夫論》·《增廣 賢文》·《菜根譚》·《穆天子傳》·《齊民要術》·《貞觀政要》·《十八史略》· 《拾遺記》·《高士傳》·《神仙傳》·《列仙傳》·《五燈會元》·《法苑珠林》· 《博物志》·《西京雜記》·《荊楚歲時記》·《晏子春秋》·《顏氏家訓》·《國語》· 《竹書紀年》·《山海經》·《水經注》·《國語》

기타 공구서 등 생략

해제

　《유학경림幼學瓊林》의 책이름에서 '유학幼學'은 당연히 학동을 상대로 한 교육과 학습이라는 뜻이며, '경림'은 두 가지로 풀이해 볼 수 있다. 첫째는 일반적인 풀이대로 "주옥(瓊) 같은 내용을 모음(林)"이라는 뜻이며, 다른 하나는 송宋 태종太宗 조광의趙匡義가 경림궁(瓊林苑, 궁궐 花苑 이름)에서 당시 과거의 진사과 합격자들을 불러 잔치를 열어주었던 '경림사연瓊林賜宴'의 고사와 관련이 있다.(본 책 1051 참조) 즉 학동들로 하여금 '열심히 공부하여 경림연瓊林宴에서와 같이 금방金榜에 그 이름이 오르는 영광을 얻도록 노력하기를 면려한다'는 뜻을 은연중에 나타낸 것이다. 물론 현대 긴체자로 '경瓊'과 '경琼'이 같아 현재 중국에서 출판되는 책은 《유학경림幼學琼林》으로 표기하고 있다.

　한편 중국에서 그 많은 교재 중에 지금도 어린이용 교재로 몽학교재蒙學敎材 중에 대표적인 것이 바로 《현문賢文, 增廣賢文》과 《유학경림》이다. 이는 지금의 이름은 '동몽교재'이지만 일반인에게 더욱 중요한 학습교재이며 독서 교재로 그 위치를 차지하고 있다. 즉 현대 교육이 발전하면서 '동몽'이란 개념은 사라졌으나 중국 본연의, 자신들 고유의 정서와 학술, 문화와 상식, 그리고 역사와 그 속에 숙성되어 내려온 풍습과 삶의 형태에 대한 아주 적절한 통속적인 내용을 담은 교재로 이만한 것이 없다고 인정하기 때문이다.
　그 때문에 중국에서는 "증광增廣(賢文)을 읽고 나야 능히 남과 대화를 할 수 있고, 유학幼學(瓊林)을 읽고 나야 천하를 활보할 수 있다"(讀了增廣會說話, 讀了幼學走天下)라는 말이 있게 된 것이다.

　이 책의 초기 원저 당시 이름은 《유학수지幼學須知》, 혹 《성어고成語考》, 《고사심원故事尋源》이었다 하며 명나라 경태(景泰; 1450~1456) 연간에 정등길

(程登吉; 자는 允升, 允昇, 西昌人)이라는 사람이 처음 편찬한 것으로 알려져 있다. 혹 같은 시기의 《오륜전비충효기五倫全備忠孝記》를 쓴 구준(邱濬, 丘濬, 1418~1495)이 편찬한 것이 아닌가 하는 의견도 있으나 아직 확정된 것은 아니다.

그 뒤 청나라 건륭(乾隆; 1736~1795) 연간에 추성맥(鄒聖脈, 鄒聖脉)이라는 사람이 증보하고 다시 주석을 가한 후 이름을 《유학고사경림幼學故事瓊林》이라 하였으며 지금 이 계통의 판본이 널리 전하고 있다.

그런데 다시 이 책이 민간에 널리 퍼져 초학용으로 보편화되자 신해혁명(辛亥革命, 1911) 뒤 비유용費有容이라는 사람이 '속증續增' 225련聯을 덧붙여 낸 '속주본續註本'과 엽포손葉浦蓀이라는 자가 증본增本에 더하여 재증再增한 '재증본再增本' 등이 출현하였으나 이는 원편에 비해 문장에 손색이 있고 나아가 소위 신지식을 위주로 한 것이어서 그다지 널리 보급되지는 못했다. 이를테면 비씨費氏의 '속증'은 "아시아, 유럽, 아프리카, 오세아니아, 아메리카 등 각 주의 명칭을 변별하고, 황, 백, 홍, 흑, 종의 피부색에 의한 전 지구의 인종을 구별한다(亞歐非澳美亞歐非澳美, 辨各洲之名稱; 黃白紅黑棕, 別全球之人種)" 등 현대 지식을 초학자에게 일러주기 위한 내용이 상당수 차지하고 있었다. 이러한 내용은 실제 이미 서구식 학교제도의 교재와 교과서에서 과학적이며 현대적 내용을 담고 있어 전통적인 《유학경림》의 내용에 비해서는 너무 앞서간 개념이라 여겼던 것이다. 그리고 엽씨葉氏의 '재증'은 중국 고대 인물과 고사를 위주로 하였으나 그 문체와 내용이 정등길이나 추성맥의 원서에 비해 저열하고 조악한 것으로 평가되었다. 이 때문에 흔히 추성맥이 증보와 주석을 가한 《유학고사경림》이 이제껏 널리 보급되어 지금도 이 판본이 기본적인 유학의 교재로 알려져 있다.

이 책은 성어와 전고典故를 운에 맞춤으로써 어린 아이들이 외우기 쉽고 이해하기 쉽도록 편집되어 있다. 그러면서 원래의 고사는 압축하여 역사 속의 그 내용을 알지 않고는 이해할 수 없으므로 실제 엄청난 많은 양을 직접 찾아보거나 주석이 없이는 매우 학습하기 어려운 면이 없지 않다. 게다가 광범위한 제재, 이를테면 천문지리天文地理, 고금역사古今歷史, 혼인가취婚姻嫁娶, 관혼상제冠婚喪祭, 풍속예의風俗禮儀, 가정의례家庭儀禮, 생로병사生老病死, 종교미신宗敎迷信, 절령세시節令歲時, 의식주행衣食住行, 제작기예製作技藝, 인륜도덕人倫道德, 칭위호칭稱謂呼稱, 신화전설神話傳說, 조수초목鳥獸草木, 남녀상애男女相愛, 물명고사物名故事, 문물제도文物制度, 문무백관文武百官, 민간속설民間俗說 등 다루지 않은 것이 없어 그야말로 호한무제浩瀚無際하며 "와간우주臥看宇宙, 행주만리行走萬里"의 또 다른 세계를 보여주고 있어 초학용이라기보다 중국 전통 상식의 보고요 백과사전이라 볼 수 있다. 양에 있어서도 실제 1500여 대련對聯이지만 각 연이 두 문장이며 매 문장마다 한두 개씩의 고사를 압축하여 제시하고 있어 실제 고사성어는 그 두 배가 훨씬 넘는 3천여 가지라고 볼 수 있다.

이 책이 명대에 이루어져 당시 봉건사회의 고정관념을 벗어나지 못하고 있지만 그럼에도 지금까지 이렇게 큰 반향을 일으키고 있는 것은, 수천 년 역사 속의 지혜와 상식을 압축한 정화精華요, 수많은 중국인의 정서를 고스란히 담고 있는 보화寶貨의 창고 역할을 톡톡히 해 내고 있기 때문일 것이다. 그리고 내용이 긍정적이며 인간이 태어나 사회의 일원으로 살아가면서 갖추어야 할 상식과 품덕을 강조한 면은, 시대가 바뀌어도 인간의 기본적인 수양과 인의도덕은 변할 수 없다는 대원칙도 이 책이 대변하고 있기 때문이기도 함은 두 말할 나위도 없다.

지금껏 전해지는 이 책은 거의 광서光緒 14년(1888)에 《유학고사경림》이라는 제목 아래 '역대제왕기歷代帝王紀', '교접칭위交接稱謂', '물류별명物類別名', '왕래척독往來尺牘' 등을 부록으로 하여 출간한 소위 '광서본'을 기초로 하고 있다. 따라서 초간본 내용은 구체적으로 알 수 없으나 추성맥이 건륭 25년(1760)에 '기오산방寄傲山房'에서 쓴 서문에 의하면 '태구주지지리汰舊註之支離, 역신전지확당易新詮之確當'이라 하여 이미 주석이 있었으나 너무 오류가 심하고 지리멸렬하여 새롭게 확정적으로 교정과 증보를 더하였음을 밝히고 있다. 그러나 추씨의 주에도 역시 오류와 탈자, 오자가 있다. 이는 그 많은 양을 일일이 찾아 정리하면서 생긴 것이며 나아가 원문을 작성하면서 재료로 삼은 제재가 일부는 전혀 편벽된 속서俗書, 구전 일화, 나아가 재인용의 과정에서 잘못 이해한 부분 등에서 택한 것이어서 실제 일부는 그 출전이나 원전을 찾을 길이 없는 것도 있었기 때문이었으리라 여겨진다.

즉 13경과 25사는 물론 제자백가의 책들과 개인 문집, 지방지, 가승家乘 등 경사자집과 속서까지 그 많은 책들 중에 어느 부분, 어느 내용을 근거로 한 것인지 모두 밝혀낸다고 하는 것은 개인 한 사람의 작업으로는 불가능 하며 나아가 알려진 책이 아닌 경우 그 원전을 찾아 대조하고 밝히기란 심히 어려웠을 것으로 보인다.

한편 처음 《유학수지》로 명명되었던 초기통행본은 정씨, 추씨의 원본과 차이가 있고 편목도 다르다. 즉 이에 대한 계통은 지금도 물론 전하고 있으며 이에 대해서는 황석산黃錫山이 전주箋註를 단 것으로 우선 전체를 4권 34편으로 하여 천문天文, 지여地輿, 시서時序, 통계統系, 조정朝廷, 상유相猷(이상 1권), 장략將略, 과제科第, 문계文階, 무질武秩, 부자父子, 형제兄弟, 부부夫婦, 사우師友,

혼인婚姻, 외척外戚 (이상 2권), 열녀列女, 인사人事, 연치年齒, 제작制作, 문사文史, 예술藝術, 빈부貧富, 송옥訟獄, 흉사凶喪 (이상 3권), 석도釋道, 신체身體, 궁실宮室, 기용器用, 의식衣飾, 음식飲食, 진보珍寶, 화목花木, 조수鳥獸 (이상 4권)로 되어 있다. 그럼에도 이 책은 「서창정윤승선생작西昌程允升先生作, 황석산전주黃錫山箋註」로 되어 있어 그 전통을 그대로 잇되 새롭게 재창작하였음을 말한 것이다.(錢元龍 原序 참조)

한편 이 책의 저작, 주서, 서발에 관련된 인물들 즉, 정등길, 추성매, 황석산, 전원룡, 비유용, 엽포손 등에 대해서는 거의 알려진 것이 없음은 앞서 설명한 대로 일반적인 몽학서 찬자의 경우와 같다.

즉, 중국은 현대적 학교 제도가 있기 전에는 사숙私塾이나 가정에서, 혹은 동네에 작은 모임 형식의 기초 교육제도가 있었다. 이곳에서는 지금처럼 과목이 분화된 것도 아니고 제도적 교사가 있었던 것도 아니다.

따라서 교재도 그저 중국 고대부터 전통적으로 전해온 교양과 수양, 처세 잠언, 혹은 인륜 도덕이나 제도 사회, 역사 등을 혼합한 내용을 그 교육 목적이나 상황에 맞게 재편집하거나 수집, 정리한 통속적인 것이 대부분이었다. 따라서 이러한 교재는 대부분 작자나 편집자, 편찬자가 알려져 있지 않거나, 이름이 전해온다 해도 그 생애를 구체적으로 알기 어려운 경우가 허다하며, 나아가 그러한 책은 아동 교육이나 한학의 기초 교재로 매우 중요하면서도 대학자들의 주목을 받지 못하는 경우가 대부분이다.

이를테면 우리에게 널리 알려진 명대 《명심보감明心寶鑑》이 '범립본范立本 찬저撰著'로 되어 있고, 《증광현문增廣賢文》이 '석과산인碩果山人이 증보하고 주희도周希陶가 산정했다' 하며, 《채근담菜根譚》이 '홍자성(洪自誠, 洪應明)이

지은 것'으로 알려져 있지만 구체적으로 그 인물에 대하여 충분한 자료가 남아 있지 않은 원리와 같다.

　물론 아동용이요 초학용 교재라는 한계 때문에 일부는 내용의 오류가 있을 수 있고, 근거가 미흡하기도 하며, 제재의 출전이 통속적이며 심지어 민간 전설이나 편벽된 자료 등을 활용함으로써 학술적 가치는 낮을 수밖에 없다. 더구나 편집자가 권위 있는 학자가 아니요 지방의 이름 없는 교사, 또는 교육 종사자로 자신이 터득한 교육철학이나 교육활동에서 얻은 경험을 바탕으로 교육효과를 극대화하기 위한 관점에서 편집하거나 저술한 자료이므로 전문학자들에게 그다지 토론거리가 되거나 연구 대상이 되지 않았기 때문일 것임은 당연하다. 그럼에도 이러한 교재가 민간에 널리 퍼지기 시작하면 그 파급 효과는 상당히 커질 수밖에 없으며 특히 이러한 교재가 외국으로 전수된 경우 그 내용의 평이성과 정도의 수월성으로 인해 아주 널리 일반에게 중시되는 경우가 종종 나타난다. 그 예가 바로 우리에게 누구나 알려진 많은 몽학서들이다.

　바로 《천자문》, 《창힐편蒼頡篇》, 《급취편急就篇》, 《권학勸學》, 《발몽기發蒙記》, 《계몽기啓蒙記》, 《삼자경三字經》, 《사자소학四字小學》, 《백가성百家姓》, 《동몽훈童蒙訓》, 《소의외전少儀外傳》, 《성리자훈性理字訓》, 《십칠사몽구十七史蒙求》, 《서고천문敍古千文》, 《사학제요史學提要》, 《역대몽구歷代蒙求》, 《훈몽시訓蒙詩》, 《소학시례小學詩禮》, 《성률계몽聲律啓蒙》, 《석시현문昔時賢文》 등 일부는 중국에서 지금도 학계보다는 일반의 몽학서로 그 위치를 누리고 있으며, 이것이 한국이나 일본, 월남 등에 전수되어 지금도 그 인지도를 그대로 유지하고 있는 경우가 상당히 많다.

즉 우리나라 근대 교육 이전에 《천자문》, 《계몽편》, 《소학小學》, 《십팔사략
十八史略》, 《명심보감》, 《고문진보古文眞寶》 등의 교재가 지금껏 유행하는 예가
그것이며, 나아가 우리 스스로 《동몽선습童蒙先習》, 《훈몽자회訓蒙字會》
등을 편찬하여 활용한 예와 같다.

그런데 이 책의 이름이 "어린이를 위한" 것으로 되어 있지만 실제로는
어른들에게도 곁에 두고 읽고 익혀야 할 백과사전이요 삶의 지침서요 학문의
참고서이다. 다만 당시 어린이 교육에 필수적으로 시작을 삼았고 당시 교육
제도에 과목분화가 없어 그저 책명을 그렇게 붙였을 뿐이다.

우리는 역사상 긴 기간 동안 중국과 교류하고 한자 문화권에서 함께 발전
해온 관계로 우리의 문화도 그들과 공유하고 있는 것이 한두 가지가 아니다.
따라서 지금 우리의 풍속과 일상 생활에서 쓰고 있는 많은 어휘나 그 개념을
이 책을 통해 밝힐 수 있고 그 근원을 궁구해 볼 수 있다.

우선 목록에서 볼 수 있듯이 사람이 태어나 살면서 천지, 자연, 지리, 역사,
가정, 사회, 국가, 인간관계, 경제활동, 관혼상제 일생 모든 것을 고르게 분목
分目으로 삼아 폭넓게 필수적으로 알고 활용해야 할 개념을 아주 외우기
쉽도록 대구對句와 압운을 넣어 정리해 놓았다.

어린이는 외우도록 함이 우선이었다. 지금 이해만을 위주로 하는 서양
교육의 개념은 그 어떤 과목에도 일률적으로 통한다거나 이상적인 방법이
아님을 금방 알 수 있다. "어릴 때 외워 입에 붙은 개념은 죽을 때까지 간다"
라고 안지추顔之推는 《안씨가훈顔氏家訓》에서 역설하였다. 과목에 따라서는
외워야 활용할 수 있는 것이 얼마든지 있다. 중국의 교육은 사실 이러한

과목이 더 많았다. 게다가 중국어는 운이 발달한 언어로서 이에 적합하였다. 이러한 취지에서 문장이 대구와 압운으로 정리된 것이다.

이 책을 들여다보면 하나의 개념이나 사실을 이토록 적확하게 짧은 문장으로 정리할 수 있을까 하고 놀라움을 금치 못한다.

우선 각 사물의 이치와 고사, 역사, 내력은 물론 과거 기록을 그대로 찾아 익히도록 했으며 우리가 알고 있는 많은 이칭과 명칭의 유래가 바로 이런 것이구나 하고 감탄을 자아내게 한다. 게다가 지식을 늘려주고 정확도를 키워주며 바른 언어생활과 바른 사회생활을 영위해 나갈 수 있도록 되어 있다.

우리나라에도 학자들조차 이 책을 들여다보면 그야말로 백과사전식 참고서로 충분히 활용할 수 있고 특히 어린이에게는 한자공부, 한문공부에는 물론 인격형성과 사물판별의 두뇌형성에 아주 적합함을 넘어 이상적인 교재라 할 수 있다. 게다가 모든 구절은 그 근거 원전이 있어 언어의 고증은 물론 고사의 출처를 밝히는 데에도 귀중한 자료가 되고 있다.

참고 1. 錢元龍 〈原序〉

《幼學》一書, 西昌程允升先生作也. 門分類別, 比事屬辭, 經史子集, 紛披腕下. 如入五都之市, 百貨充牣, 挾所求而來者, 無弗如其意以去. 重以錫山黃君爲之箋註, 句索其解, 字求其故. 又不啻溯方流以窮玉水, 沿員折而討璿源也. 余垂髫時, 嘗受而讀之. 越今周甲, 偶於家塾檢孫輩課本, 如遇故人. 獨惜焉馬陶陰, 習訛承謬, 漫漶處墨如蝕鏡, 蓋風行之日久矣. 昔陶靖節讀書不求甚解, 能得其意也. 童子非其人, 聰明方啓, 枵然一無所有, 若居室然, 銖銖寸寸, 必待漸積. 以是書方之劉略·班藝·虞志·荀錄·固幾等東郭之於南都, 而自童蒙得之, 已稱 速富, 若任其乖舛錯略, 致相沿習, 據爲先入, 微特蹲鴟之惠, 弄麞之賀. 異時 必形諸贈答; 卽此苟簡溷沌之心. 已非父兄所以訓子弟也. 因不揣讜陋, 猥加釐定, 閒亦略爲補綴, 分三十四部, 彙成四卷, 亟付梓人, 公諸同好. 惟不忍令西昌·錫 山兩先生嘉惠後學之苦心, 一誤再誤, 伊於胡底. 夫三豕渡河, 得卜氏子始正其 說; 而金根一言, 爲嗤百世人之識見相越, 豈不遠哉! 是書之誤, 余得而正之矣; 余之誤不白知, 倘更有正余之所正, 幷正余之所未及正, 俾不致貽誤於無窮, 固 後學之幸, 亦余之幸也. 余且引領跂之!

乾隆丁丑年(1757)壬寅月 錢元龍 恕齋題

참고 2. 鄒聖脈 〈原序〉

欣逢至治, 擢取鴻才, 時藝之外, 兼命賦詩, 使非典籍先悉於胸中, 未有揮毫不 窘於腕下者. 然華子之《類賦》·姚氏之《類林》, 卷帙浩繁, 艱於記憶, 惟程允昇 先生《幼學》一書, 誠多士饋貧之糧, 而制科度津之筏也. 但碎金積玉, 原屬無 多, 則摘艷熏香, 應增未備, 庶幾文人足供驅使. 奈坊刻所補, 殊不雅馴, 在老成 能知去取, 固誚續貂; 若初學未識從違, 反云全璧, 一經習染, 俗不可醫, 卽用 鍼砭, 難痊痼疾矣. 爰採彙書, 各增編末. 文必絶佳, 片箋片玉; 語期可誦, 一 字一溓; 幷汰舊注之支離, 易新詮之確當, 詳所當詳而不厭其繁, 略所當略而不 嫌其簡, 務歸明晳, 一閱了然, 如藍田之琬琰, 元圃之琳琅, 能令見者寶之, 各欲 私爲秘枕, 因顏之曰『瓊林』. 覽是書者, 其以余言爲不謬否?

時乾隆二十五年(1760)歲在庚辰仲春上浣. 霧閣鄒聖脈梧岡氏書於寄傲山房.

《유학경림》 청대 판본

『幼學瓊林』의 청대 판본은 『新增幼學故事瓊林』(明 程允升 原著, 淸 鄒聖脈 增補)으로 되어 있으며 지금 중국 北京 國家圖書館(北京市 海淀區) 마이크로 필름문헌열람실(縮微文獻閱覽室)에 소장되어있다. 淸 乾隆 25년(1760) 庚辰 仲春 上浣에 출간한 것이며 寄傲山房에서 판각한 것으로 되어 있다.

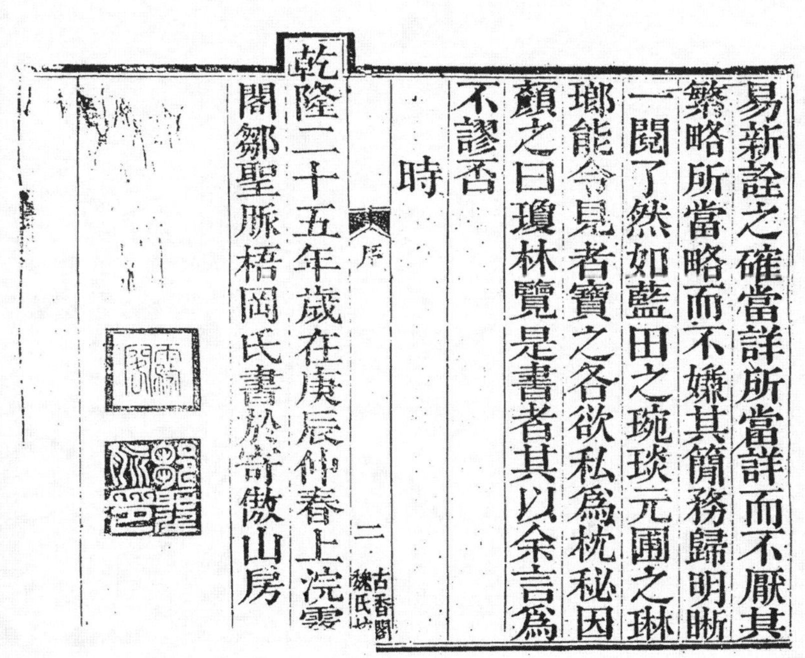

易新詮之確當詳所當詳而不厭其
繁略所當略而不嫌其簡務歸明晰
一閱了然如藍田之琬琰元圃之琳
瑯能令見者寶之各欲私爲枕秘因
顏之曰瓊林覽是書者其以余言爲
不謬否
　時
乾隆二十五年歲在庚辰仲春上浣雲
閣鄒聖脈梧岡氏書於竒傲山房

《新增幼學故事瓊林》 서문 일부

新增幼學故事瓊林卷之一

西昌　程允升先生原本
新關　鄒聖脉禧岡氏增補　新增文十一聯
　　　男　鄒可庭涉園氏　仝校訂
清溪謝梅林硯儔氏

天文

混沌初開，乾坤始奠。氣之輕清上浮者為天，氣之重濁下凝者為地。日月五星，謂之七政；天地與人，謂之三才。日為眾陽之宗，月乃太陰之象。虹名螮蝀，乃天地之淫氣；月裏蟾蜍，是月魄之精光。

歷代帝王總紀

三皇紀

盤古氏

天皇氏

地皇氏

人皇氏

有巢氏

燧人氏

五帝紀

太昊伏羲氏

炎帝神農氏

《新增幼學故事瓊林》 본문 및 협주 일부

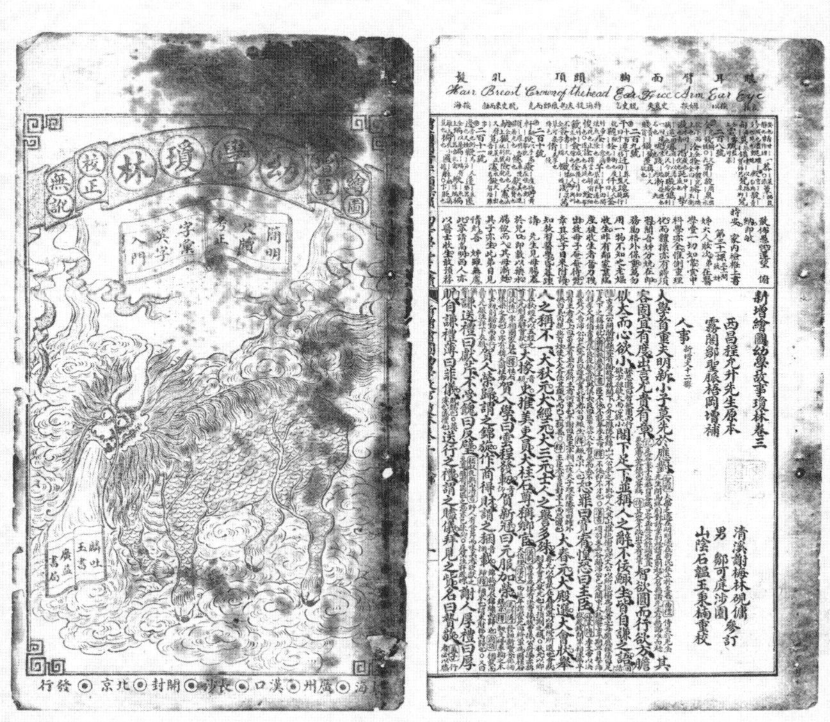

繪圖增註 《幼學瓊林》 廣益書局 方間本(표지에 上海, 廣州, 長沙, 開封, 北京 발행으로
되어 있으며 속표지에는 淸溪 謝梅林碩備, 山陰 石韞 玉秉楠重校로 되어 있다) 본인이
남경 고서점에서 구한 것이다.

차례

1. 천문 天文

❋ 본 장은 하늘의 이치, 기상과 자연 변화, 해, 달, 별과 그에 관계되는 신화, 전설 등에 관한 상식과 고사를 간결하게 제시하고 설명한 것이다.(총 43연)

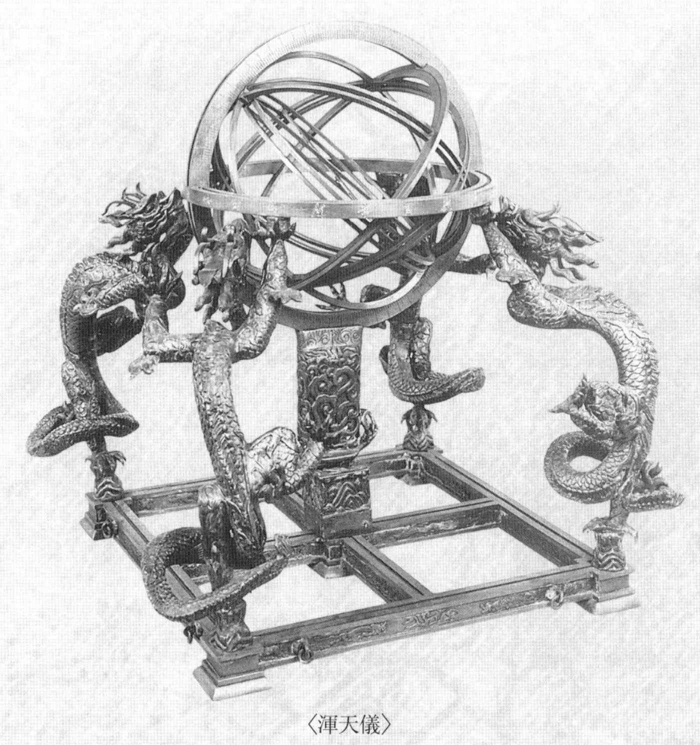

〈渾天儀〉

001

‘혼돈’混沌이 처음 열리니, ‘건곤’乾坤이 비로소 제자리를 잡았다.

「混沌初開, 乾坤始奠.」

【混沌】 천지가 분화되기 전의 카오스(Chaos) 상태. 疊韻連綿語. 원기를 가리
키며 음양이 미분화한 상태. 전설상 盤古氏 전에 천지는 미분하여 혼돈상태
였으며 계란과 같았다 함.
【乾坤】 오행이나 음양가 등 초기 우주분화를 두고 말할 때의 하늘(천)과 땅(지).
混沌(一元, 無極, 太極)이 갈려 陰陽, 兩儀, 乾坤, 天地 등의 이분법 세계로
분화함을 뜻함.
【奠】 자리를 잡음. 기준을 잡음. 터를 정함.

002

기氣 중에 가볍고 맑은 것은 위로 떠올라 하늘이 되었고, 기 중에 무겁고
탁한 것은 아래로 뭉쳐 땅이 되었다.

「氣之輕淸上浮者爲天, 氣之重濁下凝者爲地.」

【氣】우주만물의 기본 元氣. 鄒聖脈 주에 《說文》을 인용하여 "天地者, 陰陽
之府也. 天統開於子, 輕淸之氣, 一萬八百年, 浮而爲天. 天之精華, 凝結而爲
日月星辰; 地統開於丑, 重濁之氣, 一萬八百年, 凝而爲地. 地之靈氣, 融結爲
山川河岳"이라 함.

003

해와 달 그리고 금 목 수 화 토 오성五星을 '칠정'七政이라 하고,
하늘과 땅, 그리고 사람을 '삼재'三才라 한다.

「日月五星, 謂之七政;
　天地與人, 謂之三才.」

【五星】金木水火土. 태양계의 별들을 중심으로 고대 만물의 분류와 생성,
순환 등을 논한 이론.
【七政】日月에 五星을 더하여 정치의 근본 이치로 삼았음.(《史記》五帝本紀
裴駰集解)
【三才】天地人. 우주 만물의 주체. (《周易》繫辭傳(下) 참조)

〈虎像星圖〉東漢

004

해는 중양衆陽의 으뜸이요, 달은 태음太陰의 상象이다.

「日爲衆陽之宗, 月乃太陰之象.」

【衆陽】 모든 양이 다 모인 것. 太陽과 같음. '太極'에서 兩儀(음양)로, 이 '양의'
가 다시 '四象'(太陽, 少陽, 太陰, 少陰)으로 분화된다고 여겼음.
【太陰】 음 중의 가장 원초적인 것. 皇甫謐의 《年曆》에 "日者, 衆陽之宗; 月者,
群陰之宗"이라 함. 鄒聖脈 주에 《天文志》를 인용하여 "日爲太陽之精, 主生
養恩德, 人君之象也; 月乃太陰之精, 以之配日, 女后之象也"라 함.

005

무지개는 이름이 '체동'蠕蝀이니 천지의 음기이다.
달 속에는 '섬서'蟾蜍가 있으니 이는 월백月魄의 정광精光이다.

「虹名蠕蝀, 乃天地之淫氣;
　月裏蟾蜍, 是月魄之精光.」

【蠕蝀】 무지개의 다른 이름.(《爾雅》 釋天). 고대인은 무지개가 작은 벌레가
모여 이루어진 것으로 여겨 글자에 '虫'을 붙인 것임. 雙聲語.

【蟾蜍】두꺼비. 고대 有窮后羿의 妻 姮娥(嫦娥)가 西王母의 仙桃를 훔쳐먹고 달로 도망하여 두꺼비가 되었다 함. 雙聲連綿語의 물명. 《後漢書》天文志 劉昭 주 참조.

【月魄】달의 다른 이름.

006

바람이 불려고 하면 석연石燕이 날고, 날씨가 장차 비가 오려고 하면 상양商羊이 춤을 춘다.

「風欲起而石燕飛, 天將雨而商羊舞.」

【石燕】전설에 零陵山에 돌 형상의 제비가 많았다고 함. 이 제비는 비바람이 불기 시작하면 일제히 날아올랐다가 비바람이 그치면 다시 돌로 변한다고 함.(《水經注》湘水) 酈聖脈 주에 《地理志》를 인용하여 "零陵山多石燕, 遇風雨, 起而群飛, 雨止仍復爲石"이라 하였음.

【商羊】새 이름. 齊나라에서 다리 하나인 새가 궁중으로 날아들자 임금이 孔子에게 이것이 무슨 새인지 알아오도록 하였음. 공자는 이에 "이 새는 이름이 상양이다. 비가 오기 시작하면 어린 아이가 한 발로 서서 '하늘이 장차 큰비를 내리려 함에 상양이 춤을 춘다'라고 노래하였으니 제나라에 큰비가 올 것이다"(天將大雨, 商羊鼓舞, 今齊有之, 將大雨矣)라 하였다 함. 첩운어.(《孔子家語》辨政篇)

007

돌개바람을 '양각'羊角이라 하고, 번쩍이는 번개를 '뇌편'雷鞭이라 한다.

「旋風名爲羊角, 閃電號曰雷鞭.」

【羊角】 회오리바람의 다른 이름. 양의 뿔이 휘말리는 모습을 연상한 것임.
【雷鞭】 번개의 다른 이름. 우레의 채찍이라는 뜻. 鄒聖脈 주에 《淮南子》를
인용하여 "雷以電爲鞭. 電光照處, 謂之'列缺'. 陰氣凝聚, 陽在內不得出, 則奮
擊而爲雷霆, 電乃陰陽激躍與雷同氣, 發而爲光"이라 함.

008

'청녀'靑女는 서리의 신이요, '소아'素娥는 달의 다른 이름이다.

「靑女乃霜之神, 素娥則月之號.」

【靑女】 서리와 눈을 관장하는 여신. 《淮南子》原道訓에 "秋三月, 靑女乃出,
以降霜雪"이라 함.
【素娥】 항아(嫦娥, 姮娥)를 일컫는 말. 005 주 참조.

009

우레에서 지극히 빠른 귀신을 '율령'律令이라 하고, 우레 중에 수레를 미는 여신을 '아향'阿香이라 한다.

「雷部至捷之鬼曰律令, 雷部推車之女曰阿香.」

【雷部】 우레를 관장하는 하늘의 사신.
【律令】 周 穆王 때의 사람으로 무척 빨리 달리던 사람. 죽어서 하늘의 심부름 하는 귀신이 되었다 함.(《搜神記》)
【阿香】 하늘의 雷部에서 수레를 미는 여신.(《續搜神記》) 義興의 周氏 성을 가진 어떤 남자가 여행 중에 날이 저물어 성 밖에서 자게 되었는데, 어떤 여인이 나타나 함께 자기를 청하였다 함. 그런데 二更쯤에 밖에서 어떤 어린 아이가 "阿香, 官에서 수레를 밀어야 한다고 부르십니다"(阿香, 官喚汝推車)라 하여 불러 갔다 함. 그가 곧 하늘 나라 수레를 미는 '아향'이었다 함.(鄒聖脈 注)

010

운사雲師는 '풍륭'豊隆이라 하고, 설신雪神은 '등륙'滕六이라 한다.

「雲師系是豐隆, 雪神乃是滕六.」

【雲師】 구름을 관장하는 신.(張衡 〈思玄賦〉)
【豐隆】 운사의 구체적인 이름.(《離騷》 王逸 주)
【滕六】 눈을 관장하는 신.(《幽怪錄》)

011

'훌화'欻火와 '사선'謝仙은 모두가 뇌화雷火를 관장하고, '비렴'飛廉과 '기백'
箕伯은 모두가 바람의 신이다.

「欻火·謝仙, 俱掌雷火;
　飛廉·箕伯, 悉是風神.」

【欻火】 번쩍이는 불빛. 혹은 불꽃을 관장하는 신.(《論衡》 雷虛)
【謝仙】 雷部에서 우레와 불꽃을 관장하는 신의 이름.(集古錄)
【飛廉】 고대의 풍신 이름.
【箕伯】 북두칠성을 관장하는 신이면서 동시에 바람도 다스린다 함.(〈思玄賦〉
　李善 주)

012

'열결'列缺은 우레의 신이며, '망서'望舒는 달을 끌고 가는 마부이다.

「列缺乃電之神, 望舒是月之御.」

【列缺】 번개의 신. 하늘을 찢듯이 한다 하여 붙여진 이름.(《楚辭》遠游 주,
  007 주 참조)
【望舒】 달 신(月神)의 수레를 미는 마부.(《離騷》注)

013

‘감림’甘霖, ‘감주’甘澍는 모두가 때맞추어 내리는 비를 가리키며,
‘현궁’玄穹, ‘피창’彼蒼이란 모두가 하늘을 일컫는 말이다.

「甘霖·甘澍, 俱指時雨;
  玄穹·彼蒼, 悉稱上天.」

【甘霖, 甘澍】 비가 풍성히 내림을 표현하는 말. 鄒聖脈 주에 《爾雅》를 인용
  하여 "三日以上曰霖, 久旱而雨曰甘霖, 久雨不止曰愁霖. 時雨滋生萬物曰甘澍,
  與雪雜下曰霰"이라 함.
【玄穹】 현묘한 궁창(穹蒼). 즉 하늘의 다른 말.
【彼蒼】 역시 하늘을 가리키는 말.《詩經》에 "彼蒼者天"이라 함.

014

눈꽃이 여섯 모로 휘날리면 풍년을 일러주는 징조요,
해가 이미 장대 세 개 높이만큼 올라오면 이를 '시안時晏'이라 한다.

「雪花飛六出, 先兆豊年;
　日上已三竿, 乃云時晏.」

【六出】 강남의 속담에 "江南三尺雪, 人道十年豐"이라 함. 꽃은 대체로 거의
다섯 잎인데 눈이 육각인 것은 꽃은 陽이며 눈은 陰이기 때문이라 함.
(鄒聖脈 注)
【時晏】 시절이 편안함을 표현한 말. 풍년에 대비하여 쓴 말.

015

촉蜀 땅의 개가 해를 보고 짖는 것은 사람의 견문이 매우 짧음을 비유
하는 것이요,
오吳 땅의 소가 달을 보고 헐떡이는 것은 사람이 지나치게 두려워함을
비웃는 것이다.

「蜀犬吠日, 比人所見甚稀;
　吳牛喘月, 笑人畏懼過甚.」

【蜀犬吠日】촉 땅은 산이 많아 해를 보기 어려움. 이에 해가 나타나면 개가 짖는다 함.(柳宗元 〈答韋中立論師道書〉)
【吳牛喘月】오나라 소는 더위를 타서 달을 보고도 해인 줄 알고 헐떡거림. 《世說新語》言語篇에 "滿奮畏風, 在晉武帝坐; 北窗作琉璃屛風, 實密似疎, 奮有難色. 帝笑之. 奮答曰: '臣猶吳牛, 見月而喘'"이라 함.

016

간절히 바라기는 마치 가뭄에 구름과 무지개를 보고 있는 것과 같고,
은혜가 깊으면 마치 비와 이슬의 고마움을 느끼는 것과 같다

「望切者, 若雲霓之望;
　恩深者, 如雨露之恩.」

【望切】간절하게 기다림.《孟子》梁惠王(下)에 "民望之, 若大旱之望雲霓也"라 함.

017

'삼성'參星과 '상성'商星 두 별은 그 출몰을 서로 볼 수 없고,
견우와 직녀 두 별자리는 오직 칠석에만 한 번 상봉한다.

「參商二星, 其出沒不相見;
　牛女兩宿, 惟七夕一相逢.」

【參商】둘 모두 별 이름으로 28宿의 하나. 삼성은 서쪽, 상성은 동쪽에
있어서 두 별을 동시에 볼 수 없음. 서로 아주 멀리 떨어져 있음을 비유함.
(《左傳》昭公 元年, 379 참조) 옛날 高辛氏의 두 아들 閼伯과 아우 實沈이
서로 반목하여 싸움을 그치지 않자 고신씨가 알백은 商(商星分野) 땅에, 그리고
실침은 大夏(參星分野)로 옮겨 각각 商星과 參星을 주관하도록 하여 아주
멀리 흩어져 서로 만날 수 없게 하였다 함.(943 참조) 杜甫의 〈贈衛八處士〉
시에 "人生不相見, 動如參與商. 今夕復何夕, 共此燈燭光. 少長能幾時, 鬢髮
各已長. ……夜雨剪春韭, 新炊間黃粱. 主稱會面難, 一擧累十觴"이라 함.
【牛女】牽牛와 織女의 두 별. 견우와 직녀를 7월 7일 까치와 까마귀가 다리를
놓아 은하를 건너 만나게 한다 함.(《詩經》小雅 大東) 이 전설은 南朝 梁나라
殷芸의 《小說》에 비교적 완전하게 기록되어 있음. 한편 鄒聖脈의 주에
《續齊諧記》를 인용하여 "天河之東有織女, 天帝之孫也. 勤習女工, 容貌不
暇整理, 帝憐其獨處, 許嫁河西牽牛郞. 嫁後, 竟廢女工. 帝怒, 令仍歸河東,
惟七夕一相會"라 함.(421 참조)

018

후예后羿의 처는 월궁으로 달아나 항아嫦娥가 되었고,
부열傅說은 죽어 그 혼이 기미箕尾에 매달려 있다.

「后羿妻, 奔月宮而爲嫦娥;
　傅說死, 其精神托于箕尾.」

【后羿】 고대 활의 명수로 알려진 인물. 하늘에 9개의 해가 나타나자 8개를
쏘아 없앴다 함. 그의 아내 항아는 西王母가 후예에게 준 선도를 훔쳐먹고
달로 도망하였다 함.(《淮南子》覽冥訓 高誘 주)
【傅說】 殷나라 때의 재상. 노예 출신. 그가 죽어 혼이 箕星와 尾星의 중간에
머물렀다 함. 그래서 중신의 죽음을 “騎箕尾”라 표현함. 추성맥 주에 《莊子》
大宗師를 인용하여 “傅說乘東維, 騎箕尾, 而比於列星. 蓋言傅說死後精神跨
於箕尾二星之間也”라 함.

019

‘별을 걸치고 달을 머리에 인다’는 말은 일찍 일어나 밤늦도록 열심히
쫓아다니며 일한다는 뜻이요,
  ‘비로 목욕하고 바람으로 빗질한다’는 것은 밖에서 노고를 다함을
말한다.

「披星戴月, 謂早夜之奔馳;
  沐雨櫛風, 謂風塵之勞苦.」

【披星戴月】 몸에 별빛을 둘러치고 머리에는 달빛을 이고 다님. 새벽 별, 저녁
  달을 뜻함.(《東游記》一)
【沐雨櫛風】 ‘櫛風沐雨’라고도 하며 비바람을 무릅쓰고 다니며 열심을 다함을
  뜻함.(《莊子》天下篇)

020

사물이란 뜻을 가지고 있는 것이 아니니 '마치 구름이 아무 생각 없이 솟아나도다'라는 것과 같다 하고,
은혜는 가히 널리 펴야 하느니 이를 일러 '봄볕도 다리가 있다'는 것이다.

「事非有意, 譬如雲出無心;
　恩可遍施, 乃曰陽春有脚.」

【無心】陶淵明 〈歸去來辭〉에 「雲無心而出岫」라 함.(533, 614, 793 참조)
【陽春有脚】唐나라 宋璟이 재상이 되어 선정을 베풀자 사람들이 그를 일러 '有脚陽春'이라 하였다.(《開元天寶遺事》) 봄볕은 다리가 있어 그 어느 곳이나 찾아다니며 모든 생물에게 화기를 씌워준다는 뜻.

021

남에게 먹여주어 공경을 다할 때 '감히 헌폭獻曝을 바치는 근심입니다'라 하고,
남의 힘을 빌려 어려운 일을 해결할 경우 '모두가 해를 되돌릴 힘의 덕분입니다'라고 한다.

「饋物致敬, 曰敢效獻曝之憂;
 托人轉移, 曰全賴回天之力.」

【獻曝之憂】옛날 宋나라 어떤 가난한 농부가 봄볕이 너무 좋아 이를 임금에게 알려 쬐면 좋을 것이라 한 고사에서 유래됨. 뒤에 음식물 등을 남에게 선물할 때 스스로 낮추어 하는 말로 쓰임. 《列子》 楊朱篇에 "昔者, 宋國有田夫, 常衣緼黂, 僅以過冬. 暨春東作, 自曝於日, 不知天下有廣廈隩室, 綿纊狐貉. 顧謂其妻曰: '負日之暄, 人莫之者; 以獻吾君, 將有重賞.' 里之富室告之曰: '昔人有美戎菽, 甘枲莖芹萍子者, 對鄕豪稱之. 鄕豪取而嘗之, 蜇於口, 慘於腹, 衆哂而怨之. 其人大慙. 子, 此類也'"라 함.
【回天之力】춘추 시대 楚나라 魯陽公이 韓나라와 한창 전투를 벌이고 있는 참에, 그만 해가 저물어 해를 창으로 끌어당기자 해가 三舍(군대의 사흘 행군 거리)쯤 되돌아왔다는 고사에서 유래됨.(《淮南子》 覽冥訓) 뒤에 이러한 힘을 '回天之力'이라 함.(《後漢書》 梁統傳) 《博物志》(7)에 "魯陽公與韓戰酣而日暮, 援戈麾之, 日反三舍."라 함.

022

죽음에서 구해준 은혜에 감사하는 것을 '재조再造'라 하고,
다시 살려준 덕을 칭송함을 '이천二天'이라 한다.

「感救死之恩, 曰再造;
 頌再生之德, 曰二天.」

【再造】 다시 살아남. 再生과 같음. 《宋書》 王僧達傳에 '再造之恩, 不可忘屬' 이라 함.

【二天】 지극히 어려울 때 나서서 도와주는 또 다른 하늘이라는 뜻. 東漢 때 蘇章이 冀州刺史였을 때 친구가 마침 淸河太守로 많은 부정을 저지르고 있어 이를 다스리려 나섰다. 그러자 청하태수가 술상을 마련해 놓고 "사람들은 하늘이 하나인데 나는 둘이다"(人皆有一天, 我獨有二天)라 하면서 눈감아 줄 것을 요청하자, 소하가 "오늘의 술자리는 사사로운 우정이다. 그러나 내일의 할 일은 공법을 시행하는 날이다"(今日飮酒, 私恩也; 明日按事, 公法也)라 하면서 태연히 술을 마시고 이튿날 법대로 처리했다. 이에 그 주의 모든 사람들이 숙연하게 여겼다 함.《後漢書》 蘇章傳)

023

세력이 쉽게 사라짐은 빙산과 같고, 일이 서로 다르기는 하늘과 땅과 같다.

「勢易盡者若氷山, 事相懸者如天壤.」

【氷山】 唐 玄宗 때 楊國忠이 양귀비의 총애에 힘입어 재상이 되자 많은 사람들이 그에게 빌붙었다. 이에 어떤 사람이 張彖이라는 선비에게 그를 찾아가 벼슬 자리를 구해보도록 권하자 장단은 "그대들은 양국충을 태산이라고 여기지만 나는 그를 빙산이라고 보고 있다. 만약 뜨거운 태양이 떠오르면 그대들이 말하는 그 믿는 바를 잃고 말 것이 아닌가?"(君輩以楊右相爲 泰山; 吾以爲氷山耳. 若皎日出, 君輩得無失所恃乎)라 하였다 함.《開元天寶遺事》)

024

‘신성’晨星은 현인이 요락寥落함을 일컫는 것이요, ‘뇌동’雷同이란 남의
말에 똑같이 따라함을 이른다.

「晨星謂賢人寥落, 雷同謂言語相符.」

【晨星】曉星과 같음. 새벽에는 별이 적어 희소함을 뜻함.
【寥落】희소함. 현인은 세상에 많지 않음을 말함. 謝朓의 〈京路夜發〉 시에
　　“曉星正寥落”이라 함.
【雷同】우레 소리는 모두가 비슷함.(《禮記》 曲禮(上)) 자신의 녹특한 견해가
　　없이 남을 따라함을 말함. ‘附和雷同’과 같음.

025

마음에 지나치게 많이 염려하는 것은 기杞나라 사람이 하늘 무너질까
걱정한 것과 무엇이 다르겠으며,
　일에 힘을 헤아리지 않는 것은 과보夸父가 해를 좇아간 것과 다름이
없다.

「心多過慮, 何異杞人憂天;
　事不量力, 不殊夸父追日.」

【杞人憂天】 옛날 杞나라 사람이 하늘이 무너질까 염려한 고사. '杞憂'와 같음.
《列子》 天瑞篇에 "杞國有人憂天地崩墜, 身亡所寄, 廢寢食者; 又有憂彼之所
憂者, 因往曉之, 曰: '天積氣耳, 亡處亡氣. 若屈伸呼吸, 終日在天中行止, 奈何
憂崩墜乎?' 其人曰: '天果積氣, 日月星宿, 不當墜耶?' 曉之者曰: '日月星宿,
亦積氣中之有光耀者; 只使墜, 亦不能有所中傷'"이라 함.

【夸父追日】 '夸父逐日'과 같음. 옛날 전설상의 과보라는 거인이 해가 어디까지
가는지 알아보겠다고 나서서 해를
쫓다가 갈증으로 죽었다는 고사.
《列子》 湯問篇에 "夸父不量力, 欲追
日影, 逐之於隅谷之際. 渴欲得飮,
赴飮河渭. 河渭不足, 將走北飮大澤.
未至, 道渴而死. 棄其杖, 尸膏肉所浸,
生鄧林. 鄧林彌廣數千里焉"이라 함.
(040 참조)

〈과보축일(夸父逐日)〉 明, 《山海經》 삽화

026

여름날 해와 같아 가히 두려운 것은 조돈趙盾을 두고 한 말이요,
겨울 햇볕과 같아 가히 사랑스러운 것은 조최趙衰를 두고 한 말이다.

「如夏日之可畏, 是謂趙盾;
　如冬日之可愛, 是謂趙衰.」

【趙盾·趙衰】 춘추시대 晉나라 대부 趙衰(조최)와 趙盾(조돈) 부자는 서로
성격이 달라 아버지 조최는 너무 엄하고 거만하기가 여름 해와 같았고 아들

조돈은 봄볕과 같아 온화하고 남을 배려하는 능력이 있었음. 뒤에 많은
사람들이 조돈에게 모여들었으며 그 후손이 조나라를 일으킴.(《左傳》 文公 7년)
한편 《十八史略》(1)에 "春秋時, 有趙夙者, 事晉, 夙生成子衰, 衰生宣子盾, 人曰:
'趙衰冬日之日也, 趙盾夏日之日也. 冬日可愛, 夏日可畏'"라 함.

027

제나라 부인 하나가 원한을 머금자 삼 년 동안 비가 내리지 않았고,
추연鄒衍이 옥에 갇히자 유월에 서리가 흩날렸다.

「齊婦含冤, 三年不雨;
　鄒衍下獄, 六月飛霜.」

【齊婦】 漢나라 때 東海郡(당시 齊 땅에 속함)에 사는 한 선량한 며느리가 홀로
시어머니를 극진히 모셨으나 시어머니가 그 딱함을 보다못해 스스로 죽자
시누이가 이를 며느리가 죽였다고 모함하여 죽임을 당하였음. 그러자 그
지역에 3년 동안 비가 내리지 않았다고 함.(《漢書》 于定國傳) 《搜神記》(11)에
"漢時, 東海孝婦, 養姑甚謹. 姑曰: '婦養我勤苦. 我已老, 何惜餘年, 久累年少!'
遂自縊死. 其女告官云: '婦殺我母.' 官收繫之, 拷掠毒治. 孝婦不堪苦楚, 自誣
服之. 時于公爲獄吏, 曰: '此婦養姑十餘年, 以孝聞徹, 必不殺也.' 太守不聽.
于公爭不得理, 抱其獄詞, 哭於府而去. 自後郡中枯旱, 三年不雨. 後太守至,
于公曰: '孝婦不當死, 前太守枉殺之, 咎當在此.' 太守卽時身祭孝婦家, 因表其墓.
天立雨, 歲大熟. 長老傳曰: '孝婦名周靑. 靑將死, 車載十丈竹竿, 以懸五旛.
立誓於衆曰: 靑若有罪, 願殺, 血當順下; 靑若枉死, 血當逆流. 旣行刑已, 其血
靑黃, 緣旛竹而上標, 又緣旛而下云'"이라 하였으며, 이 이야기는 《說苑》

(貴德篇), 《法苑珠林》(62), 《藝文類聚》(100 炎異部 旱), 《太平御覽》415·
646(王歆《孝子傳》) 등에도 전재되어 있음.
【鄒衍】 전국시대 학자 추연(騶衍으로도 씀)이 燕 昭王을 도와 큰 업적을 남겼
으나 아들 惠王이 들어서자 간신의 참언을 믿고 추연을 옥에 가둠. 추연이
하늘을 향해 울자 6월 여름인데도 서리가 내렸다 함.(《初學記》 天部)

028

아버지의 원수는 하늘을 함께 일 수 없고, 아들 된 도리란 모름지기
시간을 아껴 어버이를 모시는 것이다.

「父仇不共戴天, 子道須當愛日.」

【不共戴天】 '不俱戴天'과 같음. 하늘을 함께 이고 살 수 없는 원수.《禮記》
曲禮(上)에 "父之讎, 弗與共戴天. 兄弟之讎不反兵. 交遊之讎不同國. 四郊多壘,
此卿大夫之辱也. 地廣大, 荒而不治, 此亦士之辱也"라 함.
【愛日】 시간을 아낌. 세월이 가는 것을 안타깝게 여김. 흔히 孝道를 일컫는
말로 쓰임. 鄒聖脈 주에 揚子《法言》을 인용하여 "事父母自知不足者, 其舜乎!
不可得而久者, 事親之謂也. 故曰: '孝子愛日'"이라 함.

029

　태평성대의 백성들은 밝은 하늘 밝은 햇빛 아래 마음놓고 즐기며
살아가는 것이요,
　태평성대의 천자는 하늘이 경성景星과 경운慶雲의 상서로움을 불러
보여준다.

「盛世黎民, 嬉游于光天化日之下;
　太平天子, 上召夫景星慶雲之祥.」

【黎民】 머리가 검은 일반 백성. 백성의 다른 말.
【景星】 상서로운 별. 德星이라고도 하며 천자가 백성을 잘 다스릴 때에야
　나타난다 함.(《文子》精誠篇)
【慶雲】 오색을 띤 彩雲. 왕의 덕치가 이루어지면 나타난다 함.(《漢書》天文志)
　鄒聖脈 주에 《潛夫論》을 인용하여 “化國之日舒以長, 亂國之日促以短. 舜時,
　景星見, 慶雲生. 王者德敎無私, 則景星見; 王者德合於山陵, 則慶雲生”이라
　하였으나 지금의 《잠부론》에는 이 구절이 없음.

030

　하夏나라 때 우禹 임금이 자리에 오르자 하늘이 금을 비처럼 내려주었고,
춘추시대 《효경孝經》이 완성되자 붉은 무지개가 옥으로 변하였다.

「夏時大禹在位, 上天雨金;
　春秋孝經既成, 赤虹化玉.」

【禹】하나라 개국 군주로 9년 가뭄의 치수를 끝내고 왕위에 오르자 하늘에서
3일 동안 금을 내려주고 다시 사흘은 쌀을 비처럼 내려주었다 함.(《竹書紀年》)
鄒聖脈 주에 《史記》를 인용하여 "大禹平治水土, 功齊天地, 是時天雨金三日,
雨稻三日三夜"라 하였으나 지금의 《사기》에는 이 구절이 없음.
【孝經】공자가 《춘추》와 《효경》을 완성하고 하늘에 고하자 하늘이 무지개를
내려주었으며 이것이 黃玉으로 변하였다 함. 《搜神記》(8)에 "孔子修《春秋》,
制《孝經》, 既成, 齋戒, 向北辰而拜, 告備於天. 天乃洪鬱起白霧, 摩地, 赤虹自
上而下, 化爲黃玉, 長三尺, 上有刻文. 孔子跪受而讀之, 曰:'寶文出, 劉季握.
卯金刀, 在軫北. 字禾子, 天下服'"이라 함. 한편 《효경》은 孝에 관한 기록을
모은 것으로 공자의 門人이 지은 것. 지금은 13경에 열입되어 있음.

031

'기'箕라는 별은 바람을 좋아하고 '필'畢이라는 별은 비를 좋아한다.
이는 서인들의 바람과 욕망이 같지 않음을 비유한 것이다.
　바람은 호랑이를 따라 일어나고 구름은 용을 좇아 생겨난다. 이는
임금과 신하는 우연히 만남이 아님을 비유한다.

「箕好風, 畢好雨, 比庶人願欲不同;
　風從虎, 雲從龍, 比君臣會合不偶.」

【箕·畢】箕星은 바람을 주관하고 畢星은 비를 주관함.《尙書》洪範에 "庶民
  惟星, 星有好風, 星有好雨"라 함.
【風從虎, 雲從龍】《周易》乾卦 文言傳에 "風從虎, 雲從龍, 聖人作而萬物睹"
  라 하여 사물은 서로 감응하여 따르고 좇음을 뜻함.

032

비와 볕이 그 때에 맞게 일어나면 이는 아름다운 징조요,
하늘과 땅이 서로 태평함을 나누니 이를 일러 성세盛世라 한다.

「雨暘時若, 繫是休徵;
  天地交泰, 斯稱盛世.」

【休徵】아름다운 징조.《書經》洪範에 "曰休徵, 曰肅, 時雨若"라 함.
【交泰】하늘과 땅이 서로 통하여 크게 태평함.《周易》泰卦에 "天地交, 泰"
  라 하고 그 단사(象辭)에 "泰, 天地交而萬物通焉"이라 함.

▶ 增文

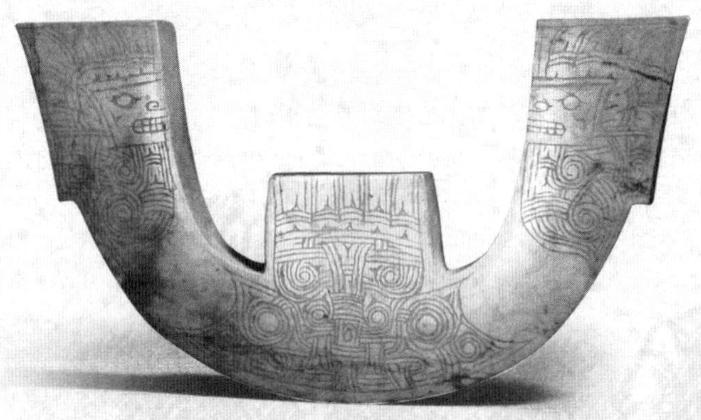

033

‘대환’大圜은 하늘을 부르는 호號요, ‘양덕’陽德은 해를 두고 칭하는
말이다.

「大圜乃天之號, 陽德爲日之稱.」

【大圜】 하늘의 다른 이름. ‘大圓’이라고도 함. 《楚辭》 天問에 "圜有九重, 孰營
　度之?"라 함.
【陽德】 태양의 다른 이름. 謝莊의 〈月賦〉에 "日以陽德, 月以陰靈"이라 함.

034

탁록涿鹿의 들에 피어난 구름을 보고 그 문채에 따라 수레 덮개를
만들고,
　백량대柏梁臺의 이슬을 받아 한 무제는 장수를 기원하였다.

「涿鹿野中之雲, 彩分華蓋;
　柏梁臺上之露, 潤泡金涇.」

【涿鹿】 고대 黃帝가 涿鹿의 들에서 蚩尤와 싸워 물리칠 때 오색 구름이 나타나
꽃이 되어 황제를 덮음. 이에 그 모양을 본떠 수레의 덮개 무늬로 삼았다
함.(崔豹《古今注》輿服) 한편 鄒聖脈 주에《史記》를 인용하여 "黃帝與蚩尤
戰於涿鹿之野, 有五色雲氣, 金枝玉葉, 結花葩之象, 覆于帝上, 因作花蓋"라
하였으나 지금의《사기》에는 이 구절이 없음.

【柏梁臺】 漢 武帝가 '백량대'라는 누대를 지으면서 구리 기둥을 써서 그 위에
신선의 손 모양 형상을 하여 이슬을 받도록 하였으며 이를 옥 가루에 타서
마셔 장수를 기원하였다 함.(漢武帝起柏梁臺, 作金莖, 上有仙人掌, 擎銅盤承露,
和玉屑以飲之) 班固〈西都賦〉에 "抗仙掌以承露, 擢雙立之金莖"이라 함. '金莖'은
구리 기둥(銅柱)을 뜻함.

035

효자가 얼마나 마음 아픈지를 알고자 하면 새벽 서리를 맨발로 걸어보라.
매번 장엄한 군대가 위세 좋아함을 드러내니 늦은 봄눈이 저절로 녹아
버리는 것과 같도다.

「知孝子傷心, 晨霜踐履;
　每見雄軍喜氣, 晚雪銷融.」

【晨霜踐履】 고대 周나라 때 尹吉甫는 후처의 참언을 믿고 그 효성이 지극한
아들 伯奇를 내쫓았음. 이에 백기는 새벽에 맨발로 서리를 밟으며 거문고를
탔음. 이 노래를〈履霜操〉라 함.(《初學記》에 인용된《琴操》)

【晚雪銷融】당나라 장효표(章孝標)가 당시 이신(李紳)이 회남절도사(淮南節度使)였을 때 봄눈이 오는 날, 그의 잔치에 참가하였었다. 장효표가 시로 이름이 있다는 것을 안 이신이 종이를 가져오도록 하여 시를 지어보도록 하였음. 이에 장효표는 즉시 허락하고 붓을 들어 단번에 시 한 수를 완성하였음. “육각형의 꽃이 날라 곳곳에 펄펄, 창문에는 붙고 계단 위 찬 가지 것은 쓸어가 버리네. 부잣집 문 앞은 저녁이 되도록 한 자도 쌓이지 않으니, 이는 모두 귀하가 삼군을 다스릴 때의 희기를 녹였기 때문이라.”(六出花飛處處飄, 黏窗拂砌上寒條, 朱門到晚難盈尺, 盡是三軍喜氣消.) 이신은 크게 기뻐하여 이를 주문(主文), 즉 고시관(考試官)에게 추천해 주었다 함.(《唐才子傳》 권6)

036

후한 때 정공鄭公의 나뭇짐에 바람이 불어 쉽게 나르게 해주고,
어사 안진경顔眞卿의 바른 판결로 가뭄에 단비가 천지를 흠뻑 적셔주었다.

「鄭公風, 一往一來;
　御史雨, 旣霑旣足.」

【鄭公】후한 때 鄭弘이 어릴 때 나뭇짐을 팔아 생계를 이을 때 신선한 아침에는 그가 북쪽 산으로 가기 쉽도록 남풍이 불고 저녁에는 나뭇짐을 지고 남쪽으로 오기 쉽도록 북풍이 불어 밀어 주었다 함. 지금도 이 바람을 ‘鄭公風’이라 함.(《後漢書》 鄭弘傳) 鄒聖脈 주에 孔煜의 《會稽錄》을 인용하여 “射的山南有白鶴山, 此鶴爲仙人取箭, 鄭弘嘗採薪於此. 得一遺箭, 頃有人來覓, 弘還之. 問所欲, 乃曰:‘患若耶溪, 載薪爲難, 願旦南風, 暮北風.’ 後果然, 今如故, 呼爲‘鄭公風’”이라 함.

【御史】당나라 顔眞卿(유명한 서예가)이 어사 벼슬을 할 때 平原郡에 억울한 사건이 벌어져 제대로 판결을 하지 못하자 안진경이 출행하여 이를 바르게 판결함. 그러자 당시 가뭄 끝에 큰비가 내렸다 하며 지금도 이럴 때 내리는 비를 ‘御史雨’라 함.(《舊唐書》 顔眞卿傳)

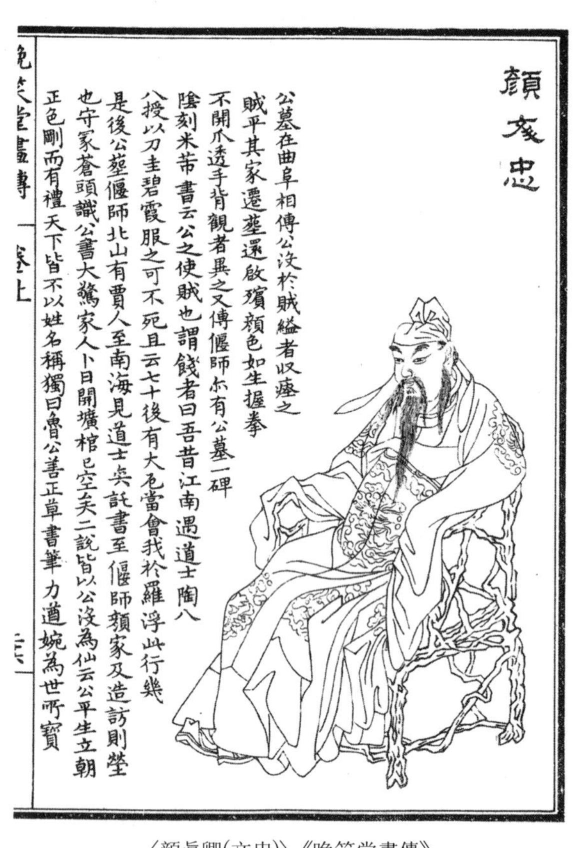

〈顔眞卿(文忠)〉《晚笑堂畫傳》

037

붉은 우레가 북두성을 감싸자 부보附寶가 잉태하여 황제를 낳았고,
흰 무지개가 해를 뚫으니 형가荊軻가 노래를 불렀다.

「赤電繞樞而附寶孕, 白虹貫日而荊軻歌.」

【附寶】黃帝의 어머니. 그가 붉은 색 번개가 북두칠성을 감싸는 것을 보고
잉태하여 24개월 만에 황제를 낳았다고 함.《帝王世紀》에 "黃帝之母附寶,
見電光繞北斗樞星, 感之而孕, 二十四月而生帝, 日角龍顔"이라 함.
【荊軻】전국 말 자객. 燕나라 太子 丹이 그를 시켜 秦始皇을 죽이도록 하자
그 임무를 수행하기 위해 떠나면서 易水에서 "風蕭蕭兮易水寒, 壯士一去兮
不復還"이라는 노래를 부르며 전별식을 할 때 흰색의 무지개가 해를 뚫었다
(진시황의 죽음을 뜻함) 함.(《史記》刺客列傳·《戰國策》燕策)

038

태자나 서자의 이름은 별의 전후에 따라 나뉜 것이며,
가뭄이 들고 홍수가 지는 해의 점은 우레의 자웅으로 변별한다.

「太子庶子之名, 星分前後;
　旱年潦年之占, 雷辨雌雄.」

【星分】고대 하늘의 三星 중에 가운데 별은 天子星, 앞에 있는 별은 太子星, 뒤에 있는 별은 庶子星으로 하였음.(《晉書》天文志)
【潦年】홍수가 많이 나는 해.
【雷辨】춘추시대 晉나라 師曠(장님 樂官, 소리 변별에 뛰어났었음)이 점을 치면서 우레 소리로써 자웅을 가려 변별했으며, 이로써 가뭄과 홍수의 해를 구별했다 함. 한편 《太平御覽》(天部, 雷)에 "우레가 처음 시작될 때 소리가 格格한 것은 雄雷이며 이는 旱氣를 가지고 있다. 그리고 우레 소리가 依依한 것은 雌雷로 水氣를 머금고 있다"(電之初發, 其音格格霹靂者, 乃雄雷, 旱氣; 其音依依不大霹靂者, 乃雌雷, 水氣)라 하였다.

039

중태성中台星은 정내鼎鼐를 담당하고, 동벽성東壁星은 문서를 관장한다.

「中台爲鼎鼐之司, 東壁是圖書之府.」

【中台】中台星. 三台星의 하나로 그 중 가운데에 있으며 조정의 公卿宰輔를 상징함.(《晉書》天文志)

【鼎鼐】둘 모두 三足兩耳의 큰솥으로 음식의 五味를 잘 조절하여 조리하듯이
나라를 다스린다는 뜻으로 재상을 상징하는 말로 쓰였음.
【東壁】별 이름. 천하의 도서를 관장하는 별로 천자의 도서관을 흔히 '동벽'이라
함.(《晉書》天文志) 한편 唐 張說의 시에 "東壁圖書府, 西園翰墨林"이라 함.

040

노양魯陽이 전투 중에 날이 저물어 지는 해를 되돌리자 해가 창 끝을
따라 되돌아왔고,
　제갈량諸葛亮이 신기한 무기로 동풍에게 제사를 지내자 바람이 큰 깃발
아래를 휘돌았다.

「魯陽苦戰揮西日, 日返戈頭;
　諸葛神機祭東風, 風回纛下.」

【魯陽】楚나라 平王의 손자인 司馬子期의 아들 魯
陽文子. 魯陽 땅에 봉해져 魯陽公이라고도 함.
그가 韓나라와의 전투에서 해가 기울자 창으로
해를 끌어 해가 넘어가지 않도록 했다 함.(《淮南
子》覽冥訓·《博物志》, 021 참조)
【諸葛】諸葛亮을 가리킴. 그가 曹操 군사에게 화전
(火戰)으로 공격하려 했으나 바람이 불지 않아
누대에 올라 제사를 지내자 동풍이 불고 모든
깃발이 펄럭였다 함.(《三國演義》 49회)

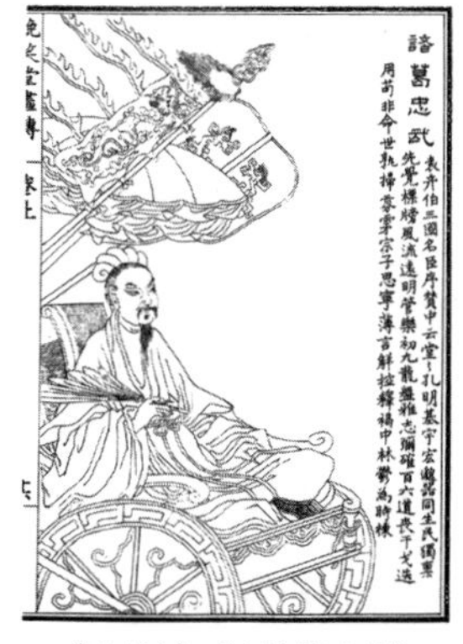

〈諸葛亮〉《晩笑堂畫傳》

041

속석束皙이 정신을 모으면 3일 큰비를 내리게 할 수 있고,
장해張楷가 도술을 부리자 능히 5리 안을 안개로 덮을 수 있었다.

「束先生精神畢至, 可禱三日之霖;
　張道士法術頗神, 能作五里之霧.」

【束皙】 속석은 신통력이 있어서 가뭄에 기도를 하자 사흘 동안 흡족한 비가
내렸다 함. 속석은 진나라 때 학자이며 정치인으로 〈汲叢古書〉 정리에 이름을
남겼음.(《晉書》 束皙傳)
【張楷】 장해(자는 公超)는 後漢 때 도인으로 신통력을 부려 능히 5리를 안개로
뒤덮을 수 있었다 함.(《後漢書》 張楷傳)

042

아이들은 해를 두고 쟁반만할 때와 가장 뜨거울 때가 가깝다고 다투었고,
말 잘하는 자는 하늘을 논함에 머리도 있고 발도 있다고 하였다.

「兒童爭日, 如盤如湯;
　辯士論天, 有頭有足.」

【爭日】孔子가 길에서 다투는 아이들을 보았더니 한 아이는 해가 뜰 때 쟁반
처럼 가장 커 보이는 것으로 보아 그 때가 가장 가깝다고 하였고, 다른
아이는 중천에 떴을 때 가장 뜨거운 것으로 보아 그 때가 가장 가깝다고
주장하면서 공자에게 이를 묻자 공자가 대답을 하지 못했다 함. 《列子》
湯問篇에 "孔子東游, 見兩小兒辯鬪. 問其故. 一兒曰: ‘我以日始出時去人近,
而日中時遠也.’ 一兒: ‘以日初出遠, 而日中時近也.’ 一兒曰: ‘日初出大如車蓋;
及日中, 則如盤盂: 此不爲遠者小而近者大乎?’ 一兒曰: ‘日初出滄滄涼涼; 及其
日中如探湯; 此不爲近者熱而遠者涼乎?’ 孔子不能決也. 兩小兒笑曰: ‘孰爲
汝多知乎?’"라 함.

【辯士】삼국시대 蜀나라 변사 秦宓이라는 사람은 변론에 뛰어났었음. 그가
吳나라 사신과 하늘에 관한 문제를 토론하면서 "하늘은 머리와 다리가 있는
것인가?"라고 사신이 묻자 그는 《詩經》大雅 皇矣篇에 ‘乃眷四顧’라 하였으
니 하늘에는 머리가 있으며 곧 서쪽이 머리이다. 그리고 小雅 白華篇에
‘天步艱難’이라 하였으니 이는 하늘에 다리가 있다는 뜻이다"라고 변론하였음.
(《三國志》蜀志 秦宓傳)

043

달이 필성畢星을 따라 돌면 비가 올 징조요, 패성孛星이 빛을 발하면
화재가 나게 된다.

「月離畢而雨候將徵, 星孛辰而火災乃見.」

【畢星】별 이름. 고대 사람들은 필성은 비를 좋아하는 별로서 달의 궤도가
필성에 접근하면 비가 내릴 징조로 보았음. 《詩經》小雅 漸漸之石에 "月離
於畢, 俾滂沱矣"라 함.

【孛星】彗星의 다른 이름.《左傳》昭公 17년에 孛星이 빛을 발하자 당시 申須
라는 사람이 제후에게 장차 큰 화재가 날 것임을 예측하였음. 과연 이듬해
5월 宋, 衛, 陳, 鄭 등의 나라에 큰 화재가 발생하였다는 기록이 있음.

❂ 참고

〈天地〉편 ‘續增’10聯

○「人文進化, 天象益明.」

○「六合所包, 皆爲積氣; 兩儀所造, 莫非自然.」

○「日爲恒星, 隔地乃暗; 月亦圜體, 背日見虧.」

○「月掩日曰日食, 地掩月曰月食.」

○「水金土木諸星, 爲太陽系之環繞;
　雲霧雨露諸象, 皆水蒸氣所化成.」

○「雨結爲冰, 小成霰, 大成雹; 汽遇驟冷, 高爲雪, 下爲霜.」

○「冷熱二氣相鼓蕩, 則生風, 劇者爲颶;
　陰陽二氣相搏激, 則發電, 響卽成雷.」

○「日光透雨, 彩暈如環, 謂之虹;
　星芒燭天, 尾形如帚, 謂之彗.」

○「天河乃星群之簇聚, 霞光亦日色所映成.」

○「昔之占驗憑諸虛, 謂與人事相應;
　今之推步證諸實, 見爲天象之常.」

2. 지여 地輿

※ '지여地輿'는 '여지輿地'와 같은 뜻이다. 본 장은 땅의 구분과 생김, 명산 대천에 얽혀 있는 신화 전설과 명칭, 그리고 역대 각 나라의 위치 등에 대한 상식과 고사를 간결하게 제시하고 설명한 것이다.(총 47연)

齊彦槐(1774~1841, 청대천문학자) 제작 〈天球儀〉

044

황제黃帝가 분야分野를 나누어 비로소 도읍이 나뉘었고,
하우夏禹가 물을 다스려 처음으로 산천이 제자리를 잡게 되었다.

「黃帝畫野, 始分都邑;
　夏禹治水, 初奠山川.」

【黃帝】 중국 민족의 시조로 받드는 고대 임금. 각종 제도와 물건을 만들어 인류를 문명의 시대로 진입하게 하였다고 믿는 인물.

【分野】 땅을 구획하여 나라나 경계를 나눔을 뜻함.《한서》地理志에 黃帝가 천하를 백 리씩 나누어 나라를 만 개로 하였고, 토지의 구분을 8家를 一井으로 삼되, 一井을 隣, 三隣을 里, 五里를 邑, 十邑을 都, 十都를 師, 十師를 州로 정하였다 함. 鄒聖脈의 주에 "黃帝畫野分土, 得百里之國萬區, 遂經土設井, 立步制畝, 使八家爲井, 井開四道, 而分八宅. 井爲一隣, 隣三爲朋, 朋三爲里, 里五爲邑, 邑十爲都, 都十爲師, 師十爲州"라 함.

【夏禹】 고대 夏나라 개국 군주. 당시 홍수가 범람하자 그의 아버지 鯀은 堵截法(물을 막아 흐르지 못하게 하는 방법)을 써서 治水에 실패를 하였지만 舜임금이 禹에게 임무를 맡기자 禹는 疏導法(물을 소통시켜 흐르게 함)으로 물을 다스려 천하의 수재를 해결했다 함. 鄒聖脈 주에《管子》를 인용하여 "洪水橫流, 不辨區域, 禹自冀之西, 分爲豫荊雍梁; 冀之東, 分爲兗靑徐揚, 爲九州之地. 定其山之高者, 與其川之大者, 以爲之紀綱也"라 함.

045

우주의 강산은 바꿀 수 없는 것이지만 고금의 사물 명칭은 각각 다르다.

「宇宙之江山不改, 古今之稱謂各殊.」

【宇宙】《淮南子》注에는 上下四方을 宇라 하고 古往今來를 宙라 한다 하여 시간과 공간을 통합하여 이르는 말. 그러나 당시 連綿語로 天地萬物의 총칭을 뜻함.
【稱謂】사물에 대한 명칭. 추성맥 주에 "上下四方曰宇, 古往今來曰宙. 謂宇宙之江山雖不改移, 但古今之稱說, 其名不一也"라 힘.

046

북경北京은 원래 유연幽燕에 속하던 곳으로 금대金臺는 그 다른 이름이다. 남경南京은 원래 건업建業으로 금릉金陵은 이의 별명이다.

「北京原屬幽燕, 金臺是其異號;
　南京原爲建業, 金陵又是別名.」

【幽燕】幽州는 원래 고대 九州의 하나. 지금의 北京, 河北, 遼寧省 일대. 燕은 전국시대 燕나라 땅이었음을 말함. 金臺는 北京의 다른 이름. 추성맥의 주에

《附職方紀略》을 인용하여 "北京古遼東地, 號三韓, 今曰北直, 別號金臺. 古燕
冀地, 令九府二十州, 百二十縣. 首府順天, 別號燕山, 乃禹貢冀州之域, 周曰
幽州, 漢曰燕國"이라 함.

【建業】지금의 南京시로 東漢 末 孫權이 근거지로 삼았으며 東晉과 南朝
(宋, 齊, 梁, 陳)시대에 이곳을 도읍으로 삼았었음. 金陵은 남경의 다른 이름.
역시 추성맥 주에 "南京, 金曰江南, 號金陵. 古徐揚地, 令十四府, 十七州,
九十六縣, 首府江寧, 別號建康, 乃禹貢揚州之域. 楚威王以其地有王氣, 特埋
金以鎮之, 故名金陵. 自京口徙都於此, 曰建業"이라 함.

047

절강浙江은 무림武林의 구역으로 원래 월越나라 땅이었다.
강서江西는 예장군豫章郡으로 달리 오고吳皐라고도 한다.

「浙江是武林之區, 原爲越國;
　江西是豫章之郡, 又曰吳皐.」

【武林】지금의 杭州를 가리킴. 원래 杭州에는 虎林山이 있어 虎林이라 불렀
　으나 唐 太祖(李虎)의 이름을 휘하여 武林으로 바꿈. 南宋이 이곳을 臨安府
　라 하여 도읍으로 삼았었음.
【豫章】豫章은 漢 高祖가 설치했던 郡이름. 治所는 南昌. 지금의 江西省 省都
　이며 이곳을 豫章이라 불렀음. 吳皐는 강서성의 별칭.

048

복건성은 민중閩中에 속하며, 호광湖廣의 지명은 삼초三楚였다.

「福建省屬閩中, 湖廣地名三楚.」

【閩中】 秦나라 때 세웠던 郡이름으로 치소는 冶縣(지금의 福州市). 閩은
福建省의 약칭.
【湖廣】 고대 행정구역. 隋代에 지금의 湖南, 湖北, 廣西, 廣東, 貴州를 아우
르던 지역. 치소는 지금의 武昌.
【三楚】 秦漢 시대에 옛 楚나라 땅을 東楚, 西楚, 南楚로 나누어 분할하였으며
이를 함께 일러 三楚라 하였음.

049

동로東魯, 서로西魯는 곧 산동山東, 산서山西의 구분이요,
동월東粵, 서월西粵은 곧 광동廣東, 광서廣西의 지역이다.

「東魯・西魯, 卽山東 山西之分;
　東粵・西粵, 乃廣東 廣西之域.」

【東魯】 산동 지역에 대한 별칭. 지금은 齊魯라 부름.
【西魯】 산서 지역에 대한 별칭.
【粵】 지금의 廣東과 廣西 지역은 고대 百粵이라는 민족의 땅이었음.

050

하남河南은 화하華夏의 가운데에 있으니 그 때문에 중주中州라 부른다.
섬서陝西는 장안長安의 땅으로 원래 진秦나라 경내였다.

「河南在華夏之中, 故曰中州;
　陝西卽長安之地, 原爲秦境.」

【河南】 중국 고대의 가장 문명했던 민족을 華夏라 하였고 九州 중 가운데
　위치하여 中州라 불렀으며 中原, 혹 中國이라 하였음.
【陝西】 秦나라의 영토가 있던 곳으로 그 도읍(咸陽)은 당나라 때 長安이었
　으며 많은 朝代가 그곳을 수도로 삼았음.

051

사천四川은 서촉西蜀이며, 운남雲南은 고대에 전滇이라는 곳이다.

「四川爲西蜀, 雲南爲古滇.」

【四川】 지금의 成都를 중심으로 한 지역. 고대 蜀國의 땅이었으며 秦나라에게
　합병됨.
【雲南】 지금의 운남성 滇池라는 곳이 중심이었으며 滇國이 있었음. 漢 武帝 때
　漢나라에 귀속됨.

052

귀주貴州는 만방蠻方에 가까워 자고로 검지黔地라 불렀다.

「貴州省近蠻方, 自古名爲黔地.」

【貴州】貴州省은 南蠻 지역과 인접해 있으며 고래로 黔이라 불렀음. 秦나라 때
黔中郡을 설치하였음.

053

동악東嶽은 태산泰山이고 서악西嶽은 화산華山, 남악南嶽은 형산衡山이며
북악北嶽은 항산恒山이요, 중악中嶽은 숭산崇山으로 이것이 천하의 오악
五嶽이다.
요주饒州의 파양호鄱陽湖와 악주岳州의 청초호靑草湖, 윤주潤州의 단양호
丹陽湖, 악주鄂州의 동정호洞庭湖, 소주蘇州의 태호太湖, 이것이 천하의
오호五湖이다.

「東嶽泰山, 西嶽華山, 南嶽衡山, 北嶽恒山, 中嶽嵩山,
　此爲天下之五嶽;
　饒州之鄱陽, 岳州之靑草, 潤州之丹陽, 鄂州之洞庭,
　蘇州之太湖, 此爲天下之五湖.」

【五嶽】 고대 제왕이 숭배하여 제사를 지내던 산으로 漢宣帝 때에는 泰山을
東嶽, 華山(陝西省)을 西嶽, 天柱山(霍山, 安徽省)을 南嶽, 恒山(河北省)을 北嶽,
嵩山(河南省)을 中嶽으로 삼았었음. 그러나 隋代에는 衡山(湖南省)을 南嶽
으로 고쳤으며 明代에는 恒山(山西省)을 北嶽으로 하였음.
【五湖】 중국에 있는 5개의 큰 호수.

054

'금성탕지'金城湯池는 성지城池의 공고함을 두고 하는 말이요,
'여산대하'礪山帶河는 곧 봉건封建의 맹세를 이르는 것이다.

「金城湯池, 謂城池之鞏固;
　礪山帶河, 乃封建之誓盟.」

【金城湯池】 쇠붙이처럼 견고한 성과 성 둘레의 끓는 물 같은 해자가 있어
함락시킬 수 없는 방어를 뜻함.(《漢書》 蒯通傳 注)
【礪山帶河】 漢高祖가 공신 및 후손에게 分封하면서 "황하가 줄어 띠만큼
작아지고 태산이 숫돌처럼 닳아 없어지도록, 국가가 창성하고 자손만대까지
이어지리라"(黃河如帶, 泰山若礪, 國以永存, 爰及苗裔)라고 서약한 데서 비롯된
성어임.(《漢書》 高惠高后文功臣表序)

055

황제가 사는 곳을 '경사'京師라 하며 고향을 '자리'梓里라 한다.

「帝都曰京師, 故鄕曰梓里.」

【京師】 皇帝가 거하는 곳.《公羊傳》桓公 9년에 "京師者, 天子之居也. 京者何?
　大也; 師者何? 衆也"라 함.
【梓里】 고대 집 주위에 뽕나무와 재(梓, 가래나무, 혹 개오동나무)를 심어 양잠
　과 가구 재료로 사용한 데서 고향을 뜻하는 말로 전화됨. 따라서 고향을
　'桑梓'리고도 함.(977 참고)

056

봉래蓬萊와 약수弱水는 오직 날아다니는 신선이나 건널 수 있는 곳이요,
방호산方壺山과 원교산員嶠山은 선인들이 사는 곳이다.

「蓬萊·弱水, 惟飛仙可渡;
　方壺·員嶠, 乃仙子所居.」

【蓬萊】 고대 신선이 산다는 三神(蓬萊, 方丈, 瀛洲)의 하나.《十洲記》에 "蓬萊
　山對東海之東北岸, 周回五千里, 外別有圓海繞山. 圓海水正黑, 而謂之冥海也.
　無風而洪波百丈, 不可得往來, 唯飛仙有能到其處耳"라 함.

【弱水】浮力이 없어 깃털이나 개자 씨조차 뜨지 못하기 때문에 배로도 건널
수 없다는 전설상의 물. 그 위치에 대하여는 여러 가지 설이 있음. 鄒聖脈
주에 “西海之山, 有水無力, 不能負芥, 故曰弱水”라 함.
【方壺·員嶠】고대 신선이 산다는 산 이름.《列子》湯問篇에 渤海 동쪽에
岱輿, 員嶠, 方壺, 瀛洲, 蓬萊 다섯 산이 있어 신선들이 산다고 하였음. 한편
鄒聖脈의 주에《拾遺記》를 인용하여 “渤海東有大壑, 中有五山, 岱輿, 員嶠,
方壺, 瀛州, 蓬萊. 臺觀皆金玉, 所居皆仙聖也”라 함.

057

‘창해상전’滄海桑田은 세상일의 많은 변화를 두고 하는 말이요,
‘하청해안’河淸海晏은 천하의 승평昇平을 일러주는 말이다.

「滄海桑田, 謂世事之多變;
　河淸海晏, 兆天下之昇平.」

【滄海桑田】‘桑田碧海’와 같음. 葛洪의《神仙傳》에 痲姑가 자신은 바다가
세 번이나 변하여 뽕나무밭이 되는 것을 보았다고 한 말에서 비롯되었음.
추성맥 주에《韻府》를 인용하여 “海上三老人相遇問年, 一曰: ‘吾憶少時, 與盤
古有中外.’ 一曰: ‘滄海變桑田, 吾輒下一籌, 今已滿十屋矣.’ 一曰: ‘吾師食
蟠桃, 棄其核子於昆侖之下, 今與昆侖相齊’”라 함.
【河淸海晏】황하의 물이 맑아지고 바다에 파도가 없어지면 천하가 태평할
징조라 하였음. 전설에 漢 高祖(劉邦)가 태어나던 해 한 번 황하가 맑았었다
함. 추성맥 주에 “秦莊襄王三年甲寅, 黃河淸, 是年生漢高祖於豐沛”라 함.
【昇平】천하가 태평함을 일컫는 말.

058

물의 신을 '풍이'馮夷라 하며, 또는 '양후'陽侯라고도 한다.
불의 신은 '축융'祝融이라 하며, 또는 '회록'回祿이라고도 한다.

「水神曰馮夷, 又曰陽侯;
　火神曰祝融, 又曰回祿.」

【馮夷】 수신의 다른 이름.《博物志》(권7)에 "馮夷, 華陰潼鄉人也, 得道成水仙,
是爲河伯. 豈道同哉? 仙人乘龍虎, 水神乘魚龍. 其行恍惚, 萬里如室"이라 하였
으며,《搜神記》卷四에는 "宋時, 弘農馮夷, 華陰潼鄉隄首人也. 以八月上庚
日渡河, 溺死. 天帝署爲河伯"이라 함. 추성맥 주에《설문》을 인용하여 "軒轅
子馮夷爲水官, 死爲水神, 曰水夷, 又曰無夷"라 함.

【陽侯】 원래는 파도의 신(波神). 고대 陽陵
國의 侯였으며 죄를 얻자 물에 빠져 자살
하여 파도의 신이 되었다 함.(《淮南子》覽
冥訓 高誘 注와《楚辭》九章 哀郢注 참조)

【祝融】 고대의 火神. 炎帝(혹 黃帝)의 후손
으로 共工氏가 이 축융과 싸워 이기지 못
하자 不周山을 들이받아 하늘이 무너졌다
함. (《山海經》海內經, 海外南經 등 참조)

【回祿】 역시 火神으로 이름은 吳回. 일설에
축융의 아우, 혹 축융 자신의 다른 이름이
라고도 함.(《左傳》昭公 18년 참조)

〈火神 祝融〉《山海經》 삽화

059

바다의 신을 '해약'海若이라 하며 해안海眼을 '미려'尾閭라 한다.

「海神曰海若, 海眼曰尾閭.」

【海若】海神의 이름. 《楚辭·遠遊》에 "令海若舞馮夷"라 함. 추성맥 주에 《博物志》를 인용하여 "天地四方, 皆海水相通, 地在中, 蓋無幾也. 故海曰百谷王, 神曰海若"이라 함.
【海眼】바닷물이 끝없이 빨려 들어가는 구멍. 《金華子》(南唐 劉崇遠)에 어떤 사람이 땅을 파다가 동전을 발견하고 이를 꺼냈으나 끝없이 계속 나오더니 중간에 돌덩이가 있어 그 위에 "이곳은 해안이다. 돈으로 눌러놓은 곳이다" (此是海眼, 以錢鎭之)라 쓰여 있어 놀라 다시 그 구멍을 메웠다는 전설이 있음.
【尾閭】전설상 모든 바닷물이 모여들어 새어 들어가는 곳.(《文選》嵇康 養生論 주) 한편 鄒聖脈의 주에 《十州記》를 인용하여 "海中沃焦山卽尾閭, 一石方圓四萬里, 海水悉從其下而泄"이라 함.

060

남의 포용을 바랄 때 '해함'海涵이라 표현하며,
남의 은택에 감사할 때는 '하윤'河潤이라 한다.

「望人包容, 曰海涵;
　謝人恩澤, 曰河潤.」

【海涵】 바다처럼 온갖 물을 모두 수용함을 비유한 것. '海納百川'의 의미와
같음.
【河潤】 하수가 끊임없이 흘러 대지를 적시며 만물을 이롭게 함을 비유한 것.
《莊子》列禦寇에 "河潤九里, 澤及三族"이라 함.

061

아무 것에도 얽매임이 없는 자를 '강호산인'江湖散人이라 하며,
호기를 부림에 자신 있는 자를 '호해지사'湖海之士라 한다.

「無繫累者, 曰江湖散人;
　負豪氣者, 曰湖海之士.」

【江湖散人】 세상에 구속을 받지 않고 자유로운 사람을 뜻함. 당나라 陸龜蒙
(자는 魯望)은 작은 배 한 척에 책과 茶具, 筆床, 낚시 도구를 싣고 자연을
벗삼아 살아 사람들이 그를 '江湖散人'이라 불렀음.
【湖海之士】 도량이 크고 뜻이 높은 사람을 뜻함.

062

집의 크기가 어떠니 농토가 어떠니 하는 것은 큰 뜻이 없음이요,
하늘을 휘젓고 땅을 들춰보겠다는 것이 곧 기이한 재주이다.

「問舍求田, 原無大志;
　掀天揭地, 方是奇才.」

【問舍求田】 집이나 농토, 재산 등으로 화제를 삼는 것.

063

허공에 기대어 일을 하겠다는 것을 일러 '평지풍파'平地風波라 하고,
홀로 서서 옮길 수 없도록 함을 일러 '중류지주'中流砥柱라 한다.

「憑空起事, 謂之平地風波;
　獨立不移, 謂之中流砥柱.」

【砥柱】 황하의 가운데에 솟아난 섬으로 河南省 三門峽 동쪽에 있음.《文苑》
에 "昌谷縣海中, 有砥柱屹立中流, 望之如人拱立"이라 함.

064

‘흑자’黑子, ‘탄환’彈丸은 지극히 작은 읍을 말하는 것이요,
‘인후’咽喉, ‘우비’右臂는 모두가 아주 중요한 요충지를 두고 하는 말이다.

「黑子·彈丸, 漫言至小之邑;
　咽喉·右臂, 皆言要害之區.」

【黑子·彈丸】 흑자는 얼굴의 점. 탄환은 총알. 모두 아주 작음을 비유함. 庾信
의 〈哀江南賦에〉 “地惟黑子, 城猶彈丸”이라 함.
【咽喉·右臂】 목구멍과 오른쪽 팔. 모두 중요한 전략상 요새나 중요한 시억을
말함. 《戰國策》 秦策에 “韓, 天下之咽喉”라 하였고, 趙策에는 “齊獻魚鹽之地,
此斷趙之右臂也”라 함

065

　홀로 서서 지탱하기 어려운 경우를 ‘나무 하나가 어찌 큰 건물을 지탱
하리요’라고 하고,
　영웅이 자신을 믿는 것을 ‘한 덩어리의 진흙으로도 함곡관을 봉쇄할
수 있다’라고 한다.

「獨立難持, 曰一木焉能支大廈;
　英雄自恃, 曰丸泥亦可封函關.」

【大廈】아주 큰 건물.《文中子》事君에 "大廈將顚, 非一木所支也"라 함.
【丸泥】총알크기의 아주 작은 진흙 덩어리.
【函關】函谷關을 뜻함.《後漢書》隗囂傳에 외효의 부장 王元이 외효에게 "元以一丸泥爲大王東封函谷關"이라 하였음.

066

일에서 먼저 실패하고 나중에 성공했을 경우 이를 '동우東隅에서 잃은 것을 상유桑楡에서 되찾는다'라 하고,
일이 장차 성취되어 끝맺음에 그치게 되면 '산을 만듦에 아홉 길이 된다 해도 한 삼태기 모자라 모든 공이 물거품이 된다'라고 한다.

「事先敗而後成, 曰失之東隅, 收之桑楡;
　事將成而終止, 曰爲山九仞, 功虧一簣.」

【東隅·桑楡】'동우'는 해가 뜨는 동쪽 귀퉁이. '상유'는 해가 져서 들어간다는 서쪽 끝을 가리킴. 東漢 光武帝가 馮異에게 준 글에 "始雖垂翼回溪, 終當奮翼澠池. 可謂失之東隅, 收之桑楡"라 함.
【功虧一簣】한 삼태기만 더 부으면 완성될 것을 하지 않고 중지함.《論語》子罕篇에 "子曰:「譬如爲山, 未成一簣, 止, 吾止也. 譬如平地, 雖覆一簣, 進, 吾往也」"라 하였음. 추성맥 주에《書經》을 인용하여 "不矜細行, 終累大德, 爲山九仞, 功虧一簣"라 함.

067

'이려측해'以蠡測海란 사람의 보는 눈이 좁음을 비유한 것이요,
'정위함석'精衛啣石이란 사람의 헛된 노력을 비유한 것이다.

「以蠡測海, 喩人之見小;
　精衛啣石, 比人之徒勞.」

【以蠡測海】蠡는 작은 호로박 바가지를 뜻함.《三國志》魏志 王修傳의 고사.
작은 바가지로 바닷물을 측량함.《漢書》東方朔傳에 "以管窺天, 以蠡測海"
라 함.

【精衛啣石】고대 炎帝의 딸 女娃가 동해에 놀이를 갔다가 익사하자 그
혼백이 精衛라는 새가 되어 서쪽의
돌과 나무를 물어 끝없이 동해 바다
에 던져 메우려 함.《博物志》(권3)에
"有鳥如烏, 文首, 白喙, 赤足, 名曰精衛.
昔赤帝之女名女媱, 往游於東海, 溺死
而不返, 其神化爲精衛. 故精衛常取西山
之木石, 以塡東海"라 하였으며《山海
經》北山經에는 "又北二百里, 曰發鳩
之山, 其上多柘木. 有鳥焉, 其狀如烏,
文首·白喙·赤足, 名曰精衛, 其鳴自詨
是炎帝之少女名曰女娃, 女娃游于東海,
溺而不返, 故爲精衛, 常銜西山之木石,
以堙于東海. 漳水出焉, 東流注于河"라

〈精衛塡海〉

하였고《太平廣記》463에는 "有鳥如烏, 文首·白喙·赤足, 名曰精衛, 昔赤帝之
女名女娙, 往遊於東海, 溺死而不返, 其神化爲精衛. 故精衛常取西山之木石,
以塡東海"라 함.

068

'발섭'跋涉이란 가는 길이 어려움을 일컫는 것이요,
'강장'康莊이란 갈 길이 평탄함을 말하는 표현이다.

「跋涉, 謂行路艱難;
　康莊, 謂道途平坦.」

【跋涉】물을 건너며 실제로 어려움을 헤쳐나감. 《詩經》鄘風 載馳에 "大夫
　跋涉, 我心則憂"라 함.
【康莊】사통팔달의 도로. 평탄한 길. 《爾雅》釋宮에 "五達謂之康, 六達謂之莊"
　이라 함.

069

돌밭 땅을 '불모지지'不毛之地라 하고, 아름다운 농토를 '고유지전'膏腴之田
이라 한다.

「磽地曰不毛之地, 美田曰膏腴之田.」

【磽地】돌밭. 돌이 많아 농토로 쓸 수 없는 땅. 추성맥 주에 〈賈山詩〉를 인용
　하여 "地之磽者, 雖有善種, 不能生焉"이라 함.

【膏腴】기름. 膏腴之田은 기름져 오곡이 잘 되는 토지를 뜻함. 〈出師表〉에
"張瑀內殖貨財, 及富貴買田地四百頃, 皆通涇渭灌漑極膏腴"라 함.

070

물건을 얻었으나 쓸모가 없을 경우 이를 '마치 돌밭을 얻은 경우'라
말하고,
학문을 닦아 대성을 거두었을 경우 이를 '도안道岸에 이르렀다'라고 한다.

「得物無所用, 曰如獲石田;
　爲學已大成, 曰誕登道岸.」

【誕登道岸】誕은 발어사. 도안은 피안. 불교용어로 彼岸, 菩提岸과 같음.
깨달음의 경지에 오름을 뜻함.(陳汝元《金蓮記》湖賞) 한편 沈鯨의 《雙珠記》
元宵燈宴에 "道岸先登, 天街思陟"이라 함.

071

치수淄水와 민수澠水의 물맛은 변별해야 하고, 경수涇水와 위수渭水는
맑고 탁함도 구분해야 한다.

「淄澠之滋味可辨, 涇渭之清濁當分.」

【淄澠】 齊(지금의 山東)에 있는 물 이름으로 각기 그 맛이 다르다 함. 옛날 미각에 뛰어났던 易牙는 이 물의 맛을 변별해 냈다 함. 《列子》仲尼篇에 "口將爽者, 先辨淄澠"라 하였고 說符篇에는 "孔子曰: "淄澠之合, 易牙嘗而知之"라 하였음.
【涇渭】 涇水는 섬서성 중부에서 발원하여 甘肅을 거쳐 渭水로 흘러드는 물로 맑은 淸水이며, 渭水는 황하의 지류로 황토 고원을 거쳐 흐르는 濁水로 그 청탁이 분명히 구분됨. 《詩經》邶風 谷風에 "涇以渭濁"이라 하였고, 《毛詩傳》에는 "涇渭相入, 以淸濁異"라 함

072

필수泌水의 물을 마시되 가난을 즐기면서 은거하여 벼슬을 구하지 않고, 동산東山에 높이 누워 벼슬을 사양하며 자신의 편안함을 구하도다.

「泌水樂飢, 隱居不仕;
　東山高臥, 謝職求安.」

【泌水】 河南의 물 이름. 《詩經》陳風 衡門에 "泌之洋洋, 可以樂飢"라 하여 벼슬을 하지 않고 가난을 즐김을 뜻함.
【東山】 東晉 때 謝安은 젊고 재능이 있어 나라에서 벼슬을 권유하였으나 會稽山의 東山에 은거하여 山水와 文籍을 벗하여 살았음. 뒤에 東山은 은거의 뜻으로 널리 쓰임. (《晉書》謝安傳 및 《世說新語》참조)

【謝職求安】 다른 판본에는 "淸節可風"으로 되어 있음.

073

성인이 나타나면 흙탕물의 황하黃河가 맑아지고, 태수가 청렴하면 월석越石이 드러난다.

「聖人出則黃河淸, 太守廉則越石見.」

【黃河淸】 황하는 맑아질 수 없으나 성인이 나타나면 맑아진다고 믿었음. 《易乾鑿度》에 "聖人受命, 瑞應先見於河, 河水先淸"이라 하였고, 《文選》 李康의 〈運命論〉에 "夫黃河淸而聖人生"이라 함.
【越石】 지금의 福州 남쪽에 있는 越王石이라는 바위로 안개에 가려 잘 보이지 않으나, 태수로서 청렴할 경우 그 바위가 보인다고 함. 南朝 宋나라 虞愿이 晉安太守로 재직할 때 節儉愛民하여 그는 그 바위를 뚜렷이 보았다고 함.(《南齊書》虞愿傳 참조)

074

아름다운 풍속을 '이인'里仁이라 하고, 악한 풍속을 '호향'互鄕이라 한다.

「美俗曰仁里, 惡俗曰互鄉.」

【里仁】《論語》의 구절을 두고 이른 말.《論語》里仁篇에 "里仁爲美. 擇不處仁,
焉得知?"라 함.
【互鄉】역시《論語》의 구절을 두고 이른 말.《論語》述而篇에 "互鄉難與言,
童子見, 門人惑. 子曰:「與其進也, 不與其退也, 唯何甚? 人潔己以進, 與其
潔也, 不保其往也.」"라 함. 향은 행정 단위로 5백 가를 하나의 '鄉'으로 하였음.

075

마을 이름이 '승모'勝母라 하여 증자曾子는 들어가지 않았고,
읍 이름이 '조가'朝歌라 하여 묵적墨翟은 수레를 돌렸다.

「里名勝母, 曾子不入;
　邑號朝歌, 墨翟回車.」

【勝母】"어머니보다 낫다, 혹은 어머니를 이긴다"는 풀이가 되는 마을 이름.
《史記》魯仲連鄒陽傳에 曾子가 길을 가다가 勝母라는 마을 이름을 보고
그 마을에 들어가지 않았다고 함.
【曾子】曾參. 孔子의 제자. 효성으로 이름을 날렸던 인물.《孝經》을 傳述한
것으로 알려짐.
【朝歌】"아침에 노래를 부르다"의 뜻. 묵자는 자신의 주장 중에 음악도 거부
하였으므로(非樂) 그러한 마을에는 들어가지 않음. 이 고사는《水經注》淇水
에 실려 있음. 그밖에 이상 '勝母朝歌'에 대한 기록은《說苑》,《新序》,《顏氏

家訓》, 《新論》(劉畫) 등 아주 널리 실려 있다.

【墨翟】 戰國시대 宋나라 사람으로 墨家學派의 領袖. 이름은 墨翟. 非攻, 非樂, 節用, 尙賢 등의 학설을 폈으며 兼愛主義를 주창한 학자. 추성맥 주에 《子華子》를 인용하여 “水名盜泉, 尼父不飮; 邑號朝歌, 顔回不舍 '里名勝母, 曾子還輒; 亭名柏人, 漢高宵遁. 以其名害義也”라 함.

076

흙덩이를 두드리며 노래함은 요堯임금의 백성이 자득함을 말한 것이요, 밭두둑을 양보하며 농사지었음은 문왕文王의 백성이 서로 추천한 것이다.

「擊壤而歌, 堯帝黎民之自得;
　讓畔而耕, 文王百姓之相推.」

【擊壤】 擊壤歌. 요임금 때 백성들이 임금의 덕을 모를 정도로 태평성대를 구가함을 상징한 노래. 《十八史略》(권1)에 “有老人, 舍哺鼓腹, 擊壤而歌曰: 「日出而作, 日入而息. 鑿井而飮, 畊田而食, 帝力何有於我哉!」”라 함.(769 참조)

【讓畔】 “虞芮質正”의 고사를 뜻함. 虞나라와 芮나라가 서로 농토 경계를 두고 다투다가 文王의 어짊을 듣고 해결을 부탁하려 周나라에 들렀다가 그 백성이 밭의 경계를 서로 양보함을 보고 부끄럽게 여겨 되돌아갔다는 고사. 《史記》 五帝本紀에 “西伯陰行善, 諸侯皆來決平. 於是虞芮之人有獄不能決, 乃如周. 入界, 耕者皆讓畔, 民俗皆讓長. 虞芮之人未見西伯, 皆慙, 相謂曰: 「吾所爭, 周人所耻, 何往爲, 祇取辱耳.」 遂還, 俱讓而去. 諸侯聞之, 曰「西伯蓋受命之君.」”이라 하였으며, 《十八史略》(권1)에 “虞芮爭田, 不能決. 乃如周, 入界見畊者皆遜畔, 民俗皆讓長. 二人慙, 相謂曰:「吾所爭周人所耻.」乃不見西伯而還, 俱讓其田不取”라 하였음.

077

비장방費長房은 '축지법'을 알고 있었고, 진시황은 '편석법'鞭石法을 알고
있었다.

「費長房有縮地之方, 秦始皇有鞭石之法.」

【費長房】 동한 시대의 방사. 비장방은 축
　지법을 익혀 천리 거리도 금방 닿을 수
　있었다 함.(《神仙傳》 壺公)
【秦始皇】 전국시대를 마감하여 六國을 統
　一한 임금. 嬴政.
【鞭石法】 진시황이 바다를 건너 해가 뜨는
　곳을 가보고 싶어하자 어떤 신인이 돌을
　채찍질하여 다리를 놓아주었다는 전설이
　있음.(《三齊略記》)

〈費長房과 壺公〉

078

요임금 때는 9년의 수재가 있었고, 탕임금 때는 7년의 가뭄이 있었다.

「堯有九年之水患, 湯有七年之旱災.」

【九年】堯(고대 唐나라 군주)임금 때 천하에 홍수가 나서 鯀(순임금의 아버지)에게 치수를 맡겼으나 이를 해결하지 못하였음.(《史記》夏本紀)

【七年】湯(고대 상나라 군주)임금 때 천하에 7년 동안 가뭄이 들자 몸소 桑林의 들에 나가 자신이 희생이 되겠다고 빌자 큰비가 내렸다 함.(《淮南子》主術篇). 한편 《十八史略》(권1)에 "大旱七年, 太史占之, 曰:「當以人禱.」湯曰:「吾所爲請者, 民也. 若必以人禱, 吾請自當.」遂齋戒剪爪斷髮, 素車白馬, 身嬰白茅, 以身爲犧牲, 禱于桑林之野, 以六事自責曰:「政不節歟? 民失職歟? 宮室崇歟? 女謁盛歟? 苞苴行歟? 讒夫昌歟?」言未已, 大雨數千里"라 함.

079

상앙商鞅이 어질지 못하면서 천맥阡陌 제도를 시작하였고, 하걸夏桀이 무도하게 굴자 이수伊水와 낙수洛水가 말라버렸다.

「商鞅不仁而阡陌開, 夏桀無道而伊·洛竭.」

【商鞅】衛鞅, 公孫鞅, 商君으로도 불리며 전국시대 衛나라 사람으로 秦나라에 들어가 孝公을 섬겨 재상이 되었으며 변법을 실시, 五家作統法, 連坐法 등 가혹한 형법으로 진나라를 강하게 하였으나 끝내 죄를 짓고 車裂刑에 처해진 인물. 《商君書》가 있으며 《史記》商君列傳에 자세한 기록이 있음.(668, 1304 참조)

【阡陌】농토의 가로세로로 경계와 면적을 뜻함. 여기서는 농지개혁 등 혁신적인 변법을 가리킴.

【夏桀】하나라 마지막 임금인 桀王. 폭군으로 알려짐. 商湯에게 망함.

【伊洛】伊水와 洛水. 모두 河南 洛陽 근처의 강물 이름. 《國語》周語에 "昔而洛竭而夏亡"이라 함. 추성맥 주에 《노자》를 인용하여 "伊洛竭而夏亡, 河竭

而商亡. 今川源塞, 塞必竭. 夫國必依山川, 山崩川竭, 滅亡之徵也”라 함.(지금의
《노자》에는 없음)

080

‘도불습유’道不拾遺는 윗사람이 선정을 베풀었기 때문이요,
‘해불양파’海不揚波로 중국에 성인이 있음을 알게 되었다.

「道不拾遺, 由在上者善政;
　海不揚波, 知中國有聖人.」

【道不拾遺】 길에 물건이 떨어져 있어도 주워가지 않음.《史記》商君列傳에
“行之十年, 秦民大悅, 道不拾遺, 山無盜賊”이라 함.
【海不揚波】 바다에 파도가 일지 않음. 周나라 成王 때 周公이 천하에 선정을
베풀자 越裳氏가 중국에 성인이 있기 때문이라 여겨 조공을 왔던 고사에서
비롯됨.《韓詩外傳》(권5)에 “越裳氏重九譯而至, 獻白稚於周公:「道路悠遠,
山川幽深, 恐使人之未達也, 故重譯而來.」周公曰:「吾何以見賜也?」譯曰:
「吾受命國之黃髮曰:《久矣! 天之不迅風疾雨也, 海不波溢也, 三年於玆矣. 意者,
中國殆有聖人, 盍往朝之?》於是來也.」周公乃敬求其所以來”라 하였으며,
《十八史略》(권1)에 “交趾南有越裳氏, 重三譯而來, 獻白雉, 曰:「吾受命國之
黃耈, 天無烈風淫雨, 海不揚波, 三年矣. 意者中國有聖人乎?」周公歸之王,
薦于宗廟, 使者迷歸路, 周公錫以軿車五乘, 皆爲指南之制. 使者載之, 由扶南
林邑海際, 朞年而至國. 故指南車常爲先導, 示服遠人而正四方”라 함.

▶ 增文

081

'신주'神州는 '적현'赤縣이라 하며, 변방의 땅을 '궁려'穹廬라 한다.

「神州曰赤縣, 邊地曰穹廬.」

【神州】 전국시대 齊나라 陰陽家 鄒衍의 지리 이론으로 천하는 81分野로 그 중에 중국은 赤縣 神州에 해당하며 중국 전체는 다시 9분(9州)으로 이루어 졌다는 주장. 추성맥 주에 《地輿志》를 인용하여 "昆侖東南方五千里, 曰神州, 中有和美鄉, 帝王之宅, 聖人所居"라 함.
【穹廬】 유목민족의 둥그런 형태의 집을 가리키는 말로 중국 변방 이민족을 통칭하는 뜻으로 쓰였음.

082

'백로주'白鷺洲는 물 가운데의 삼각주로, 오吳나라의 옛 모습이 장려했던 것을 읊은 것이요,
'금우로'金牛路는 다섯 장정이 길을 닦아 인도하자 촉蜀 땅이 텅 비어 망하게 되었음을 말한 것이다.

「白鷺洲, 二水中分吳壯麗;
　金牛路, 五丁鑿破蜀空虛.」

【白鷺洲】 이는 長江(지금의 南京 西門 밖)에 있는 강 가운데의 섬으로 이곳이
옛 吳나라 땅으로, 화려했던 시절을 읊은 李白의 〈登金陵鳳凰臺〉 “三山半
落靑天外, 二水中分白鷺洲”의 구절을 말함.

【金牛路】 전국시대 秦 惠王이 蜀을 정벌하고 싶었으나 길이 없었다. 이에
다섯 마리의 소 형상에서 소의 꼬리에 금을 달아 이를 촉왕에게 헌사코자
한다고 하였다. 촉왕이 이에 속아 다섯 장정으로 하여금 길을 닦도록 하여
결국 촉을 정벌할 수 있었다고 한다.(《水經注》 沔水.《史記》 秦世家) 그 때문에
〈詠史詩〉에 “五丁不鑿金牛路, 秦惠何由得倂呑?”이라는 구절이 있게 되었다
한다.

083

폭포가 고개 마루에 매달린 것을 ‘푸른 창공이 그 흰 비단을 느려뜨린 것’
이라 표현하였고,
　군산君山이 호수에 비춘 비취 모습을 ‘수정 쟁반에 청라靑螺를 안고 있다’
고 읊은 것이다.

「瀑布嶺頭懸, 蒼碧空中垂白練;
　君山湖內翠, 水晶盤裏擁靑螺.」

【瀑布】 이는 李白의 〈望廬山瀑布〉 “日照香爐生紫煙, 遙看瀑布掛前川. 飛流
直下三千尺, 疑是銀河落九天”의 구절을 말한 것임.

【君山】 이는 洞庭湖에 있는 산 이름. 舜임금의 아내 湘君이 놀던 산이라 하여
이름이 붙여졌으며, 湘山, 洞庭山이라고도 함. 이 구절은 당대 劉禹錫의
〈望洞庭〉 “湖光秋月兩相和, 潭面無風鏡未磨. 遙望洞庭山水色, 白銀盤裏一靑螺”
라 한 것을 풀이 한 것. ‘靑螺’는 푸른색의 소라 살색을 뜻함.

084

드넓은 오강吳江의 험함을 두고 '하늘이 내린 참호'라 하였고,
가물가물 진령秦嶺의 그 높음을 두고 '땅의 힘줄'이라 하였다.

「浩蕩吳江, 險稱天塹;
　嵯峨秦嶺, 高謂坤維.」

【吳江】長江. 이를 '天塹'이라 한 것은 隋나라 군대가 장강을 건너려고 할
때 陳나라 孔範이 "長江天塹, 古來限隔, 虜軍豈能飛渡?"라 한 말에서 유래
되었음.(《南史》孔範傳)
【秦嶺】중국 북쪽 岷山, 終南山, 華山, 嵩山, 太白山을 잇는 큰 산맥의 여러
고개들. 이는 땅의 힘줄처럼 크고 웅대하여 쉽게 넘을 수 없음을 뜻함.

085

눈발 휘날리는 혜산鞋山의 모습을 보고 보무步武를 깨끗이 씻고,
채운이 싸고 있는 필산筆山은 현란한 문장을 뿜어내도다.

「雪浪湧鞋山, 洗淸步武;
　彩雲籠筆岫, 絢出文章.」

【鞋山】 파양호(鄱陽湖) 물 가운데에 있는 산. 신발처럼 생겨 얻은 이름.

【步武】 원래 걸음걸이를 뜻하나 여기서는 눈 위에 남은 남의 발자국을 따라 감을 뜻함. 따라서 "洗淸步武"는 남을 따라 흉내내지 않겠다는 뜻. 한편 이 구절은 宋代 어떤 이의 시 〈詠鞋山〉 "飛瑰乘醉出天闇, 墜下弓鞋千古存. 若使當年添一隻, 雪花浪裏浴雙鴛"에서 유래되었음.

【筆岫】 筆山. 붓끝처럼 뾰죽한 산봉우리가 있으며 지금의 河北省에 있음. 그 산을 보면 좋은 문장을 짓고 싶다는 뜻을 말한 것임. 宋代 〈詠筆山〉 "紫霧凝成應濡墨, 彩雲籠處便生花. 一天星斗晴光岫, 絢出文章自一家"의 시를 말한 것임.

086

'금곡원'金谷園에는 꽃과 풀이 모두 갖추어져 있었고,
'평천장'平泉莊에는 목석이 모두 기이한 것들이었다.

「金谷園中, 花卉俱備;
　平泉莊上, 木石皆奇.」

【金谷園】 晉나라 시대에 천하의 부호로 이름난 石崇의 정원. 온갖 기이한 것을 모두 갖추어 놓았었다 함. 石崇의 金谷園序, 《晉書》 石崇傳, 《世說新語》 등 참조.

【平泉莊】 唐나라 재상 李德裕의 장원. 역시 온갖 호화를 다 부려 장려하게 꾸몄었다 함. 《極譚錄》 李相國宅 참조.

087

계곡 여울이 세다 해도 '호비탄'虎臂灘 여울만 못하고
길이 아무리 험하다 해도 '양장'羊腸만큼 심하지는 않으리라.

「灘之凶, 無如虎臂;
　路之險, 莫若羊腸.」

【虎臂灘】 지금의 四川省 奉節縣 남쪽 강물이며 천하 급류로 알려져 있음.
　漢代 楊亮이 益州刺史사로 있을 때 이곳을 지나다 배가 뒤집혀 죽어 使君灘
　이라고도 함.(《水經注》 江水)
【羊腸】 太行山의 羊腸坂. 양의 창자처럼 굽어 흔히 九折羊腸이라 함. 曹操의
　〈苦寒行〉에 "北上太行山, 艱哉何巍巍. 羊腸坂詰屈, 車輪爲之摧"라 함.

088

'연수청람'煙樹晴嵐은 소상瀟湘의 모습을 가장 잘 표현한 것이요
'무향문리'武鄕文里는 한중군漢中郡을 심하게 자랑한 것이다.

「煙樹晴嵐, 瀟湘可紀;
　武鄕文里, 漢郡堪誇.」

【煙樹晴嵐】‘瀟湘八景’을 표현한 것으로 “山市晴嵐, 漁村落照, 江天暮雪, 煙寺
晩鐘, 平沙落雁, 遠浦歸帆, 瀟湘野雨, 洞庭秋月”이라 한 것을 두고 한 말.
(《夢溪筆談》 17)

【武鄕文里】《南史》 胡諧之傳에 실려 있는 고사로 範伯年이라는 사람이 宋
明帝와 廣州의 ‘貪泉’이라는 지명을 화제로 이야기하다가 명제가 “그대 고향
에는 이런 물이 있는가?”라 묻자 “저희 고향 漢中에는 文川, 武鄕, 廉泉,
讓水 등의 지명이 있습니다”라 하였다. 이에 왕이 “그대 고향은 어디인가?”
(卿之居何在)라 묻자 이번에는 “염양의 사이입니다”(在廉讓之間)라고 하였다 함.

089

‘칠리탄’七里灘은 엄광嚴光이 낙원으로 여겼던 곳이요, ‘구절판’九折坂은
왕양王陽이 꺼려 하던 험한 길이다.

「七里灘是嚴光樂地, 九折坂乃王陽畏途.」

【七里灘】 浙江 富春江 가의 여울로 東漢 會稽
餘姚사람 嚴光이 낚시하며 은거했던 곳. 嚴光
(뒤에 遵으로 바꿈)은 자가 子陵이며 일찍이 劉秀
와 동문이었으나 유수가 황제(동한 첫 임금 光武帝)
가 되자 이름을 고치고 富春山에 은거한 인물.
(《後漢書》 逸民傳. 532, 620 참조)

【九折坂】 四川에 있는 험한 산길. 漢나라 때 王陽
이 益州刺史로 있을 때 이 길을 가려다가 너무
험한 것을 보고 되돌아오자 그 후임 王尊이 이곳에

〈嚴光(子陵)〉《晚笑堂畫傳》

이르러 "이곳이 왕양이 꺼려 했던 길이 아니냐?"(此非王陽所畏途耶)고 묻고는
마부에게 그대로 수레를 몰게 하여 통과하여 공무를 집행했다 함. 이에 뒷
사람들이 왕양은 '효자'라 여겼고, 왕준은 '충신'이라 여겼다.(《漢書》王尊傳)

090

장군이 나아가 싸우는 곳이 '안문'雁門과 '자새'紫塞라는 곳이요,
신선들이 즐겨 노니는 곳이 '현포산'玄圃山과 '낭풍산'閬風山이라는 곳이다.

「將軍征戰之場, 雁門·紫塞;
　仙子遨遊之境, 玄圃·閬風.」

【雁門·紫塞】雁門은 雁門關. 지금의 山西省에 있는 요새. 紫塞는 秦나라 때
축조한 만리장성을 뜻함. 흙빛이 자주색이어서 부른 이름.(崔豹《古今注》
都邑)
【玄圃·閬風】모두 神話 속의 崑崙山에 있다는 신선들이 사는 산 이름.(《水經注》
河水)

⊛ 참고

〈地輿〉편 '續增'8聯

○「管仲作地員篇, 德黎枿地動說.」

○「地球有東半西半之分, 地體有自轉公轉之別.」

○「兩極在南北, 赤道平分; 五帶有寒溫, 熱帶中亙.」

○「亞歐非澳美, 辨各洲之名稱;
　黃白紅黑棕, 別全球之人種.」

○「世界輿圖, 直經橫緯; 中華氣候, 南熱北寒.」

○「昆侖爲萬山之總系, 其勢最高;
　長江爲群湖入尾閭, 厥流最大.」

○「地近火山, 岩石分崩則地震; 湖應溯望, 日月幷吸則潮高.」

○「要之神皐沃壤, 物産素饒; 際此海禁大開, 交通乃盛.」

3. 세시歲時

❀ 본 장은 일년 열두 달의 명절과 세시, 그리고 연유와 행사 등 우리나라와도 연관이 있는 아주 유익한 내용을 담고 있으며, 절기에 관한 신화, 전설 등의 상식과 고사를 간결하게 제시하고 설명한 것이다.(총 49연)

〈長春百子圖〉 宋, 蘇漢臣(그림) 臺北故宮博物院 소장

091

폭죽 터지는 소리에 옛것이 제거되고, 도부桃符를 걸어놓은 집집마다
다시 새해가 시작된다.

「爆竹一聲除舊, 桃符萬戶更新.」

【爆竹】 중국에서는 신년맞이로 섣달 그믐날 밤 자정에 폭죽을 터뜨려 묵은
舊惡을 모두 쫓고 새해를 맞는 풍속이 있음. 옛날 李畋이라는 사람의 이웃에
仲叟의 집이 있었음. 그런데 이 집이 산소(山魈)라는 귀신에게 시달림을
당한다는 것을 알고 그 집 마당에 아침저녁으로 폭죽을 터뜨리도록 하였더니
귀신이 놀라 사라졌다 하며, 이것이 풍속이 되었다 함.(《異聞錄》)
【桃符】 역시 새해맞이의 풍속으로 고대부터 복숭아나무 판에 신도(神荼)와
울루(鬱壘)라는 두 신의 형상을 그려 문에 걸었음. 이것이 변하여 지금은
門聯을 써서 붙임. (이상 《風俗通》, 《荊楚歲時記》, 林東錫 〈聯語考〉 등 참조,
1184 참조) 한편 宋 王安石의 〈元日〉 시에 "爆竹聲中一歲除, 春風送暖入屠蘇.
千門萬戶瞳瞳日, 總把新桃換舊符"라 함. 추성맥의 주에 《山海經》을 인용하여
"東海度朔山大桃樹, 蟠曲三千里, 其卑枝向東北曰鬼門. 萬鬼出入也. 有二神,
曰神荼, 曰鬱壘, 主領鬼之害人者, 執以飼虎, 黃帝法而象之, 乃用桃板畫二神
於門上, 以御凶鬼"라 함.

092

'이단'履端은 새해 첫날의 아침이요,
'인일'人日은 새해 첫 달의 7일로 영험한 아침이다.

「履端, 是初一元旦;
　人日, 是初七靈辰.」

【履端】신발의 끝. 처음 새날 새 걸음을 시작함을 뜻함. 새해 첫날(元旦)을
일컫는 말. 張華의 〈食擧東西廂樂〉에 "履端承元吉"이라 함.
【人日】음력 정월 7일을 가리킴. 東方朔의 《占歲時書》에 "天地初開, 一日鷄,
二日狗, 三日豬, 四日羊, 五日牛, 六日馬, 七日人, 八日穀"이라 하여 천지가
생기면서 제7일에 사람이 생겨났다 함. 따라서 이 날을 영험한 날로 여겨
중국 풍속에는 七寶羹을 먹으며 비단으로 인형을 만들어 병풍에 걸거나
부녀자들이 머리에 꽂아 복을 빌기도 함.

093

원일에 임금에게 '초화송'椒花頌을 올려 나이가 높아짐을 축하하는
것이요,
　원일에 '도소주'屠蘇酒를 대접하면 모든 질병을 없앨 수 있는 것이다.

「元日獻君以椒花頌, 爲祝遐齡;
　元日飮人以屠蘇酒, 可除癘疫.」

【椒花頌】정월 초하루에 나라 임금에게 〈椒花頌〉이라는 頌歌로 長壽를 축원
함. 晉나라 때 劉臻의 처 陳氏가 처음 바쳤다 함. 《晉書》列女傳 劉臻妻
陳氏傳에 가사 "旋穹周廻, 三朝肇建. 青陽散輝, 澄景載煥. 標美靈葩, 爰採
爰獻. 聖容映之, 永壽於萬"가 전함.

【屠蘇酒】정월 초하루에 한 해의 역질을 없애기 위해 마시는 술.《荊楚歲時記》
元日에 "長幼悉正衣冠, 以次拜賀, 進椒柏酒飮桃湯, 進屠蘇酒·膠牙餳"이라 함.
蘇屠는 일종의 활엽초의 약초. 唐代 孫思邈이 매년 이 약초로 술을 담가
除夕과 元日에 이웃에게 나누어주어 한 해의 질병이 없도록 한 데서 유래
되었다 함.

094

새해를 일러 '왕춘'王春이라 하고, 이미 묵은해를 '객세'客歲라 한다.

「新歲曰王春, 去年曰客歲.」

【王春】《春秋》의 첫 구절 "元年春, 王正月"이라 한 데서 생긴 말.
【客歲】이미 손님처럼 떠나간 해라는 뜻.

095

나무에 등불 밝혀 은색 꽃이 아름다움은 원소절元宵節 등불의 휘황함을
가리키는 것이요,
성교星橋 철문이 열림은 원석元夕의 금오위金吾衛에서 백성의 출입을 막지
않음을 말한다.

「火樹銀花合, 指元宵燈火之輝煌;
　星橋鐵鎖開, 謂元夕金吾之不禁.」

【元宵】정월 대보름. 元夕이라고도 함. 이 날은 등을 들고 遊行하면서 즐김.
당 睿宗이 元夕에 燈樹를 만들었으니 높이가 20장이며 5만 개의 燃燈을
달아 이를 '火樹'라 하였다 함.
【星橋】등불이 비추어 다리가 별이 떨어져 쌓인 것 같은 풍경.
【金吾】金吾衞. 수도를 방비하는 임무를 맡은 관청. 이 원소절 전후 사흘 간은
수도의 다리와 성문을 개방하여 누구나 통행할 수 있었음. 한편 이 구절은
唐 蘇道味의 시 〈正月十五日夜〉 "火樹銀花合, 星橋鐵鎖開. 暗塵隨馬去, 明月
逐人來. 遊妓皆穠李, 行歌盡落梅. 金吾不禁夜, 玉漏莫相催"을 두고 한 것임.

096

2월 초하루가 '중화절'中和節이요, 3월 3일은 '상사진'上巳辰이다.

「二月朔爲中和節, 三月三爲上巳辰.

【中和節】唐代 재상 李泌이 2월 초하루를 中和節로 삼아 이 날 민간은 春酒
로 제사를 지내어 풍년을 빌고, 백관은 農書를 바쳐 농사가 시작됨을 알리
도록 할 것을 제의하여 德宗의 허락을 받았다 함.(《舊唐書》 李泌傳)
【上巳辰】고대에는 삼월 上旬의 첫 巳日을 上巳節로 삼아 민간에서는 踏靑과
禊事를 실시하여 냇가에 나가 묵은 때를 씻으며 겨울을 완전히 벗어났음을
축하하였음. 그 뒤 三月三日로 날짜가 정해져 굳어졌음.《後漢書》 禮儀志(上)

및 王羲之〈蘭亭序〉참조. 한편 고대 중국의 날짜, 月, 年의 계산은 주로 干支, 즉 十干(甲乙丙丁戊己庚辛壬癸)과 十二支(子丑寅卯辰巳午未申酉戌亥)의 배합으로 하였음.

097

동지 후 106일 째가 '청명'清明이요, 입춘 지나 다섯째 무일이 '춘사'春社이다.

「冬至百六是清明, 立春五戊爲春社.」

【清明】24절기 중에 양력 4월 초에 해당하는 날. 고대에 이 날짜의 계산을 동지로부터 106일째로 정했음.(《燕京歲時記》) 한편 중국은 고대 二十四節氣에 의해 오늘날 양력과 같은 절기를 만들어 농사와 太陽曆에 맞추도록 하였음. 24절기는 "立春, 雨水, 驚蟄, 春分, 清明, 穀雨, 立夏, 小滿, 芒種, 夏至, 小暑, 大暑, 立秋, 處暑, 白露, 秋分, 寒露, 霜降, 立冬, 小雪, 大雪, 冬至, 小寒, 大寒"으로 15일 정도의 간격으로 되어 있음. 唐 杜牧의 〈清明〉 시에 "清明時節 雨紛紛, 路上行人欲斷魂. 借問酒家何處有, 牧童遙指杏花村"이라 함.
【春社】고대에 봄가을로 土地神에게 제사를 지내던 풍습으로 立春 후 다섯 번째 戊日을 春社, 立秋 후 다섯 번째 무일을 秋社로 하였음.

098

‘한식절’寒食節은 청명 하루 전이요, ‘초복’初伏은 하지의 세 번째 경일庚日
이다.

「寒食節是淸明前一日, 初伏日是夏至第三庚.」

【寒食】춘추시대 晉 文公의 어진 신하 介子推가 벼슬을 받지 못한 채 緜山
에서 불에 타 죽은 넋을 기려 이 날은 불을 피우지 않도록 함. 대체로 4월
초에 해당하며 청명 하루 전이 됨.(蔡邕《琴操》卷下) 한편《十八史略》(권1)에
"後世至义公, 霸諸侯. 义公名重耳, 獻公之次子也. 獻公嬖於驪姬, 殺人子申生,
而伐重耳於蒲. 重耳出奔, 十九年而後反國. 嘗餒於曹, 介子推割股以食之. 及歸
賞從亡者, 孤偃·趙衰·顚頡·魏犨, 而不及子推. 子推之從者, 懸書宮門曰:
「有龍矯矯, 頃失其所. 五蛇從之, 周流天下. 龍饑乏食, 一蛇割股. 龍返於淵,
安其壤土. 四蛇入穴, 皆有處處. 一蛇無穴, 號于中野.」公曰:「噫! 寡人之過也.」
使人求之, 不得. 隱綿上山中, 焚其山, 子推死焉. 後人爲之寒食. 文公環綿上
田封之, 號曰介山"이라 함.(631 참조)
【初伏】한여름이지만 이미 가을(金氣) 기운이 시작되어 五行 중의 금기가
엎드리어 숨어 기다리기 시작하는 날이라는 뜻이며, 夏至 후 세 번째 庚日을
初伏, 네 번째 경일을 中伏, 그리고 입추 후 첫 번째 경일을 末伏으로 하여
삼복(三伏)으로 나누어져 있음.(《太平御覽》時序部 伏日)

099

4월은 ‘맥추’麥秋요, 단오는 ‘포절’蒲節이다.

「四月乃是麥秋, 端午卻爲蒲節.」

【麥秋】 초여름 보리가 익어 수확하는 계절.(《禮記》 月令)
【端午】 음력 5월 5일.
【蒲節】 단옷날에 중국에서는 菖蒲를 잘게 썰어 술에 담궈 역질을 예방하는
　의식으로 마셨음.(《事物原始》)

100

6월 6일을 '천황절'天貺節이라 하고,
5월 5일은 '천중절'天中節이라 부른다.

「六月六日, 節名天貺;
　五月五日, 節號天中.」

【天貺】 전설에 宋 眞宗 大中 祥符 4년(1011) 6월 6일 天書가 내려와 이 날을
　기념하기 위하여 조칙을 내려 天貺節로 삼았다 함.(《宋史》 眞宗紀 三)
【天中】 단오의 별칭. 특히 이날 正午를 天中으로 여겨 부른 이름.(《提要錄》)
　다른 판본에는 이 구절이 "五月五日, 序屆天中"으로 되어 있음.

101

단양端陽, 단오날에 배젓기는 굴원屈原이 물에 **빠져** 죽은 것을 애도
하는 것이요,

중구절重九節 높은 산에 올라감은 환경桓景이 재난 피했던 일을 따라
하는 것이다.

「端陽競渡, 弔屈原之溺水;

　重九登高, 效桓景之避災.」

【端陽】 단오의 별칭.

【屈原】 전국시대 楚나라 신하이며 〈楚辭〉, 〈漁父辭〉 등 남방문학의 많은
작품을 남긴 시인. 懷王의 어리석음을 간했으나 들어주지 않자 汨羅水에
빠져 죽음. 이 날이 5월 5일이며 백성들이 그의 죽음을 애도하여 강에 粽子
(찹쌀밥을 대나무 잎으로 싸서 묶은 것)를 던져 물고기로 하여금 그의 시신을
해치지 않도록 하며 그의 시신을 찾고자 배를 타고 달려갔다는 것에 유래
하여 지금도 중국 남방에서는 단오날 종자를 먹으며 龍船(龍舟) 대회를 하는
풍습이 아주 성행하고 있음.(《荊楚歲時記》, 482, 616, 670, 752 참조)

【重九】 陽數인 九가 두 번 겹친 9월 9일 즉 重陽節을 가리킴. 東漢 때 桓景이
費長房에게 도술을 배울 때 어느 날 비장방이 환경에게 9월 9일 큰 재앙이
내릴 것이라 하여 그가 일러준 방법대로 비단 주머니를 만들어 수유 꽃을
넣어 팔에 묶고 높은 산에 올라 국화주를 마셔 재앙을 피했다 함. 이것이
유래가 되어 중양절에는 그 뒤 수유를 머리에 꽂고 높은 산에 올라 국화주를
마시며 하루를 보내는 풍속이 생겼음.(《續齊諧記》) 唐 王維의 〈九月九日憶
山東兄弟〉에 "獨在異鄕爲異客, 每逢佳節倍思親. 遙知兄弟登高處, 遍揷茱萸
少一人"이라 함.

102

    입춘과 입추의 사일 후 다섯 번째 무일戊日에는 닭과 돼지를 잡아 사일社日 잔치를 열어 가는 곳마다 술로써 귀밝기를 바란다.

    칠석七夕의 견우와 직녀는 은하를 건너니 집집마다 바늘귀 꿰기를 연습한다.

「五戊雞豚宴社, 處處飮治聾之酒;

七夕牛女渡河, 家家穿乞巧之鍼.」

【五戊】春社와 秋社의 社日을 말함. 입춘과 입추 후 다섯 번째 사일을 가리킴.
이 날은 닭과 돼지를 잡아 잔치를 벌임. 韓愈의 〈南溪始泛〉 시에 "願爲同
社人, 鷄豚宴春秋"라 함.

【治聾酒】이 날 마시는 술은 귀를 밝게 한다는 습속이 있음. 李濤의 〈社日
寄李文公〉 시에 "杜翁今日沒精神, 爲乞治聾酒一甁"이라 함.

【七夕】이 날은 견우와 직녀가 만나는 날로 부녀자들은 길쌈과 바느질을
익히기 위하여 집집마다 뜰에 탁자를 놓고 달빛만으로 바늘을 꿰는 행사를
함.(《荊楚歲時記》 참조) 《西京雜記》(권1)에 "漢彩女常以七月七日穿七孔針於
開襟樓, 俱以習之"라 하였으며, 《天寶遺事》에 "唐宮中每遇七夕, 宮女各執
九孔針, 五色線, 向月穿之, 過者爲得巧"라 함.

103

    중추절 달 밝으니 명황明皇을 모셔 달나라 궁궐을 유람시키고,

    9월 바람이 높으니 맹가孟嘉의 모자가 용산龍山까지 날아가 떨어졌다.

「中秋月朗, 明皇親遊於月殿;
　九月風高, 孟嘉落帽於龍山.」

〈明皇游月宮〉《唐逸史》삽화

【明皇】 楊貴妃와 연애고사로 유명한 唐나라 玄宗. 당시 羅公遠이라는 方士가 도술을 부려 이 날 지팡이로 다리를 만들어 명황이 月宮을 유람하고 돌아 올 수 있게 했다 함.(《楊太眞外傳》 및 《異聞錄》)

【落帽】 9월 9일 重陽節에 東晋 시대 孟嘉라는 자가 桓溫을 모시고 龍山에 놀이 갔다가 바람에 모자가 날아갔다고 함. 이에 "落帽"가 중양절을 뜻하는 말로 쓰이기 시작했다 함. (《晉書》)

104

진秦나라 사람들은 세밑에 신에게 제사지내는 것을 납臘이라 하였다. 그 때문에 지금에 이르도록 12월을 납월이라 한다.

진시황 당년에 자신의 이름 정政을 휘하였다. 그 때문에 지금에 이르도록 정월을 정征으로 발음한다.

「秦人歲終祭神曰臘, 故至今以十二月爲臘;
　始皇當年御諱曰政, 故至今讀正月爲征.」

【臘】원래 12월에 지내던 제사 이름(臘祭). 그 뒤 12월을 지칭하는 말로 굳어
짐.(《新唐書》曆志 二) 그러나 이 구절이 다른 판본에는 "漢人蜡祭曰臘, 故稱
十二月爲臘"이라 하여 다름. 이 제사는 원래 夏나라는 '嘉平', 殷나라는 '淸祀',
周나라는 '사'(蜡), 秦나라는 '랍'(臘)이라 불렀으며 漢나라는 진나라 풍습을
이은 것임.
【政】秦始皇의 이름이 嬴政이었으며 고대 왕이나 부친의 이름을 避諱하여
이 때문에 正月을 정(正, 政)을 쓸 수 없어 '征月'이라 함.(《書言故事》 10)

105

동방의 신을 '구망'句芒이라 하며 팔괘八卦 중 '진'震을 타고 다니며 봄을
관장한다.
갑을甲乙은 오행으로 목木에 속하며 목은 봄에 왕성해지고 그 색깔은
청靑이다. 그러므로 봄 신을 '청제'靑帝라 한다.

「東方之神曰句芒, 乘震而司春.
　甲乙屬木, 木則旺於春, 其色靑, 故春帝曰靑帝.」

【句芒】동방을 관장하는 신. 원래 少皥氏의 후손이며 人面鳥身의 형상으로
동방(木德, 靑色, 春, 震)을 다스린다 함.(《山海經》 海外東經, 《呂氏春秋》 孟春)
【木】五行으로 甲乙, 春, 靑色, 震에 해당함.
【靑帝】동방 木德으로 왕이 된 제왕. 즉 太昊 伏羲氏가 이에 해당함.(《禮記》
月令, 《周禮》 天官 太宰)

106

남방의 신을 '축융'祝融이라 하며 이離에 거하고 여름을 관장한다.
병정丙丁은 화火에 속하며 화는 여름에 왕성하며 그 색은 적赤이다.
그러므로 여름 신을 '적제'赤帝라 부른다.

「南方之神曰祝融, 居離而司夏.
　丙丁屬火, 火則旺於夏, 其色赤, 故夏帝曰赤帝.」

【祝融】 남방을 관장하는 신. 炎帝의 후손으로 獸身人面의 형상으로 남방
　(火, 赤色, 夏, 離)을 다스린다 함.(《山海經》 海外南經, 《淮南子》)
【火】 五行으로 丙丁, 夏, 赤色, 離에 해당함.
【赤帝】 남방 화덕으로 왕이 된 제왕. 즉 炎帝 神農氏가 이에 해당함.(《淮南子》
　時則)

107

서방의 신을 욕수蓐收라 하며 태兌에 해당하고 가을을 관장한다.
경신庚辛은 금金에 속하고 금은 가을에 왕성하며 그 색깔은 백白이다.
그러므로 가을 신을 '백제'白帝라 부른다.

「西方之神曰蓐收, 當兌而司秋.
　庚辛屬金, 金則旺於秋, 其色白, 故秋帝曰白帝.」

【蓐收】서방을 관장하는 신. 少昊의 叔(혹 소호의 아들)이며 서방(金, 白色, 秋, 兌)을 다스린다 함.(《山海經》海外西經, 《國語》晉語)
【金】五行으로 庚辛, 秋, 白色, 兌에 해당함.
【白帝】서방 金德으로 왕이 된 제왕. 즉 少昊가 이에 해당함.(《山海經》, 《周禮》)

108

북방의 신을 '현명'玄冥이라 하며 감坎을 타고 겨울을 관장한다.
임계壬癸는 수水에 속하며 수는 겨울에 왕성하며 그 색깔은 흑黑이다. 그러므로 겨울 신을 '흑제'黑帝라 부른다.

「北方之神曰玄冥, 乘坎而司冬.
　壬癸屬水, 水則旺於冬, 其色黑, 故冬帝曰黑帝.」

【玄冥】북방을 관장하는 신. 雨師라고도 하며 북방(水, 黑色, 冬, 坎方)을 다스린다 함.(《風俗通》祀典)
【水】五行으로 壬癸, 冬, 黑色, 坎方에 해당함.
【黑帝】남방 수덕으로 왕이 된 제왕. 즉 전욱씨(顓頊氏)가 이에 해당함.(《潛夫論》五德志)

109

중앙은 무기戊己로 토土에 속하며 그 색깔은 황黃이다. 그러므로 중앙의 제왕을 '황제'黃帝라 부른다.

「中央戊己屬土, 其色黃, 故中央帝曰黃帝.」

【中央】 오행으로 土(黃色)에 해당하며 사방을 모두 관장함.
【黃帝】 황색을 상징하며 중앙에 처하여 중국을 상징함. 黃帝 軒轅氏는 중국
 민족의 시조로 추앙받음.(《淮南子》天文)

110

하지 날에 하나의 음이 생성된다. 이 까닭으로 하늘이 점점 짧아진다.
 동지에 하나의 양이 생성된다. 이 까닭으로 일귀日晷가 비로소 길어지기
시작한다.

「夏至一陰生, 是以天時漸短;
　冬至一陽生, 是以日晷初長.」

【日晷】 해의 길이. 해의 그림자를 뜻함.

111

동지에 이르면 갈대 태운 재가 흩날리고 입추가 되면 오동잎이 떨어지기
시작한다.

「冬至到而葭灰飛, 立秋至而梧葉落.」

【葭灰飛】고대에 동짓날 바람이 통하지 않는 밀실에서 갈대 껍질을 태운 재로
六律에 맞게 대롱을 책상에 올려놓은 다음 어느 율에 재가 흩날리는가를
보고 절기를 예측했다 함.(《後漢書》律曆志)
【梧葉落】입추 날이 되어야 처음으로 오동잎이 떨어진다 함.《廣群芳譜》
木譜 六, 桐에 "立秋之日, 如某時立秋, 至期一葉先墜, 故云: 梧桐一葉落, 天下
盡知秋"라 하였음.

112

상현달은 달의 반이 둥글어지는 것으로 초여드레, 초아흐레가 이 때이다.
하현달은 달의 반이 기울어지는 것으로 스무이틀, 스무사흘이 이 때이다.

「上弦謂月圓其半, 係初八・九;
　下弦謂月缺其半, 係廿二・三.」

【上弦, 下弦】음력 매월 8, 9일쯤 달이 위쪽이 보이지 않는 때를 '상현'이라
하며 매월 22, 23일쯤 아래쪽이 보이지 않은 때를 '하현'이라 함.

113

달빛이 모두 다함을 일러 '회'晦라 하고 30일을 부르는 이름이다.
달빛이 다시 살아남을 '삭'朔이라 하며 초하루를 부르는 이름이다.
달과 해가 마주함을 일러 '망'望이라 하며 보름날을 부르는 명칭이다.

「月光都盡謂之晦, 三十日之名;
　月光復蘇謂之朔, 初一日之號;
　月與日對謂之望, 十五日之稱.」

【晦】 그믐.《說文解字》에 "晦, 月盡也"라 함.
【朔】 초하루.《說文解字》에 "朔, 月一日始蘇也"라 함.
【望】 보름날.《釋名》에 "望, 月滿之名也, 日月遙相望也"라 함.

114

초하루를 '사백'死魄이라 하며 초이틀을 '방사백'旁死魄이라 하고 초사흘을
'재생명'哉生明이라 하며 열엿새를 '시생백'始生魄이라 한다.

「初一是死魄, 初二旁死魄, 初三哉生明, 十六始生魄.」

【死魄】魄은 초하루처럼 거의 달빛이 없음을 일컫는 말.

【旁死魄】초이틀을 일컫는 말로 역시 달빛이 거의 없음.

【哉生明】哉는 纔(才)와 같음. '겨우 밝음이 생겨나다'의 뜻으로 초사흘을
가리킴.

【始生魄】열엿새를 가리키는 말로 옅은 빛으로 변하기 시작함을 뜻함. 이상
모두 《書經》武成篇 참조.

115

'익일'翌日, '힐조'詰朝는 모두 그 다음날을 말하는 것이요,
'곡단'穀旦, '길단'吉旦은 모두가 좋은 아침을 말하는 것이다.

「翌日·詰朝, 皆言明日;
　穀旦·吉旦, 悉是良辰.」

【翌日, 詰朝】翌과 詰은 모두 來日(明日)의 '밝다'의 뜻.(《漢書》武帝紀,《左傳》
僖公 28년)

【穀旦, 吉旦】모두 아주 맑고 좋은 날을 뜻하며 吉日을 가리키는 말로 대신
쓰임.(《詩經》陳風 東門之枌)

116

'편상'片晌이란 짧은 시간을 뜻하는 것이요 '일훈'日曛이란 해가 저물어감을
말한다.

「片晌卽謂片時, 日曛乃云日暮.」

【片晌】정오 때의 짧은 시간을 가리킴.
【日曛】해가 지고 나서의 餘光. 저녁의 시간.

117

'주석'疇昔, '낭자'曩者는 모두 지나간 날을 일컫는 것이요,
'여명'黎明, '매상'昧爽은 모두가 곧 날이 새는 때를 말하는 것이다.

「疇昔·曩者, 俱前日之謂;
　黎明·昧爽, 皆將曙之時.」

【疇昔】지나간 시간, 과거 지난날을 뜻함. 曩者도 같음.
【昧爽】날이 새기 시작할 때의 희미한 상태를 뜻함.

118

한 달에는 '삼완'三浣이 있으니 초순 열흘을 '상완'上浣이라 하고, 중순 열흘을 '중완'中浣이라 하며, 하순 열흘을 '하완'下浣이라 한다.

배움에는 족히 이용할 세 가지 여유가 있으니 밤이란 하루의 남은 시간이요, 겨울은 한해의 남은 시간이며, 비 오는 날은 맑은 날의 남은 시간이다.

「月有三浣: 初旬十日爲上浣, 中旬十日爲中浣,
　下旬十日爲下浣;
　學足三餘: 夜者日之餘, 冬者歲之餘, 雨者晴之餘.」

【浣】澣과 같음. 唐나라 시대 제도에 관리들이 열흘에 한 번씩 쉬면서 목욕을 하고 몸을 씻는 것을 말하는 것으로, 뒤에 열흘을 대신하는 말로 쓰였음. (《丹鉛總錄》時序, 三澣)

【餘】생업이 아무리 바빠도 학업을 할 수 있는 시간을 말함. 삼국시대 위나라 동우가 한 말로 어떤 이가 공부할 시간이 없다고 하자 그는 "學者當以三餘: 夜者日之餘, 冬者歲之餘, 雨者晴之餘"라 함.(《三國志》魏志 王肅傳 裴松之 注)

119

술수를 써서 남을 어리석게 하는 것을 일러 '조삼모사'朝三暮四라 하고, 배움을 구하여 자꾸 더해지도록 함을 '일취월장'日就月將이라 한다.

「以術愚人, 曰朝三暮四;
　爲學求益, 曰日就月將.」

【朝三暮四】《列子》黃帝篇과《莊子》齊物篇에 실려 있는 고사. 宋나라 어떤
이가 원숭이를 키우면서 아침에 넷, 저녁에 셋 분량의 도토리를 주겠다고
한 데서 비롯됨.《열자》에 "宋有狙公者, 愛狙; 養之成羣, 能解狙之意; 狙亦
得公之心. 損其家口, 充狙之欲. 俄而匱焉, 將限其食, 恐衆狙之不馴於己也,
先誑之曰: '與若芋, 朝三而暮四, 足乎?' 衆狙皆起而怒. 俄而曰: '與若芋, 朝四
而暮三, 足乎?' 衆狙皆伏而喜"라 함.
【日就月將】학업이 날로 진전됨을 말함.《詩經》周頌 敬之篇의 구절.

120

등불을 밝혀 아침을 잇고 낮이나 밤이나 열심히 공부하라.
낮을 밤으로 여겨 새벽과 저녁이 뒤바뀔 정도로 열심을 다하라.

「焚膏繼晷, 日夜辛勤;
　俾晝作夜, 晨昏顚倒.」

【焚膏繼晷】등불의 기름을 태워 날이 밝도록 공부함. 韓愈의 〈進學解〉에
"焚膏油以繼晷, 恒兀兀以窮年"이라 함.
【俾晝作夜】《詩經》大雅 蕩에 "式號式呼, 俾晝作夜"라 함.

121

스스로 이룬 것이 없음을 부끄러워하는 것을 일러 '세월만 헛되이 보냈다' 하고, 남과 더불어 토론을 할 때에 '춥고 더운지 안부나 묻는 일은 적게 하라'고 한다.

「自愧無成, 曰虛延歲月;
　與人共語, 曰少敍寒暄.」

【虛延】 세월을 허송함.
【寒暄】 차고 따뜻함. 날씨, 즉 안부를 물음.(《漢武內傳》)

122

가히 미워할 것은 인정의 차고 따뜻함이요,
가히 싫어할 것은 세태의 덥고 차거움이다.

「可憎者, 人情冷暖;
　可厭者, 世態炎涼.」

【冷暖, 炎涼】 인정을 비유함.

123

주나라 말기에는 추운 해가 없었다. 이 때문에 동주東周가 나약해진 것이다.

진나라가 망할 무렵에는 따뜻한 해가 없었다. 이는 영씨嬴氏가 포악하게 굴었기 때문이다.

「周末無寒年, 因東周之懦弱;
　秦亡無燠歲, 由嬴氏之凶殘.」

【東周】 西周가 망하고 平王이 洛陽에 다시 나라를 세운 때를 말하며 이 때부터
　　春秋戰國의 혼란기가 시작됨.
【燠歲】 날씨가 따뜻함.
【嬴氏】 진시황을 가리킴. 그의 성명이 嬴政이었음. 이상의 구절은 《漢書》
　　五行志에 "周失之舒, 秦失之急, 故周衰無寒歲, 秦亡無燠年"이라 한 데서
　　비롯됨.

124

세 개의 태성泰星이 평온함을 '태평'泰平이라 하고, 시절이 조화를 이룸을 '옥촉'玉燭이라 한다.

「泰階星平曰泰平, 時序調和曰玉燭.」

【泰平】三台星 6개의 별이 모두 평온한 자리를 차지한 상태. 천하가 태평함을
뜻함. 고대 삼태성의 윗자리 별 2개는 천자를, 중간의 두 별은 제후와
경대부를, 그리고 아래 두 별은 일반 서민을 상징하였으며 이 여섯 별이
평정하면 천하가 태평한 것이요 사선으로 자리를 나타내면 천하에 혼란이
일어난다고 믿었음.(《晉書》天文志, 167 참조)
【玉燭】고대 신화에 天帝가 鍾山의 신 燭龍에게 입에 玉燭(옥으로 된 촛불)을
물고 천국의 문을 비추도록 하였으니, 그 빛이 밝으면 계절과 날씨가 순조
롭고 어두우면 가뭄과 홍수가 일어난다고 믿었음.(《山海經》大荒北經) 한편
《爾雅》釋天에 "四氣和調謂之玉燭"이라 함.

125

곡식이 제대로 되지 않은 해를 '기근饑饉의 해'라 하고, 풍년을 이룬 해를
'대유大有의 해'라 한다.

「歲歉曰饑饉之歲, 年豐曰大有之年.」

【饑饉】곡식이 제대로 익지 않음을 饑라 하고, 채소 등이 제대로 되지 않음을
饉이라 한다 함.(《詩經》大雅 雲漢). 그러나 '饑饉'은 雙聲連綿語임.
【大有】풍년을 일컫는 말. 당 태종 때 풍년이 들어 쌀 한 말이 一文이었고
문을 걸지 않고 살았으며 여행자는 식량을 지니고 다니지 않아도 되었다 함.

126

당 덕종 때 흉년이 들어 술을 빚을 곡식이 없었음에도 어떤 취한 자가
나타나자 이를 풍년의 길조라 여겼고,
양 혜왕의 흉년에는 들에 버려진 굶어죽은 시신이 너무 가련하였다.

「唐德宗之饑年, 醉人爲瑞;
　梁惠王之凶歲, 野莩堪憐.」

【唐德宗】당나라 때 기근이 들어 술을 빚을 곡식이 없었는데 마침 거리에
　술이 취한 자가 나타나자 이것이 오히려 풍년이 될 상서로움이라 여겼음.
　(《唐書》)
【梁惠王】맹자가 양 혜왕에게 흉년이 들어 굶어죽는데도 곡식을 풀어 구제
　하지 않고 있다고 힐난하였음.《孟子》梁惠王(上)에 "塗有餓莩而不知發"
　이라 함.

127

풍년에는 옥이 귀함을 받지만 흉년에는 곡식만큼 귀한 것이 없으니
인품을 이에 비유하여 훌륭한가의 여부를 알고,
　땔감은 계수나무처럼 값진 것이요 음식은 옥처럼 귀중한 것이니 땔감과
곡식이 값비싸다는 것을 말하는 것이다.

「豐年玉, 荒年穀, 言人品之可珍;
　薪如桂, 食如玉, 言薪米之騰貴.」

【豐年玉】풍년에는 옥을 귀하게 여기지만 흉년에는 곡식이 가장 소중함.
《世說新語》賞譽篇에 "世稱「庾文康爲豐年玉, 稺恭爲荒年穀.」 庾家論云:'是文
康稱恭爲荒年穀, 庾長仁爲豐年玉.'"이라 함.
【薪如桂】비싼 계수나무를 땔감으로 함.《戰國策》楚策(3)에 "蘇秦曰:'楚國
之食貴於玉, 薪貴於桂, 謁者難得見如鬼, 王難得見如天帝. 今令臣食玉炊桂,
因鬼見帝'"라 함.

128

봄에는 기도하고 가을에는 수확에 감사드리는 것은 농부로서 늘 가져야
할 법이요,
　늦게 자고 일찍 일어나 열심히 일하는 것은 우리들이 부지런히 해야
할 의무이다.

「春祈秋報, 農夫之常規;
　夜寐夙興, 吾人之勤事.」

【春祈秋報】《詩經》周頌 載芟의 序에 있는 말.
【夜寐夙興】늦게 자고 일찍 일어남.《詩經》小雅 小宛의 구절.

129

젊은 날의 시간은 다시 오지 않으니 우리들은 모름지기 시간을 아껴야 한다.

해와 달은 쉽게 가는 것이니 지사志士는 일찍 일어나 바른 자세로 아침을 기다린다.

「韶華不再, 吾輩須當惜陰;
　日月其除, 志士正宜待旦.」

【韶華】젊은 날. 唐 李賀의 〈嘲少年〉 시에 "英道韶華鎭長在, 髮白面皺專相待"라 함.

【日月其除】시간은 사람을 기다려주지 않음. 《詩經》唐風 蟋蟀의 구절.

【待旦】날이 밝으면 일을 하려고 기다림. 부지런함을 말함. 《書經》太甲(相)에 "先生昧爽不顯, 坐以待旦"이라 함.

▶ 增文

130

추위와 더위가 차례로 바뀌니, 시간은 중첩되어 운행한다.

「寒暑代遷, 居諸疊運.」

【居諸】시간을 뜻함. 《詩經》邶風 日月에 "日居月諸"라 함. 韓愈의 〈符讀書
 城南〉시에 "豈不旦夕念, 爲爾惜居諸"라 함. 疊韻語임.

131

가을이 되어 추위를 막을 옷을 내려주는 것은 자고로 하나의 풍속이었다.
삼월에 답청踏靑할 신발을 올리는 것은 지금도 변함이 없이 이어온다.

「九秋授禦寒之服, 自古已然;
  三月上踏靑之鞋, 於今不改.」

【九秋】가을을 가리킴. 이 때 밖에 있는 친척의 추위를 걱정하여 옷을 전해
 주었음. 《詩經》豳風 七月에 "七月流火, 九月授衣"라 함.
【踏靑】옛날 청명절에 교외로 나들이를 나감. 孟浩然의 〈大堤行〉에 "歲歲春
 草生, 踏靑二三月"이라 함.

132

'감귤 2개와 한 말 술'이란 봄놀이를 아름답게 표현하는 것이요,
'세 사람 그림자를 함께 함'이란 홀로 밤에 술 마시는 풍취를 읊은
것이다.

「雙柑斗酒, 雅稱春遊;
　對影三人, 僅堪夜飲.」

【雙柑斗酒】 봄놀이를 표현하는 말. 戴顒이라는 사람이 귤 2개와 술 한 말을
　가지고 봄놀이를 나서서 동풍을 타고 흩날리는 버들 솜을 따라 꾀꼬리 우는
　소리를 들으며 봄 정취를 만끽했다는 고사(《高隱外書》)에 의해 생긴 말.
【對影三人】 홀로 술을 마시는 정취를 뜻함. 李白의 〈月下獨酌〉 시에 "花間
　一壺酒, 獨酌無相親. 擧杯邀明月, 對影成三人"이라 함.

133

오월에 고립된 군대를 이끌고 노수瀘水를 건너니 촉나라 승상 제갈량의
충정을 어디에 비기리오?
상원 한밤중에 곤륜관을 탈취하니 적청狄靑 장군의 병법이 훌륭하였도다.

「五月孤軍渡瀘水, 蜀丞相何等忠勤;
　上元三敲奪崑崙, 狄將軍更多妙算.」

【五月】諸葛亮의 〈前出師表〉의 구절. "受命以來, 夙夜憂慮, 恐付託不效, 以傷
先帝之明. 故五月渡瀘, 深入不毛"라 하였으며 瀘水는 사천성 남부에 있는
물로 이곳을 지나 남쪽으로 원정을 갔음을 뜻함.

【上元】정월 대보름날. 宋代 狄青이 廣西를 진수
할 때 적장 儂智高가 崑崙關을 막고 있었다.
마침 元宵節(上元節, 정월 대보름)이어서 적청은
賓州에 이르러 큰 잔치를 베풀어 적의 공격이
없을 것이니 안심하라고 한 다음 孫元規에게
잔치를 이끌도록 하고 자신은 병을 핑계로
안으로 들어갔다. 그리고 한밤중(三鼓, 三更)에
몰래 나서서 곤륜관을 점령하였다. 다른 사람
들은 이튿날 아침까지 술을 마시고 있자니
그때 군졸이 나타나 "삼경쯤에 적청 장군이
곤륜관을 점령하였다"고 보고하였다 한다.
(《宋名臣言行錄》)

〈狄靑(武襄)〉《晩笑堂畫傳》

134

2월에 나비 잡는 놀이는 가히 봄을 즐기는 놀이요,
원정元正에 닭을 잡아 아침을 차리는 것은 반드시 이어가야 할 풍속이다.

「二月撲蝶之會, 洵可樂焉;
　元正磔雞之朝, 必有取爾.」

【撲蝶】고대 長安의 풍습으로 음력 2월 부녀자들은 나비를 잡으며 봄을 즐겼음. 이를 '撲蝶會'라 함.(《誠齋詩話》)

【磔雞】정월 초하룻날에 닭을 잡아 문에 걸어두어 액막이를 하던 풍속. 晉나라 때 사람들이 정월 초하루에 반드시 닭과 양을 잡는 풍습이 있었다. 이에 어떤 사람이 伏滔라는 사람에게 그 연유를 묻자 그는 "정월은 토기가 상승하여 초목이 싹이 트기 시작한다. 그런데 양은 풀을 먹고 닭은 오곡을 쫀다. 따라서 닭과 양을 잡아 초목의 생기를 도와주기 위한 것이다"(正月土氣上昇, 草木萌發, 羊吃百草, 雞啄五穀, 鼓而殺雞宰羊, 以助生氣)라 하였다.(《裴氏新語》)

135

오질吳質은 참외를 띄워놓고 더위를 피하면서 연못에서 한 여름 석 달을 가을로 여긴 것이요,

갈선葛仙은 불을 토하여 추위를 쫓으면서 추운 오두막에서 겨울 석 달도 따뜻하게 여겼다.

「吳質浮瓜避暑, 陂塘九夏爲秋;

　葛仙吐火驅寒, 戶牖三冬亦暖.」

【吳質】三國 魏나라 때 문인(177~230). 그는 참외를 깎아 그 거품을 못에 띄워놓고 친구를 불러 여름을 시원하게 넘겼다 함. 魏文帝(曹丕)의 〈與吳質書〉에 "浮甘瓜於淸泉, 沈朱李于寒水"라 함.

【葛仙】葛玄(164~244). 역시 삼국시대 도인으로 太極仙翁으로도 불림. 그는 겨울에 손님을 불러놓고 입으로 불을 토하여 방안을 따뜻하게 하는 도술을 부렸다 함.(《神仙傳》)

136

호방하게 시를 읊은 스님은 밤에 달을 보고 시를 지어 종을 치고,
　당 현종이 꽃 감상을 할 때 고력사高力士가 북을 쳐서 음악을 들려주어
꽃 피기를 재촉하였다.

「豪吟釋子, 夜敲詠月之鐘;
　勝賞君王, 春擊催花之鼓.」

【豪吟釋子】僧 如滿이 〈詠月〉 시 "團團離海角, 漸漸出雲衢. 此夜一輪滿, 淸光
　何處無"를 짓고 신이 나서 밤중에 종을 크게 울렸다 함.
【勝賞君王】唐 玄宗이 二月(초봄)에 꽃구경을 하고 싶어 高力士에게 갈고
　(羯鼓)라는 북을 가지고 오도록 하여 누대에 올라 마음껏 북을 치게 하면서
　〈春光好〉라는 음악을 연주토록 하였더니 과연 버드나무와 살구꽃이 봉오리
　를 피우기 시작하였다 함.(《開元天寶遺事》)

137

한 무제가 맑은 가을날 분수에 놀이 가서 노래를 불러 이것이 '추풍사'
秋風詞가 되었고,
　상사일에 난정蘭亭에서 시회詩會를 한 것을 기록한 것이 왕희지王羲之의
글씨가 되었다.

「清秋汾水, 歌傳漢武之詞;
　上巳蘭亭, 事記右軍之蹟.」

【汾水】한 무제가 가을에 汾水(물이름)에 가서 〈秋風辭〉("秋風起兮白雲飛, 草木黃落兮雁南歸")를 읊어 이것이 역사에 오래 남게 된 노래였음을 말함.(《文選》秋風辭 序)

【蘭亭】東晉 때 王羲之가 삼월삼짇날 蘭亭에서 禊事와 詩會를 할 때 그 문집의 서문 〈蘭亭序〉를 짓고 붓으로 써서 명품이 되었음을 말함. 王羲之(303~361, 혹 321~379)는 서예가. 중국 최고의 書聖으로 右軍將軍을 역임하여 王右軍으로도 불림. 蘭亭은 지금의 浙江省 紹興에 있는 정자 이름. (《晉書》王羲之傳) 〈난정서〉에 "永和九年歲在癸丑暮春之初, 會于會稽山陰之蘭亭, 修禊事也"라 함.

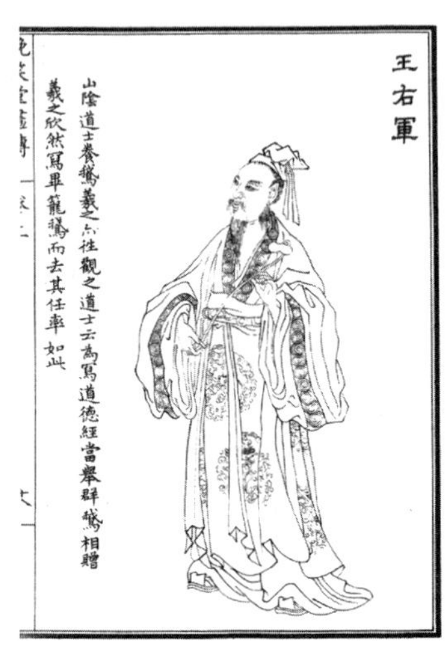

〈王羲之(右軍, 逸少)〉《晩笑堂畫傳》

138

　양 무제의 수양공주壽陽公主의 인일人日에 있었던 일화로 인해 여인들이 매화 화장을 따라 흉내내었다.

　어느 가을 사상謝尙이 배를 띄워 우저산牛渚山 아래의 채석기采石磯에서 놀 때 원굉袁宏도 배를 타고 놀이 온 것을 보고 그 배에 올라 피리를 불며 함께 놀았던 풍류가 있다.

「人日臥含章簷下, 壽陽試學梅妝;
　中秋過牛渚磯頭, 謝尙細吹竹笛.」

【人日】南朝 宋 武帝의 딸 壽陽公主가 정월 人日(7일)에 含章殿 처마에 누워 매화가 얼굴에 떨어져 오색으로 변하게 하여 아름다운 모습의 화장으로 삼았다 하며 궁중에서 이를 흉내내는 일이 있었다 함. 이를 '梅花妝'이라 함. (《太平御覽》970에 인용된 宋書)
【中秋】어느 가을날 사상(308~357, 東晉 때 인물, 豫州刺史를 지냄)이 牛渚山 아래 采石磯라는 강가로 뱃놀이를 갔더니 마침 원굉도 배를 타고 나와 시흥에 겨워하는 모습을 보고 그 배에 올라 피리를 불며 함께 즐겼다고 함.(《續晉陽秋》)

139

구준寇準이 춘색의 아름다움을 느낀 것은 진실로 즐거운 일이요,
구양수歐陽修의 '추성부'秋聲賦는 어찌 처연함을 그리 잘 표현했던고?

「寇公春色時, 眞可喜也;
　歐子秋聲賦, 何其凄然?」

【寇準】북송 때의 정치가(961~1023). 재상을 지냈으며 거란의 침공을 막아낸 공로로 萊國公에 봉해짐. 시호는 忠愍. 그의 〈江南春〉詞에 "波渺渺, 柳依依.

孤村芳草遠, 斜日杏花飛. 輕煙淡靄靑山外, 却有人家懸酒旗"라 함.(215, 458, 509, 585, 659, 727, 808 참조)

【歐子】歐陽修(1007~1072). 北宋의 문학가. 唐宋八大家의 하나이며 古文運動의 영수. 자는 永叔, 호는 醉翁, 六一居士. 그의 〈秋聲賦〉에 "秋之爲狀也, 其色慘淡, 煙霏雲斂; 其容淸明, 天高日晶; 其氣凜冽, 砭人肌骨; 其意蕭條, 山川寂寥"라 가을을 표현하였음.

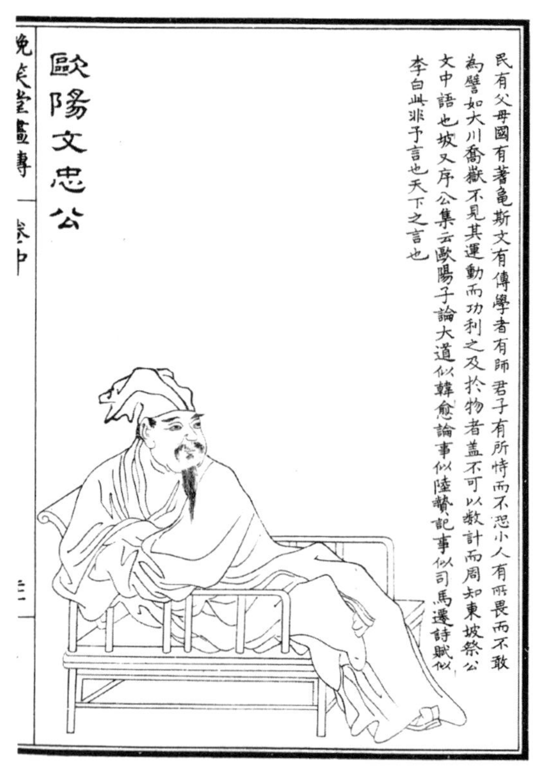

〈歐陽修(文忠公)〉《晚笑堂畫傳》

〈歲時〉편 ‘續增’ 7聯

○ 「中曆肇于軒轅, 西曆源于羅馬.」

○ 「七政齊而璣衡傳, 六儀符而測驗準.」

○ 「月繞地球, 凡二十九日有奇而一周, 陰曆準之;
　　地球饒日, 凡三百六十五日有奇而一周, 陽曆準之.」

○ 「一朝一夕, 由地球自轉而成; 二至二分, 因地球公轉而異.」

○ 「元旦爲春節, 端午爲夏節, 中秋爲秋節,
　　冬至爲冬節, 是節序之新規;
　　積秒則成分, 積分則成刻, 積刻則成時,
　　積時則成日, 是時光之計數.」

○ 「七日遇星期, 號稱日曜; 五區定時準, 藉辨異差.」

○ 「行夏正, 所以順農時; 從西曆, 所以便統計.」

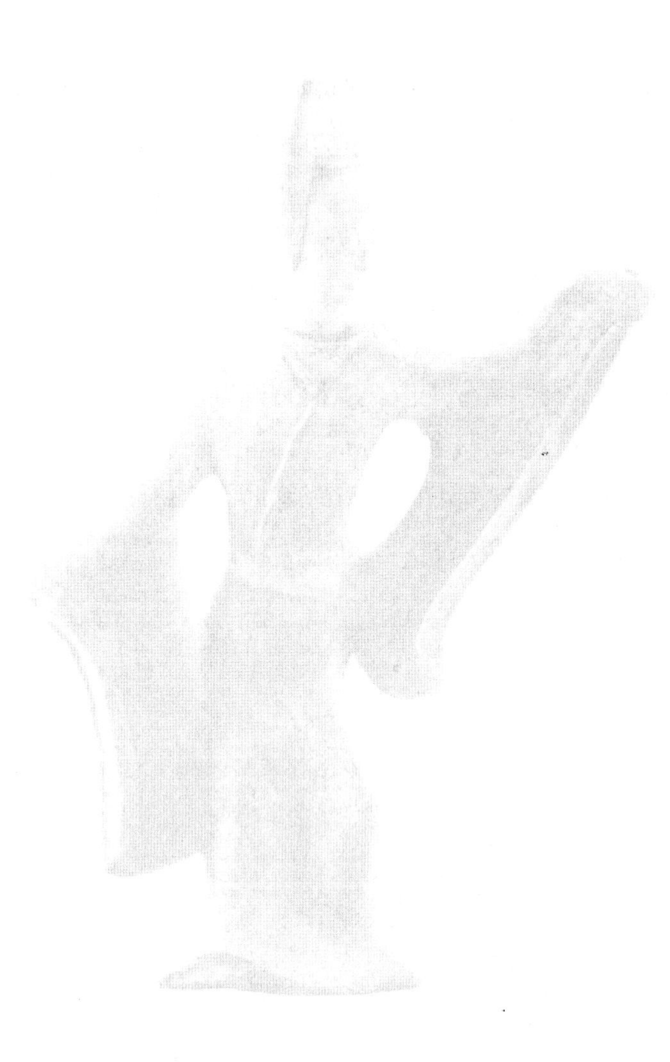

4. 조정 朝廷

본 장은 고대 황실의 근원과 명칭, 그리고, 천명과 왕도 사상, 황제의 친족에 대한 유래와 훌륭한 군주의 치적, 왕들의 언행과 후비, 문물제도까지 일화와 고사를 제시하여 설명하고 있다.(총 26연)

〈外國使臣群像〉(宋, 작자 미상)

140

삼황을 '황'皇이라 하고 오제를 '제'帝라 한다.

「三皇爲皇, 五帝爲帝.」

【三皇】 고대 신화 속의 임금.(《周禮》春官) 흔히 天皇, 地皇, 人皇을 들기도
하며 그 설은 여러 가지가 있음.(伏羲, 女媧. 神農. 혹은 燧人, 伏羲, 神農. 또는
伏羲, 神農, 祝融. 伏羲, 神農, 共工. 伏羲, 神農, 黃帝)

【五帝】 역시 고대 임금들로 여러 가지 설이 있음.(《大戴禮記》五帝德) 흔히
黃帝, 顓頊, 帝嚳, 堯, 舜을 들고 있으며 그 외에 太皞伏羲氏, 炎帝神農氏,
黃帝軒轅氏, 少皞金天氏, 顓頊高陽氏를 들기도 하고 또는 少皞, 顓頊, 帝嚳,
堯, 舜을, 또는 伏羲, 神農, 黃帝, 堯, 舜을 들기도 함.

〈三皇〉《三才圖會》

141

덕으로 인을 실행하는 것을 '왕도'王道라 하고, 힘으로 인을 가장하는
것을 '패도'霸道라 한다.

「以德行仁者王, 以力假仁者霸.」

【王】 王道 정치를 뜻함. 孟子는 三代(夏殷周)의 정치를 이상으로 여겼으며
이를 왕도정치로 보았음.
【霸】 霸道 정치. 춘추오패의 정치. 힘으로 남을 제압하는 것을 뜻함. 이상의
구절은 《孟子》 公孫丑(上)에 실려 있음.

142

천자는 천하의 주인이요,
제후는 일국의 임금이다.

「天子, 天下之主;
　諸侯, 一國之君.」

【天子】 봉건제도에서의 共主.
【諸侯】 봉건제도에서 혈족과 공신에게 땅을 봉하여 제후국으로 삼았으며,
그 임금을 君(公侯伯子男)이라 불렀음.

143

천하 누구나 관직을 할 수 있음에 이에 어진 이에게 왕위를 양보하는 것이요,

천하를 자신의 집안으로 여겼으니 이는 그 자식에게 왕위를 전달한 것이다.

「官天下, 乃以位讓賢;
　家天下, 是以位傳子.」

【讓賢】 어질고 능력 있는 자에게 천하를 물려줌. 선양을 말하며 흔히 ‘公天下’(官天下)의 시대를 가리킴. 堯, 舜, 禹까지가 이에 해당함.
【傳子】 천하의 임금자리를 자식(자손)에게 이어줌. 이를 흔히 ‘家天下’라 하며 禹임금 이후는 이러한 방법으로 전위되었음. 宋 眞宗이 李仲容에게 ‘官家’의 구분을 묻자 이중용이 “五帝官天下, 三王家天下, 兼五帝三王之德, 故曰官家”라 함.(《湘山野錄》)

144

폐하는 천자를 높여 칭하는 것이요,
전하는 높고 존경하는 번속藩屬을 칭하는 것이다.

「陛下, 尊稱天子;
　殿下, 尊重宗藩.」

【陛下】 천자에게만 붙이는 칭호. 신하가 자신을 천자의 계단 아래에 있는 자
(陛下者)로 낮추어 부른 데서 비롯됨. 東漢 蔡邕《獨斷》卷上에 “群臣與天
子言, 不敢指斥天子, 故呼在陛下者而告之, 固卑達尊之意”라 함.
【殿下】 漢代 이후에 太子나 親王에게 붙이던 존칭. 唐代 이후에는 太子와
皇太后, 皇后에게만 사용하였음.

145

황제가 즉위함을 ‘용비’龍飛라 하고, 신하가 임금을 뵘을 ‘호배’虎拜라
한다.

「皇帝卽位曰龍飛, 人臣覲君曰虎拜.」

【龍飛】《周易》乾卦 九五의 爻辭에 “龍飛在天, 利見大人”이라 하여 제왕의
즉위를 뜻함.
【虎拜】 원래《詩經》大雅 江漢의 “虎拜稽首, 天子萬年”의 구절로 召穆公의
이름이 虎였으며 戰功이 있어 周 宣王이 상을 내리자 그가 머리를 조아리며
감사를 표했다 함. 이에 의해 신하가 임금을 뵙는 것을 ‘虎拜’라 함.

146

황제의 말을 '윤음'綸音이라 하고,
황후의 명령을 '의지'懿旨라 한다.

「皇帝之言, 謂之綸音;
　皇后之命, 乃稱懿旨.」

【綸音】《禮記》緇衣에 "王言如絲, 其出如綸"이라 하여 황제의 조칙이나 말을
일컫는 뜻으로 널리 쓰임.(798 참조)
【懿旨】황태후나 황후의 조칙.《西廂記諸宮調》(卷三)에 처음 보임.

147

'초방'椒房은 황후가 거하는 곳이요, '풍신'楓宸은 임금이 자리하는 곳이다.

「椒房是皇后所居, 楓宸乃人君所蒞.」

【椒房】한대 后妃들이 거하던 궁전. 진흙에 花椒를 섞어 벽을 발라 온난과
향기를 내도록 하였으며 아울러 多産을 상징하기도 함.(《漢書》車千秋傳 顔
師古 주) 한편 白居易의 〈長恨歌〉에 "梨園弟子白髮新, 椒房阿監青蛾老"라 함.
【楓宸】한대 황제가 거하던 궁궐. 흔히 궁궐 앞에 풍수를 심어 이렇게 부르게
됨. (王安石 〈賀正表〉)

148

천자는 존숭의 대상이므로 '원수'元首라 칭하고,
신하와 이웃은 보익하는 것이니 '고굉'股肱이라 부른다.

「天子尊崇, 故稱元首;
　臣隣輔翼, 故曰股肱.」

【元首】 국가의 최고 영도자.(《書經》 益稷篇)
【股肱】 다리와 팔. 팔다리처럼 중요한 보필이라는 뜻.(《書經》 益稷篇)

149

용의 혈족, 인의 각이란 모두가 종번宗藩을 칭송하는 표현이요,
임금의 혈족, 나라의 다음 세대는 모두 태자太子라 부른다.

「龍之種·麟之角, 俱譽宗藩;
　君之儲·國之貳, 皆稱太子.」

【龍之種】 용의 존재와 같은 귀한 혈족이라는 뜻.《隋書》 房陵王勇傳에 "天生
　龍種"이라 함.
【麟之角】 황실은 기린의 뿔처럼 귀한 존재라는 뜻.《詩經》 周南 麟之趾에
　"麟之角, 振振公族"이라 함.

【儲·貳】임금자리를 계승할 사람을 두고 이른 말. 儲와 貳는 모두 副의 뜻.
《事物異名錄》卷8)

150

황제의 아들이 사는 곳이 청궁靑宮이요, 황제의 도장이 옥새玉璽이다.

「帝子爰立靑宮, 帝印乃是玉璽.」

【靑宮】靑은 東方을 가리키며 五行은 木. 이에 따라 태자의 東宮을 청궁
이라고도 함.《周易》說卦에 "震爲長男, 爲東方"이라 함.(于仲文〈侍宴東宮
應令〉詩)
【玉璽】黃帝 專用의 도장을 옥으로 만들어 이를 玉璽라 하며 국가 傳位와
결재의 상징으로 여김. 三代에는 옥새가 없었으며 진시황 때 蘭田에서 옥을
얻어 이를 李斯가 篆書로 "受命于天, 旣壽永昌"이라 새겼다 함.(《史記》
秦始皇本紀)

151

종실의 파별은 '천황'天潢으로 퍼져 늘어났고,
제왕의 족보는 이를 '옥첩'玉牒이라 한다.

「宗室之派, 演於天潢;
　帝胄之譜, 名爲玉牒.」

【天潢】황제로부터 분파된 동성의 혈족을 말함. 天池 즉 天潢에서 支派를
이루었다는 뜻. 庾信의 〈周大將軍義興公蕭太墓誌銘〉에 "派別天潢, 支分若木"
이라 함.
【玉牒】황제의 족보는 옥으로 만들어 이를 '옥첩'이라 함.(《宋史》 職官志 四)

152

심수心宿 별자리 앞에 있는 별이 빛남을 함께 태자로 여겨 천추千秋를
축하하였고,
　한漢 무제武帝가 신하들과 숭산嵩山에 올랐을 때 신령의 영험한 소리가
들리자 모두들 천자를 향해 세 번 '만세'萬歲를 불렀다.

「前星耀彩, 共祝太子以千秋;
　嵩嶽效靈, 三呼天子以萬歲.」

【前星】고대 28수 중 심수(心宿)의 세 별은 황실을 상징하는 것으로 그 중
앞의 것은 태자, 가운데 별은 천자, 뒤의 것은 서자를 나타내는 것이라
여겼음.(《史記》 天官書)
【嵩嶽】漢 武帝가 嵩山에 올랐을 때 영험한 소리가 들리자 신하들이 세 번
'만세'를 외쳤다 함.(《史記》 封禪書)

153

‘신기대보’神器大寶는 모두 황제의 지위를 두고 하는 말이요,
‘비빈잉장’妃嬪媵嬙은 모두가 궁궐의 여자들을 두고 이르는 말이다.

「神器大寶, 皆言帝位;
　妃嬪媵嬙, 總是宮娥.」

【神器大寶】《周易》繫辭(下)에 “聖人之大寶曰位”라 하였고, 《漢書》敍傳(上)에
“神器有命”이라 함.
【妃嬪媵嬙】妃는 왕의 正妻. 周代 이후로 왕의 후궁에 여러 가지 명칭을 두어
　嬪, 嬙 등이 있었음. 媵은 원래 여자가 시집갈 때 따라가는 종으로 媵臣과
　媵婢로 구분하였음.

154

강후姜后는 비녀를 벗고 죄를 기다려 세상에 그를 ‘철후’哲后라 칭하고,
마후馬后는 연복練服으로 검소함을 제창하여 모두가 ‘현비’賢妃로 추앙
한다.

「姜后脫簪而待罪, 世稱哲后;
　馬后練服以鳴儉, 共仰賢妃.」

【姜后】周 宣王의 王后. 주 선왕이 색에 빠져 정
사를 돌보지 않자 자신의 비녀를 뽑고 후궁에서
간언한 것으로 유명함.《列女傳》(2)에 "周宣姜
后者, 齊侯之女也. 賢而有德. 事非禮不言, 行非
禮不動. 宣王嘗早臥晏起, 后夫人不出房, 姜后脫
簪珥, 待罪於永巷, 使其傅母通言於王曰: '妾不才,
妾之淫心見矣, 至使君王失禮而晏朝, 以見君王樂
色而忘德也. 夫苟樂色, 必好奢窮欲, 亂之所興也.
原亂之興, 從婢子起, 敢請婢子之罪.' 王曰: '寡人
不德, 實自生過, 非夫人之罪也.' 遂復姜后. 而勤於
政事: 早朝晏退, 卒成中興之名"이라 함. '哲后'는
명철한 后妃라는 뜻.

【馬后】馬援의 딸로 漢 明帝의 황후가 됨.《後漢
書》馬皇后紀에 그는 거친 비단 옷(練服)을 입어
천하가 사치를 부리지 않도록 하였음. 賢妃는
어진 후비라는 뜻.

〈周宣王 姜后〉《列女傳》

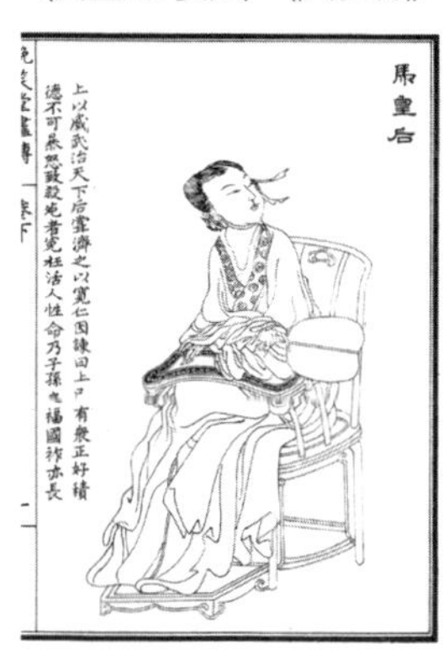

〈馬皇后〉《晚笑堂畫傳》

155

요임금이 하늘의 덕을 그대로 실천하여 드디어 화華 땅에서 세 가지로
축하를 하였고,
한 명제가 태자였을 때 악관이 태자의 덕을 기리는 음악을 지어 소해
少海와 같은 덕이 있도록 하였다.

「唐放勳德配昊天, 遂動華封之三祝;
　漢太子恩覃少海, 乃興樂府之四歌.」

【唐放勳】요임금의 시대를 唐堯라 하며 요는 陶唐氏로 이름이 放勳이었음.

【三祝】요임금이 華 땅을 순수할 때 그곳 신하가 세 가지로 축수하여 "願聖
人多福, 多壽, 多男子"라 함.(《莊子》天地篇 및 《十八史略》卷一)

【漢太子】漢 明帝가 태자였을 때 樂官이 〈日重光〉, 〈月重輪〉, 〈星重輝〉, 〈海重
潤〉의 四章을 지어 태자의 덕을 칭송함.(《漢書》明帝本紀)

【恩覃】은택이 널리 퍼짐을 뜻함.

【少海】태자를 비유하여 지칭한 것. 《海錄碎事》에 "天子爲大海, 太子爲少海"
라 함.

▶ 增文

156

덕은 삼무三無를 받들고, 공은 구유九有를 편안히 한다.

「德奉三無, 功安九有.」

【三無】 하늘은 사사로이 덮어줌이 없고, 땅은 사사로이 싣고 있는 것이 없으며, 일월은 사사로이 비춰줌이 없음.(天無私覆, 地無私載, 日月無私照) (《禮記》 孔子閑居)
【九有】 九州. 중국 천하를 뜻함.(《詩經》 商頌 玄鳥)

157

송 태조가 진교역陳橋驛에 이르러 병변이 일어났을 때 이날 해가 두 겹으로 나타났고,
용릉春陵에서 광무제가 태어날 때 벼가 아홉 이삭이 한 포기에서 피어났다.

「陳橋驛軍兵欲變, 獨日重輪;
　春陵城聖哲挺生, 一禾九穗.」

【陳橋驛】宋 太祖 趙匡胤이 황제가 되기 전에 後周의 장군으로 北漢과 遼의
남하를 막겠다고 陳橋驛에 이르렀을 때 신하들이 그에게 黃袍를 입히면서
황제로 옹립하여 송나라가 건국된 사건.(960년) 이날 태양이 두 겹의 바퀴
모습이었다 함.(《續資治通鑑長編》宋太祖紀, 300, 567, 739, 1026 참조)
【春陵城】劉秀가 용릉(春陵)에서 태어나던 해에 벼가 한 포기에 9개의 이삭이
달렸으며 그의 아버지가 이를 길조로 여겨 이름을 劉秀로 지었다 함. 이가
東漢(後漢)의 첫 임금 光武帝임.(《東觀漢記》帝紀 世祖光武黃帝)
【聖哲】광무제 유수를 가리킴.

158

한나라 때 상서로움이 모여들어 궁궐에서 누웠던 버드나무가 일어나
가지를 틔우고,
  송나라 조정에는 왕의 어머니 자리에 영지가 잎을 피우는 상서로움을
보여주었다.

「祥鍾漢代, 禁中臥柳生枝;
  瑞謁宋廷, 榻下靈芝生葉.」

【祥鍾】'상서로움이 모여들다'의 뜻. 鍾은 동사로 '集中되다'의 뜻.
【臥柳生枝】漢 昭帝 때 御花園의 쓰러진 버드나무가 갑자기 일어나 가지와
잎이 생겼으며 그 잎을 벌레가 갉아 "公孫病已立"(公孫은 漢, 病已는 宣帝의
이름)이라 나타났다 함.(《漢書》五行志)
【靈芝生葉】宋 仁宗(趙禎)의 어머니 자리에 42개의 잎이 달린 靈芝가 자라
났다고 하며 뒤에 인종은 42년 간 재위하여 천하를 다스렸다 함.(邵伯溫
《邵氏聞見後錄》)

159

  우임금은 여러 악기를 달아놓고 백성들로 하여금 그에 맞게 울리도록
하였으니 이는 천고를 두고 하우가 선을 좋아함을 앙망하게 된 것이요,
  주 문왕은 스스로 몸의 치장을 풀고 버선 끈을 묶어 어진 이를 배려
하였으니 만년을 두고 서백문왕이 어진 이를 존경함을 흠모하게 된 것이다.

「設鼓懸鐘, 千古仰夏王之樂善;
　釋旄結襪, 萬年欽西伯之尊賢.」

【設鼓懸鐘】夏禹는 鐘, 鼓, 鐸, 磬, 鞀 등의 악기를 달아놓고 백성들로 하여금
각기 자신의 심정이나 호소하고 싶은 바를 그에 맞게 치도록 하였다 하며
이로써 백성의 사정을 살펴 훌륭한 정치를 베풀었다 함.《鬻子》에 “教以義
者擊鐘, 啓以憂者擊磬, 論以道者擊鼓, 告以事者振鐸, 有訟獄者搖鞀”라 함.
【釋旄結襪】周 文王(西伯)이 崇나라를 칠 때 몸의 장식을 모두 풀어 버리고
(상징적으로 자신이 모든 고통을 다 한다는 뜻) 버선의 끈을 묶어 출정하여
훌륭한 신하들로 하여금 자신을 돕느라 고통을 당하지 않도록 하였으며
배려(존중)했다 함.(《韓非子》) ‘旄’는 원래 깃발 끝에 매는 장식. 여기서는
무왕의 몸치장 수식을 뜻함.

160

  천명의 귀속될 바를 믿었기에 삼왕과 오제는 그 행동 방법이 달랐으며,
사람들이 좋아하고 추대함을 알았기에 도를 최고로 삼고 인은 실천했던
것이다.

「信天命攸歸, 馳王驟帝;
　知人心愛載, 冠道履仁.」

【馳王驟帝】三皇은 걸음이 느렸고 五帝는 빨랐으며 三王은 달렸고 五霸는
사람을 놀라게 하였다는 말로 각기 세상을 다스리는 방법이 달라 완급에
차이가 있었음을 뜻함.《白虎通》에 "三皇步, 五帝驟, 三王馳, 五霸驚"이라 함.
【冠道履仁】道를 최고의 높은 경지로 삼고 仁은 반드시 실천해야 할 덕목
으로 여김을 뜻함.(韓愈 〈除崔群戶部侍郞制〉) 王充의《論衡》에 "人君冠道德,
履純仁"이라 함.

161

요임금의 마음씀은 어린 아이와 부녀자를 불쌍히 여기는 것이었고,
무왕의 포악함을 침에는 재물과 여색에 대하여 전혀 청렴하였다.

「帝堯用心, 哀孺子又哀婦人;
　武王伐暴, 廉貨財還廉女色.」

【帝堯】요임금을 가리킴. 舜이 堯에게 마음을 어떻게 써야 할지를 묻자 요는
"어린아이와 과부 홀아비를 긍휼히 여기며 빈부를 가리지 않고 불쌍히
여겨야 한다"라 하였음.(《莊子》天道)
【武王】주나라 무왕이 상을 치고 나서 그 궁중의 재물을 보고 그 원래 주인
에게 되돌려 줄 것이며, 후궁을 보고 각기 자신의 집으로 돌아가도록 해
주었다는 고사.(《帝王世紀》)

162

궁궐 여인들에게 아름다운 옷을 입지 못하도록 하여 당 현종은 비단 짜는 공방工房이 일거리가 없도록 하였으며,
백성들에게 양식이 넉넉하도록 하려고 후주의 세종은 농부의 모습을 그린 누각을 세웠다.

「六宮無麗服, 玄宗罷織錦之坊;
　萬姓有餘糧, 周祖建繪農之閣.」

【玄宗】唐 玄宗이 즉위 초에 검소함을 제창하여 궁궐의 모든 여인들은 비단 옷을 입지 못하도록 하였으며 이로 인해 궁궐 내의 비단 짜는 工房에서 할 일이 없게 되었다 함.(《唐書》卷2 地輿 注)
【周祖】五代 後周의 世宗(柴榮)이 농잠을 장려하려고 農夫와 潛女의 모습을 그린 누각을 세웠다 함.(《舊五代史》周書 世宗本紀)

163

송나라 인종은 음식에 욕심을 줄여 게 요리를 물리도록 하였고,
진 무제는 소박함을 숭상하여 가죽 외투를 불살라 버렸다.

「仁宗味淡而撤蟹, 晉武尚樸而焚裘.」

【撤蟹】宋 仁宗(趙禎)은 게를 즐겼는데 28마리의 요리를 보고 얼마나 돈이 들었는가를 묻다 무려 2만 8천 냥이라는 대답을 듣고 너무 사치롭다 여겨 물리도록 하였다 함.(邵伯溫《邵氏聞見後錄》)

【焚裘】晉 武帝(司馬炎)는 소박함을 숭상하여 정거라는 신하가 비싼 털로 만든 진귀한 외투를 바치자 이를 태워버리고 궁중에서 이러한 옷을 입지 못하도록 함.(《晉書》武帝本紀)

164

한나라 문제는 육형肉刑을 없애 어짊이 법 밖에까지 널리 펴지도록 하였고,

주 무왕은 보옥을 고루 나누어주어 은혜가 종실과 제후에게 넘쳐나게 하였다.

「漢文除肉刑, 仁昭法外;
　周武分寶玉, 恩溢倫中.」

【肉刑】身體에 직접 危害를 가하는 가혹한 형벌(五刑). 옛날에는 象刑(상징적으로 형벌을 내림)만 있었으며 뒤에 육형이 자행되어 오다가 한나라 文帝(劉恒) 때에 이를 폐지함.(《史記》文帝本紀)

【寶玉】周 武王이 궁궐의 보옥을 모두 종실과 제후들에게 나누어주어 고루 가질 수 있도록 함.(《書經》旅獒)

【倫中】종실과 제후를 가리킴.

165

다시금 알겠도다. 당 태종의 성공을 찬송하여 바쳤으니 '칠덕무'七德舞로 찬양함이요,

또한 한 고조의 법령의 반포를 앙모하였으니 그것은 바로 법은 줄여 세 가지만 행한다는 것이었다.

「更知唐主頌成功, 舞揚七德;
　且仰漢高頒令典, 約法三章.」

【七德】唐 太宗이 즉위한 후 魏徵 등 신하들이 〈秦王破陳樂〉(일명 〈七德舞〉) 라는 음악을 만들어 바쳤다 함. 七德은 禁暴, 戢兵, 保大, 定功, 安民, 和衆, 豐財를 가리킴.(《新唐書》禮樂志)

【約法三章】한 고조 유방이 관중(진나라 함양)을 점령한 후 法治라는 虐政에 시달렸던 백성들에게 법은 오직 "殺人者死, 傷人者及盜抵罪"의 3가지만 실행 한다고 선포한 것.(《史記》高祖本紀)

✽ 참고

〈朝廷〉편 '續增' 4聯

○「版圖如故, 政治更新.」

○「古稱君主莅事之所, 曰朝廷; 今稱中央行政之區, 曰政府.」

○「立憲國家之制度, 分權爲三:
　　曰立法權, 曰司法權, 曰行政權;
　　共和政府之組織, 成制不一:
　　曰總統制, 曰內閣制, 曰委員制.」

○「政爲衆人之事, 故政權屬諸國民;
　　治爲管理衆人之事, 故治權授諸政府.」

5. 문신文臣

※ 본 장은 천자를 보좌하는 문신들의 유래와 직책, 그리고
육부의 설치와 임무, 관장하는 업무, 품계와 활동 등을
설명하고 있으며 아울러 역대 훌륭한 문신들의 일화와
고사 등을 재미있게 다루고 있다.(총 53연)

〈文苑圖〉(唐) 韓滉(그림)

166

제왕은 진震방에서 나와 이離방으로 가는 상이요, 대신은 보천욕일
補天浴日의 공이 있어야 한다.

「帝王有出震向離之象, 大臣有補天浴日之功.」

【出震向離】《周易》에서 震은 東方(木, 春)을 뜻하며 離는 南方(火, 夏)을 뜻
하는 것으로 점차 그 왕성함이 높아간다는 뜻.《周易》說卦에 "帝出乎震,
相見乎離"라 함.
【補天浴日】하늘도 부족함이 있고 해도 때가 있다고 여겨 신하로서 임금의
부족함과 과실을 바로잡아야 한다는 뜻.《宋史》趙鼎傳에 趙鼎의 상소문에
"張浚出使川陜, 國勢百倍於今, 浚有補天浴日之功, 陛下有礪山帶河之誓, 臣君
相信, 古今無二"라 함.

167

삼공三公은 삼태성三台星에 맞추어 응한 것이요, 낭관郎官은 열수列宿에
응하여 맞춘 것이다.

「三公上應三台, 朗官上應列宿.」

【三台星】 삼태성의 별자리는 모두 6 개의 별이 있으며 三公의 상징이라 함. 《晉書》天文志에 "三台六星, 兩兩而居. 一曰天柱, 三公之位也. 在人曰三公, 在天曰三台"라 함.(124 참조)
【列宿】 하늘의 별자리(28宿)는 모두 낭관의 각기 맡은 업무를 상징한다고 여겼음.(《後漢書》明帝紀)

168

재상의 위치는 태현台鉉에 맞추어져 있고, 이부吏部는 전형銓衡의 일을 관장한다.

「宰相位居台鉉, 吏部職掌銓衡.」

【台鉉】 台鼎과 같음. 현은 태와 같은 뜻임. 고대 鼎은 三足兩耳의 모습으로 삼공(台)과 좌우 재상을 상징함.
【銓衡】 원래는 度量衡 기구 이름. 뒤에 사람을 뽑아 알맞은 자리에 배치함을 뜻함. 이는 吏部에서 관장하였음.

169

이부는 천관으로 대총재大冢宰요, 호부는 지관으로 대사도大司徒이다.

「吏部天官大冢宰, 戶部地官大司徒.」

【吏部】 중국 고대 관직을 6부로 나누어 이부를 天官이라 하였으며 오늘날의 총무부와 같음. 총수가 대총재였음.(《周禮》)
【戶部】 역시 六官의 하나로 토지와 호구 등을 관장함. 지관이며 총수는 대사도.

170

예부는 춘관으로 대종백大宗伯이요, 병부는 하관으로 대사마大司馬이다.

「禮部春官大宗伯, 兵部夏官大司馬.」

【禮部】 典章와 儀典 등을 관장함. 춘관이라 하며 총수는 대종백.
【兵部】 군사와 국방을 담당함. 하관이라 하며 총수는 대사마.

171

형부는 추관으로 대사구大司寇요, 공부는 동관으로 대사공大司空이다.

「刑部秋官大司寇, 工部冬官大司空.」

【刑部】법 집행을 관장함. 추관으로 불렸으며 총수는 대사구.
【工部】工程과 각종 물건의 제작을 담당하며 冬官이라 부름. 총수는 대사공.
 지금 전하는 《周禮》에는 이 〈冬官〉이 없고 〈考工記〉로 대체되어 있음.

172

사헌司憲, 중승中丞은 도어사都御史를 부르는 칭호요,
내한內翰, 학사學士는 한림원翰林院을 칭하는 것이다.

「司憲·中丞, 都御史之號;
　內翰·學士, 翰林院之稱.」

【都御史】漢代 이후로 감독과 규찰을 맡은 관직. 明代에는 이에 해당하는
 직책으로 巡按都御史라 하였으며 大司憲, 大中丞이 있었음.
【翰林院】唐나라 초기에 처음 생겼으며 文辭와 製述 등의 업무를 관장하였음.

173

천사天使는 행인行人을 높이 부르는 이름이요,
사성司成은 좨주祭酒를 높이 부르는 칭호이다.

「天使, 譽稱行人;
　司成, 尊稱祭酒.」

【行人】 고대 외교관을 지칭하는 관직이었으며 大行人과 小行人의 구별이
있었음. 천사는 천자의 심부름꾼이라는 뜻.
【祭酒】 國子監(지금의 국립대학)의 총수. 옛 사람들의 飮酒禮에 이를 존경하여
제일 먼저 제사에 나서서 술을 올린 데서 유래된 명칭. '좨주'로 읽음.
(《通典》 職官 九)

174

도당都堂을 칭하여 대무대大撫臺라 하고, 순안巡按을 일러 대주사大柱史라
한다.

「稱都堂曰大撫臺, 稱巡按爲大柱史.」

【都堂】 明代 각 衙署의 長官을 堂官이라 불렀으며 그 외 都察院長官都御史,
副都御史, 僉都御史, 外省 파견의 總督, 巡撫 등을 총칭하여 '都堂'이라
불렀음.(《稱謂錄》 都堂) 한편 이를 달리 撫臺(大撫臺)라고도 칭하였음.(王世貞
《觚不觚錄》)
【巡按】 明代 大司憲이나 大中丞을 말하며 이를 大柱史라고도 함. 이는 고대
柱下史와 같음. 柱下史는 御殿의 기둥 아래에서 언제나 임금의 명을 기다
리고 있는 직책이라는 뜻.(《史記》 張丞相列傳 司馬貞 索隱)

175

방백方伯과 번후藩侯는 좌우에서 정치를 펴는 자들의 칭호요,
헌대憲臺와 염헌廉憲은 형벌을 살펴 안찰하는 직책의 칭호이다.

「方伯·藩侯, 左右布政之號;
　憲臺·廉憲, 提刑按察之稱.」

【方伯·藩侯】원래 諸侯 중의 領袖를 뜻하며 明淸대는 布政使의 별칭으로
쓰임. 포정은 명대 전국을 13개의 행정구역으로 나누어 布政使司를 두었음.
藩侯 역시 같음. 藩臺, 藩司의 제도가 있어 포정사의 별칭이었음.(801 참조)
【憲臺·廉憲】按察使의 별칭. 提刑按察使는 당시 관직 이름. 각 省의 형법과
옥사를 관장함.

176

종사宗師를 칭하여 대문형大文衡이라 하고, 부사副使를 칭하여 대헌부
大憲副라 한다.

「宗師稱爲大文衡, 副使稱爲大憲副.」

【宗師】 종실의 자제를 가르치는 관직. 뒤에 과거와 고시 등을 담당하는 일
  까지 업무가 넓어짐. 이의 총관을 大文衡이라 함.
【副使】 廉憲의 副使라는 뜻. 달리 大經略, 大中憲이라고도 함.

177

군후郡侯, 방백邦伯은 지부知府의 이름을 높이 부르는 것이요,
군승郡丞, 이후貳侯는 동지同知를 자랑스럽게 부를 때 쓰는 말이다.

「郡侯·邦伯, 知府名尊;
  郡丞·貳侯, 同知譽美.」

【郡侯·邦伯】 郡制에서 지금의 郡守와 같음. 달리 知府라고도 함.
【郡丞·貳侯】 매 군마다 하나의 郡丞을 두었고 그 부사로 貳侯를 두었음.
  이를 同知라 함.

178

군재郡宰, 별가別駕는 통판通判을 지칭하는 것이요,
사리司理, 치사廌史는 추관推官을 찬미하여 부르는 것이다.

「郡宰・別駕, 乃稱通判;
 司理・鷹史, 贊美推官.」

【通判】 여러 州에서 州府長官의 아래 직급으로 農田, 水利, 運輸를 담당함.
 군에는 郡宰, 別駕가 이를 담당하여 함께 칭한 것.
【推官】 관찰사나 절도사 아래 직급으로 전문적으로 형벌의 형량을 판별하여
 보좌하는 직책. 司理와 치사(鷹史)는 구체적인 직책 이름.
【鷹史】 치(鷹)는 치(豸)와 같으며 고대 獬豸라는 상상의 동물로 사람의 잘못을
 판별하는 짐승이었다 함. 이에 유래하여 法이라는 글자가 만들어졌음.

179

자사刺史와 주목州牧은 지주知州를 부르는 두 가지 이름이요,
치사鷹史와 대간臺諫은 지현知縣을 높이 여겨 부르는 칭호이다.

「刺史・州牧, 乃知州之兩號;
 鷹史・臺諫, 卽知縣之尊稱.」

【刺史・州牧】 각 州의 지방 장관. 知州를 뜻함.
【鷹史・臺諫】 각 縣에서 형벌의 형량을 맡은 관직. 鷹史는 앞장 주 참조.
 臺諫은 어사의 별칭. 知縣은 각 현의 최고 책임자.

180

향환鄕宦을 향신鄕紳이라 하고, 농관農官을 전준田畯이라 한다.

「鄕宦曰鄕紳, 農官是田畯.」

【鄕宦】 각 향의 관리. 이를 鄕紳이라 하며 약간의 학식이 있는 자를 뜻함.
【田畯】 周나라의 제도로 농잠을 독려 관장하는 직책. 향은 고대 행정단위로
5백 家를 하나의 '鄕'으로 하였음.

181

균좌鈞座, 태좌台座는 모두가 사환仕宦을 부르는 이름이며,
장하帳下, 휘하麾下는 모두가 무관武官을 높여 부르는 이름이다.

「鈞座 · 台座, 皆稱仕宦;
 帳下 · 麾下, 幷美武官.」

【仕宦】 벼슬하는 자를 통칭하여 부르는 말. 鈞座의 鈞은 도량형의 균형을
맞춘다는 뜻이며 台座의 台는 三台星을 가리키며 三足兩耳의 鼎立으로
치우침이 없음을 뜻하며 모두가 벼슬하는 자를 상징적으로 일컫는 말.
【武官】 帳下와 麾下는 모두 군대의 장막과 깃발을 뜻하여 武職에 종사하는
자를 상징하여 일컫는 말.

질관秩官은 이미 구품九品으로 나뉘어 있고, 명부命婦에는 역시 칠계七階가 있다.

「秩官旣分九品, 命婦亦有七階.」

【秩官】 관직의 급수. 모두 九品이 있었으며 매 품마다 正과 從이 있어 총 18급이었음.
【命婦】 여인들에 대한 예에 맞춘 직급과 칭호로 모두 7급(品)이 있었음. 다음 장은 이에 대한 구체적인 品級임.

일품을 부인夫人이라 하고, 이품도 부인이라 하며, 삼품은 숙인淑人이라 하고, 사품을 공인恭人이라 하며, 오품을 의인宜人이라 하고, 육품을 안인安人이라 하며, 칠품을 유인孺人이라 한다.

「一品曰夫人, 二品亦夫人, 三品曰淑人, 四品曰恭人,
　五品曰宜人, 六品曰安人, 七品曰孺人.」

184

부인이 봉封을 받는 것을 '금화고'金花誥라 하며,
장원하여 급히 일러줌을 '자니봉'紫泥封이라 한다.

「婦人受封, 曰金花誥;
　狀元報捷, 曰紫泥封.」

【金花誥】唐代 조정에서 부인을 봉할 때 金花羅紙를 사용하여 비단 彩緞과
湯沐邑을 하사하였음.(《唐明皇退朝錄》)
【紫泥封】唐代 進士에 장원급제하면 금가루를 뿌린 보랏빛 종이의 帖報에
적어 급보로 통고하였음.(《開元天寶遺事》喜信)

185

　당 현종은 재상을 임명할 때 그 이름을 적은 종이를 금 항아리로 덮어
놓고 태자에게 알아맞히도록 하였고, 송 진종은 간언하는 신하에게
구슬을 입에 물고 있도록 하였다.

「唐玄宗以金甌覆宰相之名, 宋眞宗以美珠箝諫臣之口.」

【唐玄宗】당 현종이 재상을 정한 후 이를 금 항아리로 덮어둔 채 태자를
불러 알아맞히도록 하여 태자로 하여금 사람을 볼 줄 아는 능력을 키웠다
함.(《新唐書》崔琳傳)
【宋眞宗】송 진종이 泰山에 封禪을 행하고자 할 때 王旦이 이는 백성을 노고
롭게 하고 경비를 낭비하는 것이라 간언을 하려 하자 이를 미리 안 진종이
그에게 구슬을 내려 더 이상 입을 떼지 못하도록 함.(《宋史》王旦傳)

186

금마金馬, **옥당**玉堂이라 함은 한림翰林의 성가를 부러워하여 칭하는
것이요,
　주번朱幡, 조개皂蓋라 함은 군수郡守의 위의를 우러러 부르는 것이다.

「金馬·玉堂, 羨翰林之聲價;
　朱幡·皂蓋, 仰郡守之威儀.」

【金馬·玉堂】金馬는 금마문으로 未央宮에 있음. 漢 武帝가 大宛에서 좋은
말을 구해 오자 구리로 이 말의 형상을 만들어 그 문에 세웠음. 금마문은
원래 문관이 이곳에 대기하다가 임금의 질문에 顧問이 되어 응하는 위치.
(《史記》滑稽列傳) 玉堂은 侍中이 거하는 자리로 宋 太宗이 "玉堂之署"라는
사액을 내려 翰林院이 '옥당'이라는 이름을 얻게 되었다 함.(《宋史》蘇易簡傳)
한림원은 임금의 문서, 제술을 담당하는 기관.(800 참조)
【朱幡·皂蓋】朱幡은 郡守의 의장용 붉은 깃발. 皂蓋는 검은 색의 수레
차양막 덮개.(《漢官儀》)

187

태보台輔를 '자각명공'紫閣明公이라 하고, 지부知府를 '황당태수'黃堂太守라 한다.

「台輔曰紫閣明公, 知府曰黃堂太守.」

【台輔】 中書省의 재상을 가리킴.(《後漢書》 張奮傳) 台는 三台星을 상징함.(전출) 唐 開元 때 中書省을 紫微省이라 하고 그 우두머리 中書令을 紫微令이라 한 데서 紫閣이라 함.(《琵琶記》 官媒議婚)
【黃堂太守】 태수가 업무를 보는 正堂은 노란 색으로 되어 있어 일컫는 말. (《靖康緗素雜記》)

188

부윤府尹은 녹이 2천 석이요, 태수가 타는 말을 '오화총'五花驄이라 한다.

「府尹之祿二千石, 太守之馬五花驄.」

【府尹】 서울의 장관. 漢代 長安을 관장하던 京兆尹에 대칭하여 쓴 말. 봉록이 2천 석이었음.(《後漢書》 百官志)
【五花驄】 다섯 가지 문채가 나는 말. 혹은 태수의 수레는 다섯 말이며 각기 그 색깔이 다름에서 유래된 말.

189

'하늘을 대신하여 순수巡狩한다'는 것은 순안巡按을 칭찬하는 말이며,
'해를 가리켜 높이 떴다' 함은 관료될 자를 미리 축하하는 말이다.

「代天巡狩, 贊稱巡按;
　指日高陞, 預賀官僚.」

【巡狩】천자가 영토를 돌아다니며 정치를 살피는 일. 이를 뒤에 巡按이라
하였음.
【高陞】관료가 됨. 혹은 승진을 축하하는 말.

190

처음 부임하여 이르는 것을 '하거'下車라 하고, 벼슬을 그만둠을 고하는
것을 '해조'解組라 한다.

「初到任曰下車, 告致仕曰解組.」

【下車】수레에서 내려 일을 시작함.
【解組】조는 인수, 즉 관인을 꿴 끈. 이를 풀어놓음. 관직을 그만둠을 뜻함.
（《唐詩紀事》賀知章)

191

번원藩垣, 병한屛翰은 방백方伯의 고대 제후국과 같은 뜻이요,
묵수墨綬, 동장銅章은 영윤令尹의 고대 자작, 남작 작위의 나라와 같다.

「藩垣·屛翰, 方伯猶古諸侯之國;
　墨綬·銅章, 令尹卽古子男之邦.」

【藩垣·屛翰】《詩經》大雅 板에 "价人維藩, 大師維垣, 大邦維屛, 大宗維翰"에서
비롯된 말로 울타리나 병풍처럼 막고 보위해 줌을 뜻함.
【墨綬·銅章】검은 색 印綬와 구리 도장. 고대 子爵, 男爵의 지방장관이 쓰던
관인을 뜻함.(《漢官儀》)

192

태감太監은 엄문閹門의 금령을 관장한다. 그 때문에 '엄환'閹宦이라 부른다.
조정의 신하는 모두가 홀笏을 허리띠 사이에 세워 끼우고 명을 기다린다.
그러므로 이를 '진신'搢紳이라 한다.

「太監掌閹門之禁令, 故名閹宦;
　朝臣皆搢笏於紳間, 故曰搢紳.」

【閹宦】 閹(奄)은 궁문을 지키던 看守로 太監이라 불렀음.
【搢紳】 고대의 조정 신하들은 모두 홀을 허리띠(紳)에 꽂고(搢) 임금의 명을
기다렸음.

193

소하와 조삼은 한 고조의 재상으로 일찍이 도필리刀筆吏였고,
급암은 한 무제의 재상으로 참된 사직의 신하였다.

「蕭曹相漢高, 曾爲刀筆吏;
　汲黯相漢武, 眞是社稷臣.」

【蕭·曹】 한대 蕭何와 曹參. 漢 高祖(劉邦)를 따라 성공하기 전에는 아주 낮은
　벼슬을 하고 있었음.《漢書》蕭何曹參傳에 “蕭何, 曹參皆起秦刀筆吏”라 함.
　刀筆吏는 문서를 관장하던 小吏로 고대 竹簡에 글씨를 썼으며 잘못 썼을
　경우 이를 깎아 내고 다시 쓰는 작업이므로 ‘도필리’라 하였음.
【汲黯】 漢 武帝 때의 名臣으로 淮陽太守, 東海太守 등을 지냈으며 무제는
　그를 칭찬하여 “社稷臣”이라 하였음.(《史記》 汲黯列傳)

194

소백이 문왕의 정치를 널리 펴면서 일찍이 감당나무 아래에서 정사를
돌보았으니, 뒷사람들이 그가 남긴 사랑을 그리워하여 차마 그 나무를

베지 못하였다.

공명이 왕을 보좌하는 재능이 있음에도 일찍이 오두막에 은거하고 있을 때 선주先主가 공명의 이름을 사모하여 이에 세 번이나 그 오두막집을 찾았다.

「召伯布文王之政, 嘗舍甘棠之下, 後人思其遺愛,
　不忍伐其樹;
　孔明有王佐之才, 嘗隱草廬之中, 先主慕其芳名,
　乃三顧其廬.」

【召伯】召公 奭. 周 武王의 혈족으로 西周 초기 선정을 베풀어 甘棠나무 고사를 남긴 인물. 《詩經》 召南 甘棠의 시는 이를 읊은 것임.
【孔明】諸葛亮(184~234). 삼국 촉한의 명신. 劉備(161~223)를 도와 천하 평정을 꿈꾸었던 정략가, 무인. '臥龍先生', '三顧草廬', '出師表' 등의 많은 일화와 문장을 남겼으며 武侯로 추존됨.(《三國志》 蜀志 諸葛武侯傳) '先主'는 유비를 가리킴.

195

'어두참정'魚頭參政이란 노종도魯宗道의 성격이 물고기 뼈처럼 강직함을 말함이요,

'반식재상'伴食宰相이란 노회신盧懷慎이 스스로 능력 없음을 겸손히 여김을 뜻함이다.

「魚頭參政, 魯宗道秉性骨鯁;
　伴食宰相, 盧懷愼居位無能.」

【魯宗道】 北宋의 정치가(966~1029). 성씨 魯는 ‘魚+日’로 되어 있으며 여기서 물고기 머리뼈처럼 곧고 굳센 정치를 했다는 뜻을 가지고 있음.(《宋史》 魯宗道傳, 822 참조)

【盧懷愼】 唐代 정치가. 玄宗 開元 초에 姚崇과 함께 재상의 직을 수행하면서 스스로 재능이 요숭만 못하다 여겨 모든 일에 요숭의 의견을 존중하여 불화가 없도록 하였음. 이로 인해 ‘밥이나 따라 먹은 재상’이란 칭호로 불림. (《舊唐書》 盧懷愼傳)

196

왕덕용王德用은 사람들이 그를 ‘흑왕상공’黑王相公이라 칭하였고,
조청헌趙淸獻은 세상에 그를 ‘철면어사’鐵面御史라 불렀다.

「王德用, 人稱黑王相公;
　趙淸獻, 世號鐵面御史.」

【王德用】 北宋의 군사가.(980~1058) 많은 전공을 세우면서도 부하를 위무하여 그 위엄이 대단했다 함.(《宋史》 王德用傳)

【趙淸獻】 趙抃(1008~1084). 北宋의 명신으로 궁궐의 일을 탄핵하면서 전혀 거리낌이 없었다 함. 시호는 청헌.(《宋史》 趙抃傳)

197

한나라 유관劉寬은 백성을 책함에 부들 채찍으로 때려 치욕을 보일 뿐이었고,

항중산項仲山은 스스로 청렴하여 위수 물을 말에게 먹이고 그 값으로 돈을 물에 던졌다.

「漢劉寬責民, 蒲鞭示辱;
　項仲山潔己, 飮馬投錢.」

【劉寬】 동한의 경학가이며 관리(120~185). 유관이 南陽太守였을 때 백성이 죄를 지으면 갈대로 만든 채찍으로 때리는 정도로 벌을 주었음.(《後漢書》劉寬傳)

【項仲山】 安陵 사람으로 너무 청렴하여 매번 위수에서 말에게 물을 먹일 때 그 값으로 三錢을 강물에 던져 넣었다 함.(《三輔決錄》,《世說》)

198

이선감李善感이 직언을 하는 데는 거리낌이 없었으니 사람들이 다투어 그를 '명봉조양'鳴鳳朝陽이라 칭하였고,

한나라 때 장강張綱은 탄핵을 하는 데에 사사로움이 없었으니 직접 '시랑이 길에 나돌아다닌다'豺狼當道고 질책하였다.

「李善感直言不諱, 競稱鳴鳳朝陽;
　漢張綱彈劾無私, 直斥豺狼當道.」

【李善感】唐 高宗 때 인물로 고종이 嵩山에 봉선을 행하려 하자 극력 상소한
것으로 유명함. 당시 사람들이 그를 '鳴鳳朝陽'이라 하여 매우 만나보기 어려운
존재로 여겼음.(《新唐書》韓瑗傳) '朝陽'은 《詩經》 "鳳凰鳴矣, 于彼高崗; 梧桐
生矣, 于彼朝陽"을 뜻함.
【張綱】동한 사람(98~143)으로 順帝 때 어사를 지냈으며 郡縣을 순무하면서
범법을 저지른 자를 豺狼이라 표현했으며 대장군 梁冀 형제를 감히 탄핵
하여 조정을 놀라게 함.(《後漢書》張綱傳)

199

백성들은 등후鄧侯의 정치를 좋아하여 그를 붙잡았지만 머물지 않았고,
사람들이 사령謝令의 탐욕에 혐의를 두어 그를 밀어냈지만 가지 않았다.

「民愛鄧侯之政, 挽之不留;
　人嫌謝令之貪, 推之不去.」

【鄧侯】동진 때의 鄧攸(?~326). 吳郡太守를 지냈으며 매우 청렴하여 그가
퇴임할 때 군민들이 그가 떠나는 배를 잡고 만류하였다 함. 그 때문에 당시
"統知打五鼓, 鷄鳴天欲曙. 鄧侯挽不留, 謝令推不去"라는 민요를 불렀다 함.
(《晉書》良吏 鄧攸傳)
【謝令】鄧攸의 전임으로 오군태수를 지낸 인물. 군민이 그를 밀어냈으나
떠나지 않았다 함.

200

염범廉范이 촉군 태수가 되자 백성들은 '오고'五袴의 노래를 불렀고,
장감張堪이 어양 태수가 되자 보리가 한 줄기에 두 이삭씩 나왔다.

「廉范守蜀郡, 民歌五袴;
　張堪守漁陽, 麥穗兩歧.」

【廉范】동한 章帝 때의 인물. 자는 叔度. 그가 蜀郡太守였을 때 당시 화재를
　방비한다는 이유로 밤에 불을 사용하지 못하게 하던 제도를 바꾸어, 물을
　준비하여 화재예방에 힘쓸 것을 제창함. 이로 인해 백성들이 "廉叔度, 來何暮.
　不禁火, 民安作, 昔無襦, 今五袴"라 하여 밤에 다섯 겹의 바지를 입은 듯이
　따뜻한 밤을 보낼 수 있었다고 노래하였음.(《後漢書》廉范傳)
【張堪】東漢의 관리로 漁陽 태수였을 때 勸農에 힘쓰며 흉노를 막아 "桑無
　附枝, 麥穗兩歧"라 노래하였다 함.(《後漢書》張堪傳)

201

노공魯恭이 중모中牟의 현령이 되었을 때 뽕나무 아래 새끼치는 꿩을
잡지 않을 정도였고,
　곽급郭伋이 병주幷州 태수를 지낸 뒤 그곳을 다시 지나게 되자 아이들이
죽마를 타고 그를 환영하였다.

「魯恭爲中牟令, 桑下有馴雉之異;
　郭伋爲幷州守, 兒童有竹馬之迎.」

【魯恭】 동한 노공이 中牟 땅의 현령이 되어 인정(仁政)을 베풀자 메뚜기 재해가 나도 그 땅에는 들어오지 않았으며, 아이들도 뽕나무 아래에 노는 꿩을 잡지 않았다고 함.(《後漢書》魯恭傳)
【郭伋】 동한 때 인물로 幷州太守를 지냈으며 뒷날 다시 그곳을 지나게 되자 아이들이 죽마를 타고 나와 그를 환영했다 함.(《後漢書》郭伋傳)

202

　선우자준鮮于子駿은 백성을 편안히 하니 한 지역의 복성福星으로 그칠 자가 아니요,
　사마온공司馬溫公은 진정 모든 집안의 살아 있는 부처처럼 복을 주는 인물이로다.

「鮮于子駿, 寧非一路福星;
　司馬溫公, 眞是萬家生佛.」

【鮮于子駿】 북송의 선우신(鮮于侁). 子駿은 그의 자. 京中轉運使를 지냈으며 司馬光이 그를 칭찬하여 "以侁之賢, 不宜使居外. 顧齊魯之區, 凋殘已甚, 須侁往救之, 此一路福星也"라 함.
【一路福星】 路는 송대 행정구역. 지금의 省과 같음. 福星은 복을 주는 별.

【司馬溫公】司馬光(1019~1086). 北宋의 정치가, 사학자. 자는 君實이며 溫國公에 봉해짐.《資治通鑑》을 저술함. 왕안석의 신법을 폐지하였으며, 은정을 베풀어 그가 죽었을 때 사방 사람들이 모두 집집마다 그의 얼굴을 그려 걸어놓고 제사를 받들었다 함. 이로 인해 그를 살아 있는 부처라고 칭하게 됨.(《宋史》司馬光傳)

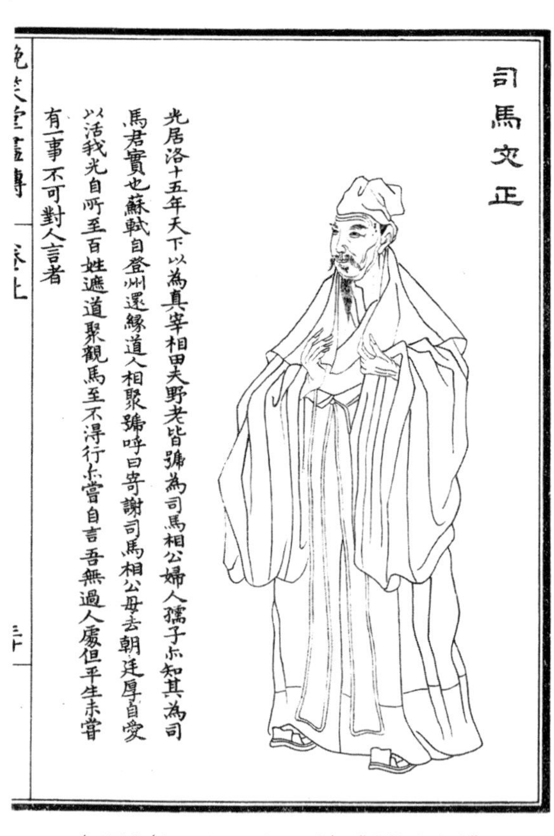

〈司馬光(文正公, 溫公, 君實)〉《晚笑堂畫傳》

203

　난봉鸞鳳은 탱자나무 가시에 깃들지 아니하니 구향仇香이 주부主簿가 됨을 부러워함이요,

　하양河陽에 두루 복숭아꽃이 뒤덮였으니 이는 반악潘岳이 현관이었을 때 심은 것이다.

「鸞鳳不棲枳棘, 羨仇香之爲主簿;
　河陽遍種桃花, 乃潘岳之爲縣官.」

【仇香】 동한 때 인물. 그가 蒲亭의 亭長이었을 때 같은 고을의 陳元이 불효함을 보고 그를 깨우쳐 효자가 되게 하였음. 당시 읍령 王渙이 이를 듣고 구향을 主簿로 발탁하였고 구향은 그 때의 봉록으로 진원을 太學에 보내어 성공하게 함. 이에 감동하여 당시 "枳棘非鸞鳳所棲"라 함.(《後漢書》 循吏 仇賢傳)
【潘岳】 西晉의 문인이며 관리.(?~300) 자는 安仁. 奇才로 이름이 났었으며 河陽 태수였을 때 백성들이 세금을 내지 못하자 대신 복숭아나무를 심어 그것으로 대신하도록 하였음. 반악이 임기를 마치고 떠날 때 고을 전체가 복숭아꽃으로 가득하여 '花縣'이라 부르게 되었다 함.(《晉書》 潘岳傳. 477, 572, 802 참조)

204

　유곤劉昆이 강릉 태수였을 때 바람을 돌려 화재를 막았다고 하며,

　공수龔遂가 발해 태수였을 때 백성들로 하여금 칼을 팔아 소를 사도록 하였다.

「劉昆宰江陵, 昔日反風滅火;
  龔遂守渤海, 令民賣刀買牛.」

【劉昆】 동한 때의 관리(?~57). 그가 江陵令이 되었을 때 화재가 났으나 불을 향해 절을 하면서 바람이 다른 곳으로 불도록 빌어 면하였다 함.(《後漢書》儒林 劉昆傳)
【龔遂】 西漢 宣帝 때의 관리.(?~B.C.62) 그가 渤海太守였을 때 기근이 들고 도적이 심하게 발호하자 창고를 열어 곡식을 나누어주면서 농사를 독려하고 도적들에게는 칼을 팔아 소를 사도록 하였음.(《漢書》循吏 龔遂傳)

205

이들은 모두가 덕정德政으로 가히 노래할 만하니, 이 때문에 아름다운 이름이 기록되어 있는 것이다.

「此皆德政可歌, 是以令名攸著.」

【令名】 아름다운 이름.

▶ 增文

206

태수를 칭하여 '자마'紫馬라 하고, 읍재邑宰가 다스리는 땅을 '뇌봉'雷封
이라 한다.

「太守稱爲紫馬, 邑宰地號雷封.」

【紫馬】東晉의 謝靈運이 永嘉太守일 때 紫色馬를 타고 다녀 그 뒤로 태수를
자마라 부르게 되었음. 杜甫의 〈山寺〉 시에 "使君騎紫馬, 捧擁從西來"라 함.
【雷封】고대에 한 縣(邑)의 관할 구역은 백 리를 넘지 않았으며, 이는 우레
소리가 들리는 곳까지를 뜻하였음.(《初學記》)

207

괴위槐位와 극원棘垣은 삼공三公과 고경孤卿의 직급이 다름을 뜻하는
것이요,
능관棱官과 긴직緊職은 습유拾遺와 어사御史를 달리 부르는 명칭이다.

「槐位·棘垣, 三公及孤卿異秩;
　棱官·緊職, 拾遺與御史別稱.」

【槐位·棘垣】 고대 군신들이 근무하는 위치는 각기 달라 나무(괴나무, 가시
나무)를 심어 구분하였음. 《周禮》 秋官 朝士에 "朝士掌建邦外朝之法. 面三槐,
三公位焉; 左九棘, 孤卿大夫位焉, 群士在其後; 右九棘, 公侯伯子男位焉, 群吏
在其後"라 함. 孤卿은 모두 관직 이름.
【棱官·繁職】 諫官(拾遺)은 稜角처럼 날카로워야 한다는 뜻. 棱은 稜과 같음.
이에 따라 諫官을 '능관'이라 하였음.(《漢官儀》) 한편 御史는 門下省과 中書省
에 매우 긴요한 직책이어서 '繁職'이라 불렀음.

208

급사를 석랑夕郞이라 하고, 항문黃門은 황제의 칙령을 관리하는 직책이다.
한림은 선액仙掖이라 하고, 자금궁紫禁宮은 장상의 임면장을 선포하는
곳이다.

「給事謂之夕郞, 黃門批敕;
　翰林名爲仙掖, 紫禁宣麻.」

【夕郞】 給事 벼슬은 저녁때 들면서 靑瑣門에 배례를 한다고 하여 이를 夕郞
이라 한다 함. 《漢官儀》에 "日暮入, 對靑瑣門拜, 謂之夕郞"이라 함.
【黃門】 원래 임금 거처에서 가장 가까운 문에 위치하면서 임금의 조서와
칙령 등을 정리하고 자문하는 일을 맡았으며, 그 문의 색깔이 노란색으로
되어 있어서 붙은 이름임.
【仙掖】 한림원은 청빈하여 이를 仙掖(신선 세계의 掖門)으로 부른다 함.(《東軒
事錄》)
【紫禁宣麻】 자금은 紫微星의 담장으로 황제가 거하는 禁宮을 뜻함. 선마는
唐代 將相을 임명할 때 흰 삼으로 만든 종이에 임명장을 써서 선포하였
으므로 흔히 임면장을 '宣麻'라 함.(《唐會要》)

209

포경飽卿과 수경睡卿은 각기 이름을 서로 구별한 것이요,
전부銓部와 사부祠部는 그 정사를 구분하는 바가 있기 때문이다.

「飽卿·睡卿, 名號自別;
　銓部·祠部, 政事攸分.」

【飽卿·睡卿】 光祿寺는 황제의 음식을 관장하던 곳으로 이를 '飽卿'이라 하였
　으며, 鴻臚寺는 조정의 祭儀와 외교, 賓客의 숙식 등 宴儀를 관장하던 곳
　으로 '睡卿'이라 하였음.
【銓部·祠部】 隋代에 六部의 명칭을 바꾸어 吏部를 銓部, 禮部를 祠部, 戶部를
　版部, 兵部를 武部, 刑部를 憲部, 工部를 起部라 한 적이 있음.(《隋書》百官志)

210

풍속이 아름다워지고 교화가 이루어지자 윤옹귀尹翁歸는 자신이 다스
리던 촉군으로 가고 싶어하였고,
　이름이 높고 명망이 중하니 급암汲長孺은 회양을 누워 다스려도 되었다.

「俗美化醇, 尹翁歸去思蜀郡;
　名高望重, 汲長孺臥治淮陽.」

【尹翁歸】西漢의 관리(?~B.C.62)로 宣帝 때 엄정한 정치를 폄.
【蜀郡】이는 윤옹귀의 고사가 아니라 文翁의 일을 착각한 것. 문옹이 景帝
　때 蜀郡太守가 되어 그곳의 풍속을 크게 교화시켰다 함.(《漢書》循吏傳)
【汲長孺】汲黯을 가리킴.(전출) 그가 東海太守가 되었을 때 병이 많아 순시를
　하지 않고 관청 내에 누워 있었지만 고을이 잘 다스려졌다 함. 이에 武帝가
　그를 "臥而治之"라 하여 淮陽太守로 삼으려 하였으나 사직함.(《漢書》汲黯傳)

211

　　장준張浚은 임금이 하늘을 날 때 날개로 삼겠다고 신임하였고,
　　이하李賀는 시를 잘 지어 한유韓愈가 그를 상서
로운 세상의 아름다운 구슬이라 칭찬하였다.

「張魏公作沖天羽翼,
　李長吉爲瑞世瓊瑤.」

〈李長吉〉《晚笑堂畫傳》

【張魏公】宋代 張浚. 황제가 그를 심히 아껴 그를 불러
"一飛沖天의 일을 함에 그대를 날개로 삼겠다"(朕將
　有爲, 正欲一飛沖天, 而無羽翼, 卿爲留意, 朕當專任用)
라고 하여 크게 신임했다 함.(《宋史》張浚傳)
【李長吉】당대 시인 李賀(790~816). 시에 뛰어나 韓愈
가 그를 "盛世之瓊瑤也"라 칭찬함.

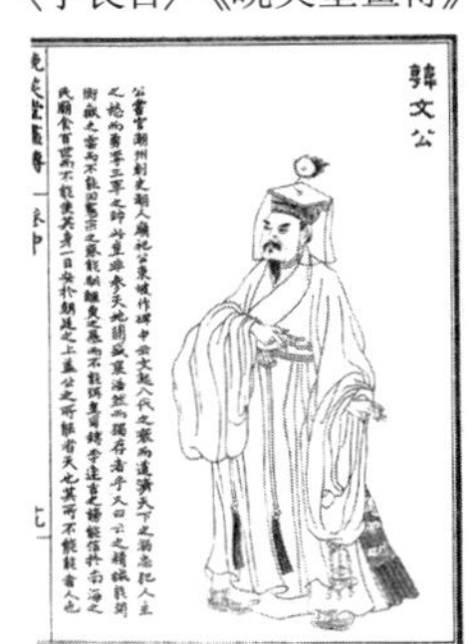

〈韓愈〉《晚笑堂畫傳》

212

선비로 이름이 높아 앙모를 받았던 이는 한나라의 두 사람 포씨鮑氏가
있었고,
　백성들이 선정을 노래한 것으로는 강동의 세 사람 잠씨岑氏가 소문이
있었다.

「士仰直聲, 漢世喜多二鮑;
　民歌善政, 江東聞有三岑.」

【二鮑】鮑永과 鮑恢를 가리킴. 둘 모두 漢代의 뛰어난 御史.(《漢書》 鮑永傳)
【三岑】당나라 때의 岑羲(金壇令), 岑仲翔(長州令), 岑仲休(漂水令)를 가리킴.
　세 사람 모두 縣令을 역임하면서 큰 치적을 쌓아 江東 지역(지금의 長江
　이남)에서 이름이 높았음.(《新唐書》 岑文本傳)

213

형제로서 정치를 잘한 이로 유씨劉氏 형제가 남군을 다스린 적이 있고,
　부자로서 현縣을 잘 다스려 계보를 이룬 이로 부씨傅氏 부자가 산음을
다스린 일이 있다.

「棠棣理政多能, 劉氏兄弟守南郡;
　橋梓治縣有譜, 傅家父子宰山陰.」

【劉氏兄弟】南朝 때 劉之遴과 劉之亨 형제. 차례로 南郡太守를 지내어
大南郡, 小南郡으로 불렸음. 棠棣는 형제를 뜻함.(《南史》劉之遴傳)
【傅家父子】南朝 宋나라 때 傅僧祐와 傅琰 부자가 차례로 山陰縣令을 지내
면서 큰 치적이 있었음. '橋梓'는 '喬梓'로도 쓰며 父子를 일컫는 말.(《南史》
傅琰傳, 259, 1066 참조)

214

정치를 간결히 하고 형벌을 줄인 강모姜謨는 '태평관부'太平官府라 불렸고,
몸을 닦아 행동을 깨끗이 한 배협裴俠은 '독립사군'獨立使君이라 칭송을
받았다.

「政簡刑輕, 姜謨號太平官府;
　身修行潔, 裴俠稱獨立使君.」

【姜謨】唐代 관리로 형벌을 가볍게 하여 당시 사람들이 "不意今日見太平官府"
라 하였음. (《唐書》姜謨傳)
【裴俠】北周 때 관리로 河北太守를 지냄. 그가 입조하자 周 太祖가 "그를
따로 서 있게 하고 그와 같은 사람은 그의 곁에 서 보라"(裴俠淸愼奉公,

爲天下最, 有如俠者, 與之俱立)고 칭찬하여 '獨立使君'이라 불렸음.(《北史》
裴俠傳)

215

원상서袁翻의 학문은 깊고 넓어 위나라 두예杜預에게 부끄러울 것이
없었고,
　구승상寇準의 공적이 뛰어남은 진실로 남조 송대의 사안謝安에 대신할
만하였다.

「袁尙書學問深宏, 不愧魏朝杜預;
　寇丞相事功彪炳, 眞爲宋代謝安.」

【袁尙書】 袁翻(476~528)을 가리킴. 北魏의 신하로 북위의 肅宗이 신하들 앞
　에서 "원번은 나에게 있어서 두예와 같다"(袁尙書, 朕之杜預)라 하였음.(《北史》
　袁翻傳) 杜預는 魏末 晉初의 인물로 박학다식하여 《春秋》 등에 주석을
　달았던 대학자.
【寇丞相】 寇準(961~1023)을 가리킴. 北宋의 학자이며 정치가, 군사가. 시호는
　忠愍. 거란의 침공을 막아내어 '澶淵之盟'에 공이 있었음.(《宋史》 寇準傳
　(139, 458, 509, 585, 659, 727, 808 참조)) 謝安은 동진 때 인물로 前秦의 침공을
　막아내어 淝水之戰에 공을 세웠음.(《晉書》 謝安傳)

216

희녕 연간의 세 사인舍人은 한 시대의 큰 선비였고,
경력 연간의 네 간관諫官은 진실로 천고의 훌륭한 신하였다.

「熙寧三舍人, 乃一朝碩彦;
　慶曆四諫士, 實千古良臣.」

【熙寧】 北宋 시대 神宗의 연호(1068~1077). 王安石의 변법을 극력 반대
하던 宋敏求, 蘇頌, 李大臨 등 세 사람이 임금의 임명을 거부하며 舍人
관직을 버렸음. 이에 당시 '熙寧三舍人'이라 함.(《宋史》 李大臨傳)
【慶曆】 北宋 시대 仁宗의 연호(1041~1048). 당시 余靖, 歐陽修, 王素, 蔡襄
등 네 사람이 諫官으로서 임금의 과실을 극력 간언하여 '慶曆四諫'이라
칭함.(《東都事略》)

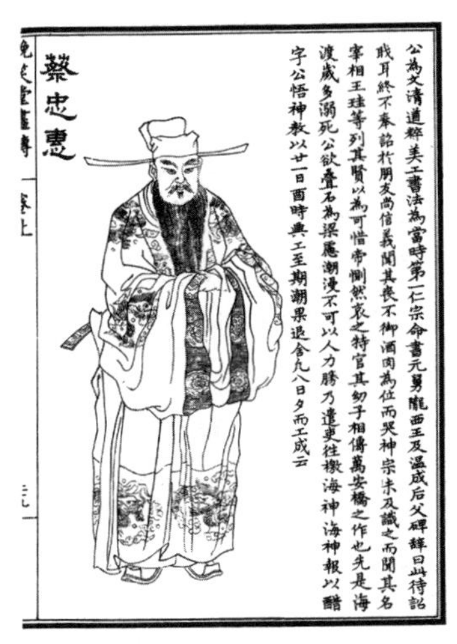

〈蔡襄(忠惠)〉《晩笑堂畫傳》

217

　재상은 반드시 공부한 사람이어야 한다고 했으니 두가상竇可象이 아니면 누가 그런 중한 자리에 해당하겠는가?

　장원급제한 여문목呂文穆은 한때 잠꾸러기라 비웃음을 샀으나 이에 최고의 이름을 차지하게 되었다.

「宰相必用讀書人, 捨竇可象誰當鼎軸;
　狀元曾是渴睡漢, 惟呂文穆乃占魁名.」

【竇可象】 竇儀(914~966). 五代, 宋初의 인물로 자는 可象이며 後晉, 後漢, 後周 등을 섬기다가 송나라에 들어와 《建隆重定刑統》, 《建隆編敕》 등을 수찬함. 송 태조가 즉위하여 연호를 정할 때 '乾德'으로 하였으나 궁녀가 가진 거울의 명문을 보고 '乾德'(前蜀 王衍의 연호로 919~925)이 이미 있었음을 알고 이를 바로잡자 태조가 감탄하며 "宰相須用讀書人"이라 함.(《宋史》 太祖本紀)

【呂文穆】 북송의 呂蒙正.(944, 946~1000) 세 번에 걸쳐 재상을 지냈으며 어릴 때 "차거운 등불이 다하도록 꿈(잠)을 이루지 못하네"(挑盡寒燈夢不成)이라는 시를 짓자 친구 胡旦이 비웃으며 "잠에 목마른 놈이로군"(一渴睡漢耳)라 하였음. 이듬해 여몽정이 장원급제하여 "잠에 정신나간 놈이 장원에 급제하였소"(渴睡漢今中狀元)이라 편지를 보내자 호단이 크게 부끄러워하였다 함.(《歸田錄》)

218

누가 공公의 집안에 공이 나고, 재상의 가문에 재상이 난다고 하였던고?

「誰云公種生公, 或謂相門有相?」

【相門有相】 이는 중국 속담 "公種生公, 相門有相", 혹은 "龍生龍, 鳳生鳳"에
대한 반문을 뜻함. 《史記》 孟嘗君列傳에 "文聞將門必有將, 相門必有相"이라
하였음.

〈文臣〉편 '續增' 3聯

○ 「官制有古今之沿革, 官規隨法令爲變遷.」

○ 「通好各國, 有大使公使之專員;
　　監護僑民, 有總副領事之派遣.」

○ 「要之官制甚繁, 更仆難數; 官規宜肅, 有過必懲.」

6. 무직 武職

※ 본 장은 국방과 국가 보위를 맡은 무관, 병법가, 전략가
에 대한 내용으로 역사상 이름을 날린 장수와 그들의 행적,
일화, 고사 등에 관한 내용을 다루고 있다.(총 35연)

〈彩繪釉陶武官俑〉(唐) 1972 陝西 禮泉縣 鄭仁泰 묘 출토

219

한유韓愈, 유종원柳宗元, 구양수歐陽修, 소식蘇軾은 진실로 문인으로 최고 저명한 사람들이며,

백기白起, 왕전王翦, 염파廉頗, 이목李牧은 무장으로 기이한 장수들이다.

「韓·柳·歐·蘇, 固文人之最著;
　起·翦·頗·牧, 乃武將之多奇.」

【韓·柳·歐·蘇】 韓愈(768~824, 退之), 柳宗元(773~819, 子厚), 歐陽修(1007~1072, 永叔), 蘇軾(1037~1101, 東坡)을 가리킴. 唐宋八大家 중의 대문장가들임.

【起·翦·頗·牧】《千字文》의 구절이기도 하며, 白起(戰國 秦나라 명장), 王翦 (戰國 秦나라 장수), 廉頗(戰國 趙나라 장수, 375, 529, 723, 738, 888 참조), 李牧 (戰國 趙나라 장수, 《戰國策》 참조)을 가리킴.

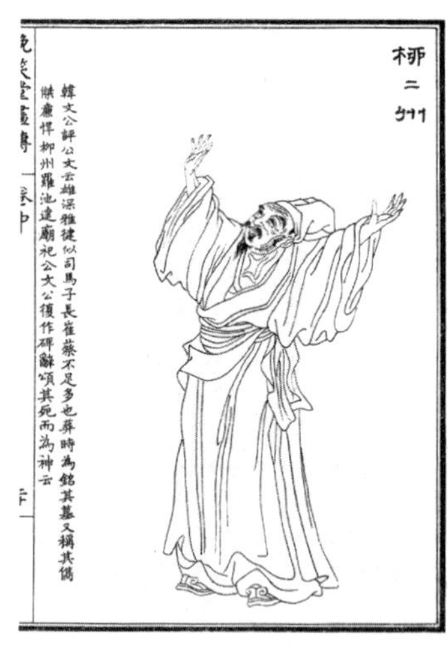

〈柳宗元(子厚, 柳州)〉《晚笑堂畫傳》

220

범중엄范仲淹의 가슴에는 수만 군사가 갖추어져 있었고, 초나라 항우項羽
에게는 강동의 8천 자제가 있었다.

「范仲淹胸中具數萬甲兵, 楚項羽江東有八千子弟.」

【范仲淹】北宋의 정치가이며 문장가.(989~1052) 자는 希文. 〈岳陽樓記〉에
“先天下之憂而憂, 後天下之樂而樂”이라 하였
으며, 康定 원년(1040)에 西夏가 延州를 침범
하자 그는 陝西經略安撫副使兼知延州가 되어
부임하자 곧 軍制를 개혁하고 대비를 완전하
게 서둘렀음. 이에 西夏人들이 “小范老子胸中
有數萬甲兵, 不比大范老子可欺也”라 하였다
함.(《五朝名臣言行錄》 卷七, 402, 425, 783 참조)
【項羽】항적(B.C.231~B.C.202). 西楚霸王이 되었
으나 垓下에서 마지막 패한 후 “처음 자신을
따라나선 江東의 8천 子弟를 볼 면목이 없다”
고 하면서 자살하였음.(《史記》 項羽本紀, 236
참조)

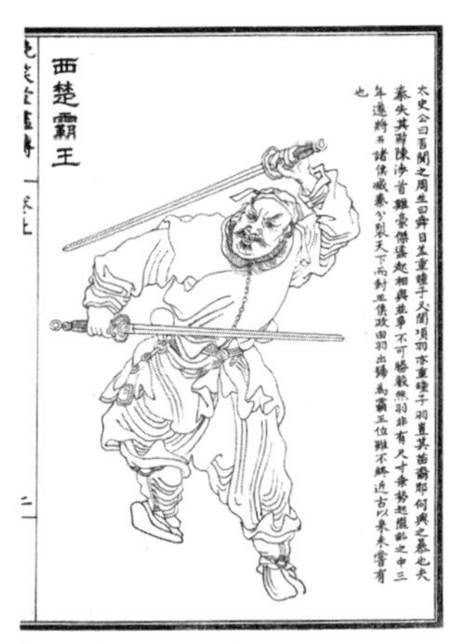
〈項羽(西楚霸王)〉《晚笑堂畫傳》

221

손빈孫臏과 오기吳起는 지략이 자랑할 만하였고,
양저穰苴와 울료尉繚는 병법의 기지를 헤아리기 어려울 정도였다.

「孫臏・吳起, 將略堪誇;
　穰苴・尉繚, 兵機莫測.」

【孫臏・吳起】손빈(孫子)은 전국 초기의 병법가. 龐涓의 미움을 받아 무릎이
잘리는 형을 받아 '臏'이라 이름하였음.《齊孫子》89권이 있었다 하나 전하지
않으며 1972년 山東 臨沂 韓墓에서 竹簡 殘編이 발견되어 이를《孫臏兵法》
이라 함. 오기(吳子) 역시 전국시대 병법가.《漢書》藝文志에《吳起》48편이
기록되어 있으나 지금의《吳子》는 후인이 정리한 것임. (《史記》孫子誤記
列傳) 둘 모두 엄혹한 군사 훈련으로 유명함.
【穰苴・尉繚】司馬穰苴는 齊나라 출신으로 일찍이 晏子(晏嬰)가 齊 景公에게
"穰苴文能附象, 武能威敵, 願君試之"라 추천을 받아 大司馬에 오름.《司馬法》
이라는 병법서를 지음. (《史記》司馬穰苴列傳) 울료(尉繚, '위료'로도 읽음)는
두 사람이 전하며 하나는《漢書》藝文志 兵家에《尉繚》31편을 남긴 병법가
이며, 다른 하나는 전국 말기 魏나라 유세가로 秦始皇에게 천하통일을 유세한
인물로《漢書》藝文志 雜家에《尉繚》29편이 저록(지금은 실전)되어 있는
인물. 여기서는 전자를 가리킴.

222

강태공이 지은 '육도'六韜가 있고, 황석공이 지은 '삼략'三略이 있다.

「姜太公有六韜, 黃石公有三略.」

【姜太公】呂尙, 姜子牙. 太公望. 西周 초 武王
을 도와 殷을 멸하여 그 공으로 齊나라에 봉
해졌던 인물.《六韜》라는 병법서는 그가 지은
것이라 함.(《史記》齊世家)
【黃石公】노인이 張良에게 다리에서 신발을 주워
오도록 몇 번씩 시키고 그의 인내를 높이 사
누런 바위에서 만날 사람(黃石公)에게 병법을
배우도록 한 바로 그 선생님으로 전해지며
《三略》을 지은 것으로 알려짐. 혹은 강태공의
《太公兵法》을 黃石公이 풀어 쓴 것이라고도
함.(《隋書》經籍志)

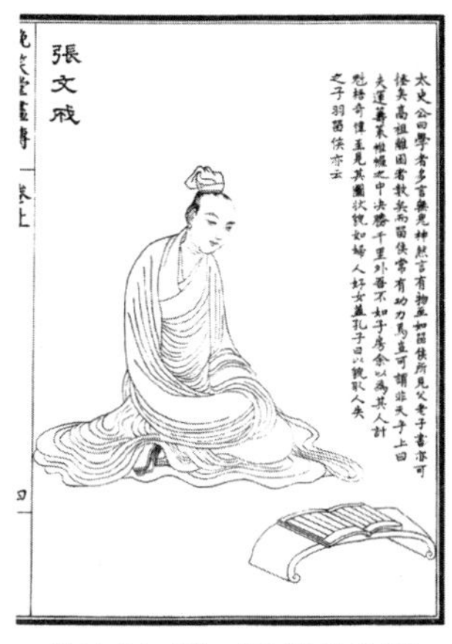

〈張良(文成)〉《晚笑堂畫傳》

223

한신韓信이 군사를 거느릴 때에는 군사가 많으면 많을수록 좋다고 하였고,
모수毛遂가 무리를 기롱하되 녹록하여 그대들은 기이함이 없다고 하였다.

「韓信將兵, 多多益善;
　毛遂譏眾, 碌碌無奇.」

【韓信】漢初 劉邦을 따라 큰공을 세운 명장. 스스로 자신은 군사가 많을수록
　자신 있게 부릴 수 있다고 하여 "多多益善"의 명언을 남김.《史記》淮陰侯
　列傳,《漢書》韓信傳)
【毛遂】戰國 시대 趙나라 平原君의 식객으로 楚나라와의 맹약에 스스로
　나서서 일을 해결하면서 "公等碌碌, 所謂因人成事者也"라 함. "毛遂自薦"의
　고사를 남김.(《史記》平原君列傳, 235, 706 참조)

224

대장을 '간성'干城이라 하고, 무사를 '무변'武弁이라 한다.

「大將曰干城, 武士曰武弁.」

【干城】 방패와 성. 방어의 최고 수단.《詩經》周南 兎罝에 "糾糾武夫, 公侯
干城"이라 함.
【武弁】 변은 모자를 가리킴. 무인 중의 모자, 즉 최고라는 뜻.(權德輿 〈送韋
行軍員外赴河陽〉 시)

225

도독을 칭하여 '대진국'大鎭國이라 하고, 총병을 칭하여 '대총융'大總戎
이라 한다.

「都督稱爲大鎭國, 總兵稱爲大總戎.」

【都督】 위진남북조 시대의 군사 최고책임자. 나라를 鎭守한다고 하여 大鎭國
이라 불렀음.
【總兵】 명대의 제도로 전선에 배치되었다가 전시에는 최고의 사령관을 맡음.
이를 大總戎이라 불렀으며 戎은 兵, 戰의 뜻.

226

도곤都閫은 도사都司를 가리키는 것이요, 참융參戎은 참장參將을 일컫는
말이다.

「都閫卽是都司, 參戎卽是參將.」

【都閫】都司의 별칭. 閫은 임시로 군문, 혹은 감옥 따위를 일컫는 말(門檻).
뒤에 이는 군사 총지휘소를 뜻하는 말로 쓰임.(《史記》張釋之馮唐列傳)
【參戎】참장의 별칭. 참장은 明青代 변방 군사의 통솔자였음.(《明史》職官志 五)

227

천호千戶는 호후戶侯를 우러러보는 것이요, 백호百戶는 백재百宰를 칭하는
것이다.

「千戶有戶侯之仰, 百戶有百宰之稱.」

【千戶】관직명이며 軍制, 百戶 10의 군사를 거느림.(《續文獻通考》職官考 七)
이를 戶侯라고도 하였음.
【百戶】역시 관직명이며 동시에 軍制. 120명을 거느림.(《元史》百官志 二) 이를
百宰라고도 하였음.

228

수레로 임시 지휘소를 만든 것을 '원문'轅門이라 하고, 전공을 높이 드날려 줌을 '노포'露布라 한다.

「以車爲戶曰轅門, 顯揭戰功曰露布.」

【轅門】 고대 천자가 순수할 때 임시로 천막을 치고 그 앞에 수레를 반원형으로 배치하여 막아 문을 삼았던 형상으로 인해 이렇게 불렀으며, 뒤에 군대 임시 지휘소를 뜻하는 말로 쓰임.(《周禮》 天官 掌舍)

【露布】 露板이라고도 하며 전승보, 격문 등 긴급문서를 가리킴. 봉하지 아니한 채 전달함.《後漢書》 李雲傳에 "露布上書"의 李賢 주에 "露布, 謂不封之也"라 함.

229

아랫사람이 윗사람을 죽이는 것을 '시'弑라 하고, 윗사람이 아랫사람을 치는 것을 '정'征이라 한다.

「下殺上謂之弑, 上伐下謂之征.」

【弑】 아랫사람이 윗사람을 죽이는 것.《周易》坤卦 文言傳에 "臣弑其君, 子弑
其父"라 함.
【征】 정당한 나라가 정당하지 못한 나라를 치는 것.

230

창 끝이 서로 교차하는 것을 '대루'對壘라 하고, 강화를 구하는 것을
'구성'求成이라 한다.

「交鋒爲對壘, 求和曰求成.」

【對壘】 서로 맞서 싸움을 뜻함. 보루를 상대함.《晉書》宣帝紀에 "與之對壘
百餘日"이라 함.
【求成】 和戰을 요구함. '求和'라고도 함.

231

전쟁에 승리하여 돌아오는 것을 일러 '개선'凱旋이라 하고,
전쟁에 패하여 달아나는 것을 일러 '분배'奔北라 한다.

「戰勝而回, 謂之凱旋;
　戰敗而走, 謂之奔北.」

【凱旋】凱는 군대에서 승리했을 때 연주하는 음악. 旋은 되돌아 옴. 宋之問의
〈軍中人日登高贈房明府〉 시에 "聞道凱旋乘騎入"이라 함.
【奔北】패배(敗北)하여 도망함.(《漢書》王尊傳)

232

　임금의 한을 풀어주는 것을 '적개'敵愾라 하고, 나라의 어려움을 구제함을
'근왕'勤王이라 한다.

「爲君洩恨曰敵愾, 爲國救難曰勤王.」

【敵愾】함께 죽을 힘을 다해 적에게 대항하여 물리침.(《左傳》文公 4년 杜預 注)
【勤王】적이 침략할 때 기병하여 임금을 도움을 뜻함.(《左傳》僖公 25년)

233

　'쓸개가 깨어지고 심장이 시리다'는 것은 적군이 겁을 먹은 상태를
비유함이요,

‘바람소리 학 우는 소리’란 사졸이 패배하여 혼백이 놀람을 표현한
말이다.

「膽破心寒, 比敵人懾伏之狀;
　風聲鶴唳, 驚士卒敗北之魂.」

【膽破心寒】 쓸개가 깨어지고 심장이 시림. 宋나라 韓稚圭와 范仲淹이 西夏를
　수복하겠다고 나서자 변방의 군사들이 "軍中有一韓, 西賊聞之心膽寒; 軍中
　有一范, 西賊聞之驚破膽"이라 노래했다 함.
【風聲鶴唳】 이는 晉나라 謝玄이 前秦 苻堅의 군사를 맞아 淝水之戰에서 대패
　시켰을 때 전진 군사들이 바람소리, 학의 우는 소리만 듣고도 동진의 군사가
　아닌가 여겨 겁을 냈다는 데시 유래힘.(《晉書》謝玄傳, 235, 1300 참조)

234

　한나라 풍이馮異는 공을 논할 때면 홀로 큰 나무 아래로 피하여 자신의
공적을 자랑하지 않았고,
　한 문제가 일찍이 위문을 나서서 몸소 세류영細柳營에 행차했을 때
고삐를 잡고 천천히 걸어 들어갔다.

「漢馮異當論功, 獨立大樹下, 不誇己績;
　漢文帝嘗勞軍, 親幸細柳營, 按轡徐行.」

【馮異】 馮異가 劉秀를 따라 王莽을 토벌한 후 매번 논공행상을 할 때면 나무
그늘로 피해 있었다 하여 당시 "大樹將軍"이라 불렸다 함. 東漢이 들어서고
河陽侯에 봉해짐.(《後漢書》馮異傳)

【漢文帝】 漢 文帝가 細柳營(周亞夫가 주둔하고 있는 軍營)에 위문을 가면서
미리 사자를 보내어 도착함을 알렸지만 통과시키지 않았을 때 주아부는
정식보고를 받고 나서야 열어주면서 문제에게 말에서 내려 고삐를 잡고
먼지를 일으키지 않도록 하는 것이 군영에서의 규칙이라 하여 이를 따름.
(《史記》絳侯世家)

235

부견苻堅은 자신의 장수와 땅이 넓음을 자랑하여 '채찍을 던지면 흐르는
강물을 끊을 수 있다'고 하였고,
모수毛遂는 스스로 재능이 있다고 추천하여 '자루에 처하게 하면 그
자루까지 빠져나왔을 것'이라 하였다.

「苻堅自誇將廣, 投鞭可以斷流;
　毛遂自薦才奇, 處囊便當脫穎.」

【苻堅】 五胡十六國 시기 前秦의 황제(338~385). 북방을 통일하여 위세를 떨쳤
　　으나 淝水之戰에서 晉나라 謝玄에게 대패함.(晉書 載記 苻堅傳, 233, 1300 참조)
　　부견이 東晋을 치려 하자 아우 苻融이 "진나라는 장강을 끼고 있어 지리상
　　불가하다"라 간언하자 부견은 "吾百萬之衆, 投鞭於江, 足斷其流, 何險之
　　足恃?"라 함.

【毛遂】전국시대 趙나라 平原君의 식객. '毛遂自薦', '穎脫而出', '囊中之錐'의
고사를 남김. '囊中之錐'는 평원군이 스스로를 추천하는 모수에게 "자루에
들어 있는 송곳은 저절로 그 끝이 삐쳐 나오는 법"이라 하자 "나를 자루
속에 처하게 하였다면 자루까지 빠져 나왔을 것"이라 대답한 것에서 유래함.
(《史記》 平原君列傳, 223, 706 참조)

236

 번쾌樊噲와 한 무리가 되는 것이 부끄럽다 여긴 한신韓信은 회음후淮陰侯
로 강등되었고,
 강동江東의 자제를 볼 면목이 없다고 항우項羽는 고향으로 돌아가기를
부끄럽게 여겼다.

「羞與噲等伍, 韓信降作淮陰;
　無面見江東, 項羽羞歸故里.」

【韓信】漢初의 명장. 뒤에 高祖(劉邦)에게 맞서 난을 일으켰다가 회음후로
 강등됨. 樊噲도 역시 당시 뛰어난 장군.(《史記》 淮陰侯列傳)
【項羽】항우가 垓下에서 마지막 패할 때 자신을 따라 나섰던 강동의 8천
 자제를 볼 면목이 없다고 고향으로 돌아가기를 부끄럽게 여기고 자결함.
 《史記》 項羽本紀에 "天之亡我, 我何渡爲! 且籍與江東子弟八千人渡江而西,
 今無一人還, 縱江東父兄憐而王我, 我何面目見之? 縱彼不言, 籍獨不愧於
 心乎?"라 함.(220 참조)

237

한신韓信은 바지 가랑이 밑을 지나가는 치욕을 당했고, 장량張良은 던지는 신발을 다시 주워바치는 겸손함이 있었다.

「韓信受胯下之辱, 張良有進履之謙.」

【韓信】한신이 어린 시절 칼을 차고 다닐 때 어떤 상대가 그 칼로 나를 찌를 자신이 없으면 내 사타구니 아래를 기어지나가라고 하자 한신은 한참 노려보다가 다리 아래를 기어지나감. (《史記》 淮陰侯列傳)

【張良】장량이 어린 시절 下邳에서 한 노인을 만나 새벽에 다리에서 만나기로 하였으나 매번 시간에 나가면 노인이 먼저 와 있었음. 이에 노인보다 일찍 나타나자 노인이 신발을 벗어 던지며 주워오도록 함. 그의 말대로 하자 가르칠 만하다고 하며 '太公兵法'을 익히도록 하였음.(《史記》 留侯世家)

〈張良圯上受書圖〉

238

위청衛靑은 돼지를 기르던 노예였고, 번쾌樊噲는 개를 잡는 백정의 무리였다.

「衛靑爲牧豬之奴, 樊噲爲屠狗之輩.」

【衛靑】漢나라 명장으로 어린 시절 돼지를 기르고 있었으며 원래 平陽公主의 家奴. 뒤에 霍去病과 함께 여러 차례 匈奴를 토벌한 공로로 長平侯에 봉해졌으며 大將軍에 오름.(《漢書》 衛靑傳, 933 참조)
【樊噲】원래 개를 잡는 백정이었으나 뒤에 劉邦을 따라 기병하여 鴻門宴에서 項羽를 질책하여 유방을 구해내었음. 舞陽侯에 봉해짐.(《史記》 樊酈滕灌列傳)

〈狗盜樊噲〉

239

선비를 구함에 온전하기를 요구하지 말라. 달걀 2개 때문에 간성의 장수를 놓치는 일이 없도록 하라.
  사람을 쓰는 것은 나무를 쓰는 것과 같다. 한 치 썩은 부위 때문에 몇 아름이 될 재목을 버리는 일이 없도록 하라.

「求士莫求全, 毋以二卵棄干城之將;
　用人如用木, 毋以寸朽棄連抱之材.」

【二卵】子思가 苟變을 衛侯에게 추천하자 "그는 남의 달걀 2개를 몰래 먹은 적이 있다"라 하여 거절하였음. 이에 자사는 "천하에 온전한 것만 구하려다 간성이 될 재목을 놓쳤다는 소문이 이웃나라에게 퍼지지 않도록 하라"(以二卵棄干城之將, 此不可使聞於隣國者也)고 하였다 함.(《孔叢子》)
【連抱】몇 사람이 껴안아야 할 정도의 큰 재목.

240

결론으로 군자는 그 몸을 작게 가질 수도 있고 크게 할 수도 있고, 장부는 그 뜻을 능히 굽히기도 하고 펼 수도 있어야 한다.

〈邵雍(堯夫)〉《晚笑堂畫傳》

「總之, 君子身可小可大, 丈夫志
　能屈能伸.」

【能屈能伸】邵雍의 〈代書寄前洛陽簿陸剛叔秘校〉라는 시에 "知行知止唯賢者, 能屈能伸是丈夫"라 하였고, 《孟子》盡心(上)에 "古之人, 得志, 澤加於民; 不得志, 脩身見於世. 窮則獨善其身, 達則兼善天下"라 함.

241

자고로 영웅은 너무 많아 막대기 하나씩처럼 셀 수는 없다. 장수의 책략을 상세히 알고 싶으면 모름지기 '무경'武經을 읽어두어라.

「自古英雄難以枚擧, 欲詳將略須讀武經.」

【武經】 병법서의 총칭. 혹 《武經總要》라는 책이 있음. 북송 때 관찬으로 총 40권으로 되어 있음.

▶ 增文

242

《서경》에는 '환환무사'桓桓武士라 하였고 시경에는 '교교호신'矯矯虎臣
이라 하였다.

「書曰桓桓武士, 詩云矯矯虎臣.」

【書】《書經》牧誓에 "尙桓桓, 如虎如貔, 如熊如羆, 於商郊"라 함. '桓桓'은
    威武가 당당한 모습.
【詩】《詩經》魯頌 泮水에 "矯矯虎臣, 在泮獻馘"이라 함. '矯矯'는 武勇이
    당당한 모습.

243

'황총소년'黃驄少年은 남보다 먼저 올라 적진을 함락시켰고,
'백마장사'白馬長史는 후퇴할 때 제일 뒤에서 적의 예봉을 꺾었다.

「黃驄少年, 登先陷陣;
　白馬長史, 殿後摧鋒.」

【黃驄少年】北周의 裴果를 가리킴. 그는 누런 말을 타고 푸른 옷을 입고
    제일 앞에 나서서 적진을 함락시켜 당시 '황총소년'이라 불렸다 함.(《北史》
    裴果傳)

【白馬長史】漢代 公孫瓚이 遼東屬國長史(관직 이름)로 항상 백마를 타고 적과 싸울 때 아군이 후퇴하는 경우 제일 뒤에서 적의 추격을 꺾어 당시 烏桓 사람들이 '백마장사'가 뒤에 있을 때는 덤벼들지 않아야 한다고 하였다 함. (《後漢書》公孫瓚傳)

【殿後】殿은 군대가 후퇴할 때 가장 뒤에서 추격해오는 적을 막아 호위하는 것. 《論語》雍也篇에 "孟之反不伐, 奔而殿, 將入門, 策其馬, 曰: 『非敢後也, 馬不進也.'"라 하였고, 《左傳》哀公 11年 傳에 "師及齊師戰于郊. 右師奔; 齊人 從之. 孟之側後入, 以爲殿; 抽矢策其馬, 曰: '馬不進也!'"라 함.

244

천자가 조장군趙將軍을 파견하니 진실로 변방을 방어할 책략을 얻게 되었고,

'길가는 사람에게 곽거병霍去病과 비교하여 어떤가' 함은 멀고먼 변방에서 신속히 그 공훈을 이룸을 말한 것이다.

「天子遣趙將軍, 眞得禦邊之策;
　路人問霍去病, 速收絶漠之勳.」

【趙將軍】漢代 趙忠國이 당시 西羌이 침범하자 70이 넘은 나이에 나서서 출병함.(《漢書》趙忠國傳)

【路人問霍去病】南朝 梁나라 曹景宗이 魏軍을 깨뜨리고 개선한 다음 梁武帝가 光華殿에서 연회를 베풀자 조경운이 "去時兒女悲, 歸來笳鼓競. 借問行路人, 何如霍去病"이라 함.(《南史》曹景宗傳) 霍去病(B.C.140~B.C.117)은 漢 武帝 때 명장으로 흉노를 물리친 인물.(《漢書》霍去病傳) '絶漠'은 아주 먼 북방 지역. 漠은 사막(漠北).

245

북적의 세력이 강하였지만 누사덕婁師德은 여덟 번 싸워 여덟 번 이겼고,
남방 맹획孟獲이 마음으로 항복하지 않자 제갈량諸葛亮은 일곱 번 놓아
주었다가 일곱 번 다시 잡았다.

「北敵勢方强, 婁師德八遇八克;
　南蠻心未服, 諸葛亮七縱七擒.」

【婁師德】唐나라 때 장수로 吐蕃을 정벌하러 나서서 30여 년을 고생하며
팔전팔승을 거둠.(《新唐書》婁師德傳. 310, 525 참조)
【諸葛亮】諸葛孔明. '七縱七擒'의 고사를 말함. 그가 남방 토벌을 나서서 그
곳의 영수 孟獲을 잡았으나 그가 굴복하지 않자 7번 풀어주었다가 7번을
잡음.(《漢晉春秋》) 唐 章孝標의 〈諸葛武侯廟〉 시에 "七縱七擒何處在, 茅花
櫪葉蓋神壇"이라 함.

246

위청장군衛靑將軍이 한번 나서자 삭방匈奴이 텅 비어, 칼에 엎어져 죽을
각오로 한나라劉氏 천하의 치욕을 씻었다.
　설인귀薛仁貴가 세 번 큰 싸움으로 천산天山이 평정되어 굽은 활로
당나라 천하를 안정시켰다.

「衛將軍一擧而朔庭空, 伏劍洗劉家日月;
　薛總管三箭而天山定, 彎弓造李氏乾坤.」

【衛將軍】衛靑(전출). 한나라 때 북쪽 흉노가 끊임없이 괴롭히자 衛靑과
霍去病 등이 나서서 이들을 토벌함. 劉家는 한나라를 말함.
【薛總管】당나라 薛仁貴(614~683). 서북 지역을 평정하여 당나라를 안정시킴.
(新唐書 薛仁貴傳) 당시의 軍中歌에 "將軍三箭定天下, 壯士長歌入漢關"이라
함. 天山은 지금의 신장위구르자치주의 西域. 李氏는 唐나라를 말함.

247

　한신韓信은 나무 단지木罌를 써서 군사를 도강시켰으니 기지와 모책은
헤아릴 수 없다.
　전단田單은 화우火牛로 진지를 출발하였으니 기세의 불꽃을 당해낼 수
없었다.

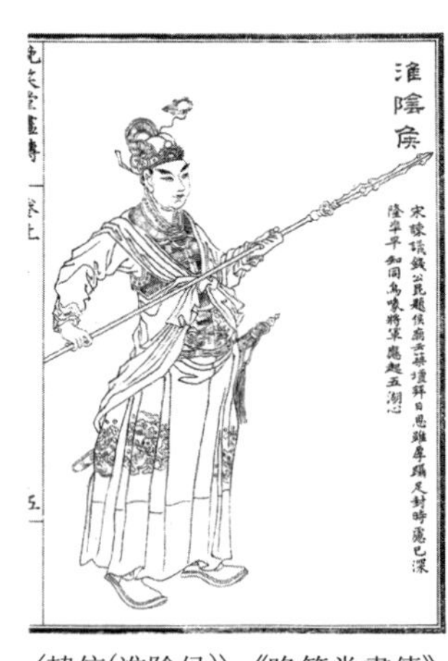
〈韓信(淮陰侯)〉《晚笑堂畫傳》

「韓信用木罌渡軍, 機謀叵測;
　田單以火牛出陣, 勢燄莫當.」

【韓信】한신이 魏나라를 진격할 때 나무로
만든 항아리를 타고 몰래 강을 건너 적을 깨뜨림.
(《漢書》韓信傳)
【叵測】'파(叵)'는 '不可'의 合音字.

【田單】 전국시대 齊나라가 燕나라의 침공으로 나라 전체가 무너졌을 때 전단이 거에서 소의 꼬리에 갈대를 매어 이에 불을 붙여 돌진하게 하여 적을 물리치고 나라를 회복함.(《史記》田單列傳)

248

태사자太史慈는 팔이 원숭이 팔만큼 길어 활을 잘 쏘았고, 반초班超는 호랑이 머리 같은 모습의 호걸이었다.

「太史慈乃猿臂英雄, 班定遠實虎頭豪傑.」

【太史慈】 삼국시대 吳나라 장수. 팔이 원숭이 팔(猿臂)만큼 길어 활을 잘 쏘았으며 그 때문에 '猿臂英雄'이라 불렸음.(《三國志》吳志 太史慈傳) 漢代 李廣의 팔도 역시 '원비'로 활을 잘 쏘아 흉노가 무서워했다 함.(918 참조)
【班定遠】 동한의 班超(32~102). 班固의 아우이며 '投筆從戎'의 고사를 남긴 인물. 생김이 虎頭燕頷의 상이어서 '虎頭將軍'이라 불렸음. 西域에 출정하여 그 공으로 定遠侯에 봉해짐.(《後漢書》班超傳, 931 참조) 반초가 젊을 때 관상가가 보고 "君虎頭燕頷, 飛而食肉, 當封侯萬里"라 하였음.

249

힘이 강하여 무리를 넘어서니 위지공尉遲恭은 창을 피하고 다시 그 창을 빼앗을 정도였고,

담이 남을 넘어서니 장료張遼는 포위를 뚫고 나왔다가 다시 그것을 뚫고 들어가 군사를 살려내었다.

「力强邁衆, 敬德避矟而復奪矟;
 膽略過人, 張遼出陣而復入陣.」

【敬德】尉遲恭(585~658). 자는 敬德. 당나라 때 玄武門 政變(당 태종의 정변)에 참가하여 齊王 元吉을 죽였으며 이 공로로 鄂國公에 봉해짐. 긴 창을 잘 썼으며 상대의 창을 빼앗기를 잘 했다 함.(《新唐書》尉遲敬德傳)
【張遼】삼국 魏나라 장군(169~222). 孫權과 合肥에서의 싸움에 크게 이김. 그가 포위되었을 때 돌파대를 데리고 포위를 풀었다가 다시 남은 부하가 포위되자 그를 뚫고 들어가서 나머지 군사를 구출해냈다 함.(《三國志》魏志 張遼傳)

250

적청狄靑은 관우關羽에 비유할 만하였고, 고앙高昻은 항우項羽에 비견할 만하였다.

「狄天使可例雲長, 高敖曹堪比項籍.」

【狄天使】狄靑(1008~1057). 北宋의 장군. 그가 涇原을 진수할 때 사람들이 '狄天使'라 불렀음. 宋나라 仁宗이 그를 불러 만나보려 할 때 마침 平凉에 적이 쳐들어와 할 수 없이 자신의 얼굴을 그려 인종에게 보내고 토벌에 나섬.

인종이 이를 보고 "나에게 있어서 관우와 같은 보필"이라고 함.(《宋史》 狄靑傳)
雲長은 관우. 삼국시대 蜀漢의 장군.(《三國志》 蜀志 關羽傳)
【高敖曹】 高昂(501~538). 北朝 鮮卑族의 東魏 때 장군으로 高歡을 따라 여러
차례 공을 세움. 당시 사람들이 그를 項籍(項羽)에 비유하였음.(《北史》 高昂傳)

251

보랏빛 수염의 손권孫權은 오나라 군사의 뛰어남을 드날렸고,
누런 수염의 조창曹彰은 조씨 집안의 위세를 드날렸다.

「紫髥會稽, 振耀吳軍武烈;
　黃鬚驍騎, 奮揚曹氏威聲.」

【紫髥】 보랏빛 수염. 孫權(182~252). 會稽 지역을 통괄하였으며 뒤에 吳나라를
세워 삼국정립 시기를 맞이함.(《三國志》 吳志 吳主傳)
【黃鬚】 누런 수염. 曹操의 아들 曹彰을 가리킴. 삼국 魏나라 시대 북쪽 烏桓
族이 침입하자 조조가 아들 曹彰을 驍騎將軍으로 삼아 이를 막아내게 함.
그가 공을 세우고 돌아오자 "누런 수염의 이 아들이 큰 일을 해냈구나"라
한 데서 유래됨.(《三國志》 魏志 任城王傳)

252

아군鴉軍, 뇌군雷軍, 안자군雁子軍은 이름만 들어도 귀신도 혼백이 서늘해지고,

비장飛將, 예장銳將, 웅호장熊虎將은 초목도 그 이름을 안다.

「鴉軍·雷軍·雁子軍, 鬼神褫魄;
　飛將·銳將·熊虎將, 草木知名.」

【鴉軍·雷軍·雁子軍】五代 李克用의 호가 李鴉兒였으며 그의 이름만 듣고도 적이 무서워하였다 함.(《舊五代史》唐莊宗本紀) 雷軍은 唐代 鄭畋이 거느리던 군대로 疾雷軍이라 불렀음.(《新唐書》鄭畋傳). 雁子軍은 五代 朱瑾이 군대를 모집, 두 마리 기러기로 뺨을 쪼게 하여 훈련시켜 이를 雁子軍이라 하였다 함.(《新五代史》雜傳七 朱漢賓)
【褫魄】간담이 서늘해지고 혼백이 겁을 먹음. '치백'으로 읽음.(張衡 〈東京賦〉)
【飛將·銳將·熊虎將】唐代 單雄信을 飛將이라 불렀으며(《新唐書》單雄信傳), 역시 당대 馬璘(安史의 난을 평정)을 中興銳將이라 하였음.(《新唐書》馬璘傳) 그리고 三國 吳나라 周瑜의 〈與孫權書〉에 "劉備以梟雄之恣, 關張爲熊虎將, 有飮馬長江之志"라 하여 關羽와 張飛를 두고 한 말.

253

'기보圻父는 왕의 손톱이나 어금니와 같다'고 하였으니 시경詩經의 뜻이 진실로 그 맛이 있도다.

'장군은 나라를 심장이나 등뼈와 같다'고 했으니 이 말은 그릇됨이
없도다.

「圻父, 王之爪牙, 詩旨眞可味也;
　將軍, 國之心膂, 人言其不謬乎!」

【圻父】 고대 관직 이름으로 畿內의 군사를 통괄함.《詩經》小雅 圻父에 "圻父,
　予王之爪牙"라 함. 爪牙는 손톱과 어금니.
【心膂】 심장과 등뼈. 매우 중요함을 뜻함.《書經》君牙에 "今命爾予翼, 作股
　肱心膂"라 함.

〈武職〉편 '續增' 2聯

○「衛國惟軍, 整軍有制.」
○「爲將須有智謀, 故軍事學不可不講;
　行軍須有紀律, 故司令官不可不嚴.」

7. 조손부자 祖孫父子

☀ 본 장은 직계 가족을 중심으로 인륜의 문제와 가업의 승계, 가정에서의 질서, 그리고 역대 부자, 조손들 중 뛰어난 인물들의 일화와 고사 등을 제시하여 설명하고 있다.(총 36연)

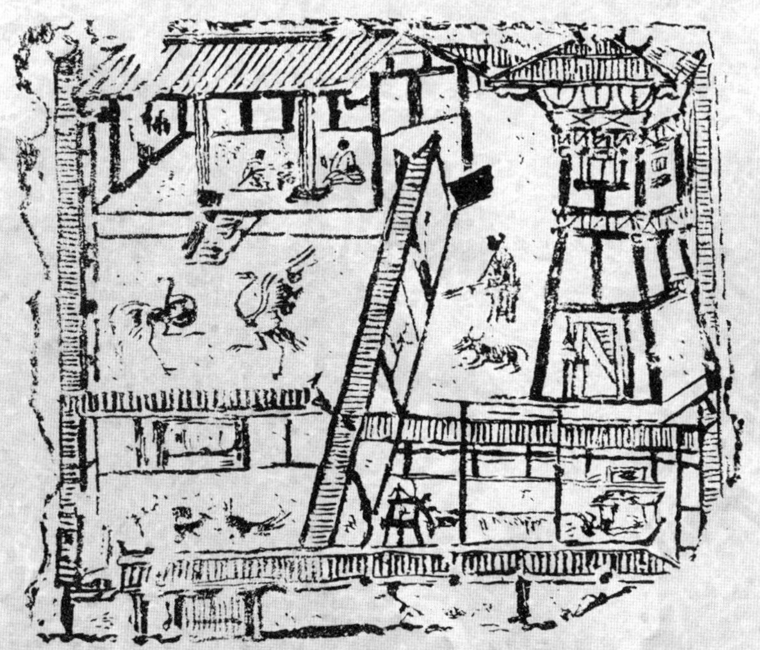

畫像石(漢) 〈家況圖〉 四川 成都 揚子山 출토

254

무엇을 일러 오륜五倫이라 하는가? 바로 군신, 부자, 부부, 형제, 붕우이다.

무엇을 일러 구족九族이라 하는가? 바로 고조, 증조, 조, 고, 자신, 아들, 손자, 증손, 현손이다.

「何謂五倫? 君臣, 父子, 夫婦, 兄弟, 朋友.
　何謂九族? 高, 曾, 祖, 考, 己身, 子, 孫, 曾, 玄.」

【五倫】君臣有義, 父子有親, 夫婦有別, 長幼有序, 朋友有信을 가리킴.《孟子》滕文公(上)에 "舜使契爲司徒, 敎以人倫: 君臣有義, 父子有親, 夫婦有別, 長幼有序, 朋友有信"이라 함.

【九族】이에 대한 설은 여러 가지가 있음. 이곳의 내용은《尙書》堯典의 孔安國傳에 근거한 것이며, 그밖에 父族 4, 母族 3, 妻族 2를 九族으로 보기도 함.(《尙書正義》) 한편 父를 考라 한 것은 돌아가신 아버지를 뜻함.《爾雅》釋親에 "父曰考, 母曰妣"라 함.

〈祖先牌位圖〉民畫

255

시조를 '비조'鼻祖라 하고, 먼 후손을 '이손'耳孫이라 한다.

「始祖曰鼻祖, 遠孫曰耳孫.」

【鼻祖】고대 사람이 受胎하여 제일 먼저 코의 형상이 생긴다고 믿었으며 이로써 처음의 뜻을 지니게 되었음. 揚雄《方言》(권13)에 "凡人懷胎, 鼻先受形, 故謂鼻祖"라 함.
【耳孫】먼 후손을 가리킴. 귀로 들어서 알 뿐 직접 보지는 못한 선조를 둔 사람이라는 뜻. 玄孫이라고도 함.(《漢書》惠帝紀 注)

256

부자父子가 함께 집안을 일으키는 것을 '긍구긍당'肯構肯堂이라 하며, 부자가 모두 어진 것을 두고 '그 아버지에 그 아들'是父是子이라 한다.

「父子創造, 曰肯構肯堂;
　父子俱賢, 曰是父是子.」

【肯構肯堂】아버지가 집을 지을 계획을 세우면 아들은 이를 실행하여야 함. 《書經》大誥에 "若考作室, 旣底法, 厥子乃弗肯堂, 矧肯構"라 함.(805 참조)
【是父是子】그러한 아버지에 그러한 아들이라는 뜻.(《法言》孝至)

257

할아버지를 '왕부'王父라 칭하며, 아버지는 '엄군'嚴君이라 한다.

「祖稱王父, 父曰嚴君.」

【王父】 할아버지를 뜻함.(《爾雅》 釋親)
【嚴君】 아버지를 뜻함.《周易》 家人에 "家人有嚴君焉, 父母之謂也"라 함.

258

부모가 모두 살아 계심을 일러 '춘훤椿萱이 모두 무성하다'라 하고,
 자손이 모두 뛰어나 현달함을 일러 '난계蘭桂가 꽃답게 피어오른다'라
한다.

「父母俱存, 謂之椿萱幷茂;
 子孫發達, 謂之蘭桂騰芳.」

【椿萱】 椿은 아버지를 뜻함.《莊子》 逍遙遊에 "上古有大椿者, 以八千歲爲春,
 八千歲爲秋"라 하여 장수하여 오래 살라는 뜻을 지니고 있음.(1313 참조)
 '萱'은 '萱草', '忘憂草', '宜男草'라고도 하며 원추리를 가리킴. 옛날 모친이

계신 방 뜰 앞에 이를 심었다 함. 이에 따라 어머니를 '萱堂'이라고 부름.
(《博物志》)
【蘭桂】晉代 謝安은 子姪을 芝蘭에 비유하였고(《晉書》謝安傳 및 《世說新語》),
宋代 竇均은 다섯 아들이 모두 급제하자 그 친구가 이를 "靈椿一樹老, 丹桂
五枝芳"이라 하여 丹桂에 비유하였음.(《宋史》竇儀傳)

259

교목橋木은 높아 우러러볼 것이니 마치 아버지의 도道와 같다.
자목梓木은 낮아 내려다볼 것이니 마치 아들로서 낮춤과 같다.

「橋木高而仰, 似父之道;
　梓木低而俯, 如子之卑.」

【橋木, 梓木】西周 때 伯禽이 아버지 周公(旦)을 뵙고자 할 때 세 번 모두
매를 맞았다. 백금이 이상히 여겨 商子라는 사람에게 물었더니 그는 남산에
가서 교목과 재목을 보고 오도록 시켰다. 과연 교목은 하늘을 향해 높이
솟아 있었고 재목은 아래로 굽혀 스스로 그 밑에 처하고 있었다. 돌아와
이를 고하자 상자는 "橋者, 父道也, 梓者, 子道也"라 함.(《尙書大傳》周傳 梓材)
橋는 교와 같음. 키 큰 나무. 梓는 가래나무의 일종으로 키가 작고 굽었다
함. 이에 따라 '橋梓', '喬梓'는 父子를 일컫는 말로 쓰임.(213, 1066 참조)

260

바보나 귀머거리가 되지 않고는 시어머니, 시아버지가 되지 말라.
어버이를 얻어 어버이에게 순종하여야 비로소 사람되고, 아들 될 수
있다.

「不痴不聾, 不作阿家阿翁;
　得親順親, 方可爲人爲子.」

【阿家阿翁】시어머니와 시아버지. 家는 姑와 같음. 唐 代宗 때 郭子儀의 아들
　郭曖가 昇平公主를 아내로 맞아 부마가 되었으나 부부가 불화하여 공주가
　대종에게 고함. 이를 안 곽자의가 대종에게 한 말로 전함.(《資治通鑑》唐紀)
【得親順親】《孟子》離婁(上)에 "不得乎親, 不可以爲人; 不順乎親, 不可以爲子"
　라 함. 이상의 대구는 이는 원래 민간 격언으로 《增廣賢文》 등에도 널리
　실려 있음.

261

아버지의 허물을 덮어줌을 일러 '간고'幹蠱라 하고,
의붓자식을 기르는 것을 '명령'螟蛉이라 한다.

「蓋父愆, 名爲幹蠱;
　育義子, 乃曰螟蛉.」

【幹蠱】《周易》蠱괘에 "幹父之蠱"라 함. 아버지의 허물을 고치도록 유도함을
뜻함.
【螟蛉】蜾蠃라는 곤충(나나니 벌)은 螟蛉이라는 곤충을 잡아 자신의 유충이
이를 먹고 자라도록 함. 옛사람은 과라가 명령이라는 곤충을 길러 이를
나나니벌로 만드는 것으로 알았음.《詩經》小雅 小宛에 "螟蛉有子, 蜾蠃負之"
라 함.

262

'아들을 낳으면 마땅히 손권孫權 정도는 되어야지'라 한 것은 조조曹操가
손권을 부러워한 말이요,
'아들을 낳으면 의당 이아자李存勖 같아라' 하는 것은 주온朱溫이 이존욱
李存勖을 보고 감탄한 말이다.

「生子當如孫仲謀, 曹操羨孫權之語;
　生子須如李亞子, 朱溫歎存勖之詞.」

【孫仲謀】孫權을 기리킴. 三國 吳나라 군주. 曹操가 孫權의 군대가 매우 훈련이
잘 된 것을 보고 이 말을 했다 함.(《三國志》吳志 吳主傳)
【李亞子】李存勖(885~926, 어릴 때 亞子라 불렀음). 李克用의 아들로 五代
後唐을 건국한 莊宗. 그가 後梁과의 전투에서 여러 번 승리를 거두자 후량
太祖 朱溫이 패배하였음에도 감탄하여 "生子須如李亞子, 吾兒豚犬耳"라 함.
(《舊五代史》唐紀)

263

콩국을 먹고 맹물을 마셔도 부모의 기쁨을 받아줌은 가난한 선비가 어버이를 봉양하는 즐거움이요,

옳은 방향이 바로 가르침이라 하니 부친이 자식 교육은 엄해야 하는 것이다.

> 「菽水承歡, 貧士養親之樂;
>   義方是訓, 父親敎子之嚴.」

【菽水】매우 가난함을 비유함. 어느 날 子路가 가난한 집을 보고 "살아서는 봉양을 받지 못하고 죽어서 장례도 받지 못하는구나"라 탄식하자 이를 들은 孔子가 "콩국을 먹고 맹물을 마셔도 그 기쁨을 다해드리면 이것이 곧 효이니라"라 하였음. 《禮記》檀弓에 "子路曰: '傷哉貧也, 生無以爲養, 死無以爲禮也.' 孔子曰: '啜菽飮水盡其歡, 斯之謂孝; 斂手足形, 還葬而無木享, 稱其財, 斯之謂禮'"라 함.

【義方】옳은 방향으로 가르침. 가정교육을 뜻함. 춘추시대 衛 莊公이 아들 州吁를 너무 사랑한 나머지 옳지 않은 짓을 해도 고쳐주지 않음을 보고 신하 石碏이 "아이는 옳은 방향으로 가르쳐야지 사악한 행위를 하도록 두어서는 안됩니다"라 함.(《左傳》隱公 3년) 한편 蔡邕의 〈司徒袁公夫人馬氏碑〉에 "義方之訓, 如川之流"라 함.

264

'기구箕裘를 이어감'은 아들이 아버지 업을 이어받는 것이요,

'선서先緖를 회복함'은 아들이 집안의 성가를 떨치는 것이다.

「紹箕裘, 子承父業;
　恢先緒, 子振家聲.」

【箕裘】키 만드는 일이나 갖옷 만드는 일. 부모의 직업이나 생업을 뜻함.
　흔히 아버지의 직업을 이어받음을 뜻함.《禮記》學記에 "良冶之子, 必學爲裘;
　良弓之子, 必學爲箕"라 함.
【先緒】선조의 업적. 夏侯湛의 〈昆弟誥〉에 "以熙柔我家道, 丕隆我先緒"라 함.

265

'모든 경사가 다 갖추어진 아래'라는 것은 부모가 모두 살아 계심을
말하는 것이요,
　'거듭된 경사 아래'라는 것은 부모와 조부모까지 모두 살아 계심을
표현한 것이다.

「具慶下, 父母俱存;
　重慶下, 祖父俱在.」

【父母俱存】孟子가 말한 人生三樂 중의 하나인 부모가 모두 살아 계심을
　뜻함.

266

‘연익이모’燕翼貽謀는 후손에게 넉넉함을 남겨준 조상을 두고 하는 말이요,
‘극승조무’克繩祖武란 조상의 어진 업적을 잘 이어받음을 표현한 것이다.

「燕翼貽謀, 乃稱裕後之祖;
　克繩祖武, 是稱象賢之孫.」

【燕翼貽謀】제비가 어릴 때는 날개가 매우 약하지만 나중에는 크게 날 수
있음을 뜻함. 이 표현은 선대가 후손을 위하여 넉넉하게 계획을 짜두어
후손이 덕을 봄을 표현한 말임.《詩經》大雅 文王有聲에 “詒厥孫謀, 以燕
翼子”라 함.
【克繩祖武】조상의 업을 잘 이어받아 성공시킴을 표현한 말.《詩經》大雅
下武의 구절.
【象賢】조상의 업적을 잘 계승하여 성취시킴.《尙書》微子之命에 “殷王元子,
惟稽古崇德象賢, 統承先王”이라 함.

267

남을 ‘영자’令子라 칭할 때에는 ‘인지麟趾가 상서로움을 바친다’라 하고,
　벼슬하는 자를 ‘현랑’賢郞이라 칭할 때에는 ‘봉모鳳毛가 아름다움을
이어갔네’라 한다.

「稱人有令子, 曰麟趾呈祥;
　稱宦有賢郎, 曰鳳毛濟美.」

【麟趾】 자손이 창성함을 뜻함.《詩經》周南 麟之趾에 "麟之趾, 振振公子"라
　함. 令子는 훌륭한 아들. 남의 아들을 높여 부르는 말.
【鳳毛】 진귀하여 얻기 어려운 인재를 뜻함.(《南史》謝超宗傳)
【濟美】 옛사람의 기초를 바탕으로 더욱 광대하게 성취함.《左傳》文公 18년
　에 "世濟其美, 不隕其名"이라 하였고 孔穎達의 疏에 "世濟其美, 後世承前世
　之美"라 함.

268

　아버지를 죽이고 자립하였으니 수 양광楊廣에게 천성이 어디 남아
있겠는가?
　아들을 죽여 임금에게 예쁘게 보였으니 제나라 역아易牙는 사람 마음이
어디에 있겠는가?

「弒父自立, 隋楊廣之天性何存;
　殺子媚君, 齊易牙之人心奚在.」

【楊廣】 隋나라 煬帝의 이름(569~618). 그는 아버지 文帝를 죽이고 황제가
　되었음.(《隋書》煬帝紀)
【易牙】 춘추시대 齊 桓公의 요리사. 환공이 세상에 모든 것을 다 먹어보았

으나 사람고기는 먹어보지 못했다고 하자 역아는 자신의 아들을 죽여 요리하여 바침.(《史記》齊太公世家)

269

맛있는 것을 나누어주며 눈으로 즐거워하니 이는 왕희지王羲之가 자손을 데리고 즐기는 것을 말한 것이요,

문안을 받으며 오직 숫자만 확인하였으니 이는 곽자의郭子儀의 자손이 많음을 말한 것이다.

「分甘以娛目, 王羲之弄孫自樂;

問安惟點頷, 郭子儀厥孫最多.」

【王羲之】東晉의 서예가. 書聖으로 불림. 그가 謝萬에게 보낸 편지에 자신은 늙어 집에서 아들을 이끌고 손자를 껴안고 맛있는 음식을 나누어주며 天倫의 樂을 즐기고 있다고 술회하였음.(《晉書》王羲之傳)

【郭子儀】唐나라 곽자의(697~781)는 여덟 아들에 일곱 사위가 있었으며 손자가 너무 많아 문안 드릴 때면 구분을 하지 못하여 숫자만 확인하였다 함.(《舊唐書》郭子儀傳)

〈郭子儀(忠武)〉《晚笑堂畫傳》

270

곰쓸개로 환약을 지어 자식을 가르친 것은 유중영柳仲郢 어머니의 어짊이요,

색동옷을 입고 어버이를 즐겁게 해드린 것은 노래자老萊子의 효성이다.

「和丸敎子, 仲郢母之賢;
　戱彩娛親, 老萊子之孝.」

【仲郢】 당나라 때 인물로 柳公綽의 아들. 그의 어머니 韓氏가 和熊膽으로 환을 지어 그가 밤에 공부할 때면 이를 씹어 먹으며 최선의 노력을 다하도록 하였음.(《新唐書》 柳公綽傳)
【老萊子】 춘추 말기 楚나라의 隱士로 蒙山에서 농사지으며 효성을 다했음. 그가 72세가 되었음에도 어버이를 위해 어린아이로 분장하여 색동옷을 입고 춤을 추어 즐겁게 해드렸다 함.(《高士傳》)

〈老萊子戱彩娛親圖〉 淸刻本

271

모의毛義가 봉록을 지고 즐거워한 것은 어머니가 생존해 계셨기 때문이요,

백유伯兪가 어머니 매질이 가벼움을 보고 운 것은 어머니가 늙었음을 가슴아파한 효성이다.

「毛義捧檄, 爲親之存;
  伯兪泣杖, 因母之孝.」

【毛義】동한 때 毛義라는 자는 安陽尉라는 아주 박봉의 벼슬자리가 주어지자
그 봉록을 짊어지고 가서 살아 계신 어머니를 즐겁게 해드렸다 함. 어머니가
돌아가시자 그는 내가 벼슬을 한 것은 오직 어머니를 기쁘게 해드리기 위한
것일 뿐이라 하며 사직함.(《後漢書》劉趙淳于江劉周趙傳序)
【伯兪】漢나라 때 韓伯兪라는 자는 어머니의 매질이 옛날보다 가벼운 것을
보고 이는 어머니가 늙어 힘이 없기 때문이라 하여 울었다 함.《說苑》
建本篇에 "伯兪有過, 其母笞之, 泣, 其母曰: '他日笞子未嘗見泣, 今泣何也?'
對曰: '他日兪得罪笞嘗痛, 今母之力不能使痛, 是以泣.'"이라 함.

272

자상한 어머니가 아들을 기다림이 '의문의려'倚門倚閭요,
떠돌이 아들이 어버이를 생각함이 '척호척기'陟岵陟屺이다.

「慈母望子, 倚門倚閭;
  遊子思親, 陟岵陟屺.」

【倚門倚閭】《戰國策》齊策(6)에 王孫賈가 齊 愍王을 모실 때 어머니가 "네가
아침에 나가 늦게 돌아오면 나는 문 앞에서 기다렸고, 저녁에 나가 돌아오지
않으면 동네 어귀에서 기다렸다"(汝朝出而晚來, 則吾倚門而望; 汝暮出而不還,
則吾倚閭而望)라 함.

【陟岵陟屺】집을 떠난 자식은 높은 곳이 있으면 올라 멀리 고향 쪽을 바라
보며 부모를 그리워하게 됨을 말함.《詩經》魏風 陟岵에 "陟彼岵兮, 瞻望
父兮. 陟彼屺兮, 瞻望母兮"라 함.

273

사랑에는 차등이 있을 수 없으니 이웃집 아이도 형의 아들과 같으니라.
나눔은 동등해야 하니 나의 아버지가 곧 너의 아버지이다.

「愛無差等, 曰兄子如鄰子;
　分有相同, 曰吾翁卽若翁.」

【兄子如鄰子】《孟子》滕文公(上)의 내용과 같음. 원뜻은 '형의 아들일지라도
이웃집 아이처럼 대하라'임.
【吾翁卽若翁】《孟子》에 "老吾老以及人之老"라 하였음. 그러나 여기서의 옹은
아버지를 뜻하는 말로 보임. 項羽가 劉邦을 滎陽에서 포위하고 유방의
아버지를 인질로 하여 "항복하지 아니하면 너의 아버지를 삶아버리겠다"고
하자 유방이 "그대와 나는 형제의 의를 맺었다. 그러니 나의 아버지가
곧 너의 아버지이다. 국물이나 똑같이 나누어 주라"라 한 데서 유래되었음.

274

장남은 집안의 주된 그릇이요, 훌륭한 아들은 그 집안을 이끌어나갈
사람이다.

「長男爲主器, 令子可克家.」

【主器】 집안의 장남을 일컫는 말.《周易》序卦에 "主器者莫若長子"라 함.
【克家】 집안을 이끌어 나갈 자제를 뜻함.《周易》蒙卦에 "子克家"라 함. 한편
  唐 鄭餘慶의 아들 涵이 右補官이 되어 직언을 무서워하지 않았다. 이에
  憲宗이 정여경에게 "涵, 卿之令子, 而朕之直臣也, 可更相賀."라 함.

275

아들이 그 집 문전을 빛낼 것임을 두고 '충려'充閭라 하고, 아들이 아버지
보다 나을 때 이를 '과조'跨竈라 한다.

「子光前曰充閭, 子過父曰跨竈.」

【充閭】 원래 賈充의 이름과 字. 晉나라 賈逵가 만년에 아들(賈充)을 낳자
  "뒷날 이는 우리 집안을 가득 채울 경사가 있을 것이다. 이에 이름을 충이라
  하고 자를 공려라 한다"(當後有充閭之慶, 因名充, 字公閭)라 하였음. 뒤에
  이 '충려'는 아들을 낳았을 때 축하하는 말로 쓰임.(《晉書》賈充傳)
【跨竈】 竈는 말의 발자국 흔적. 어린 말이 늙은 말의 발자국을 뛰어넘음을
  뜻함.(高士奇《天祿識餘》) 吳崇의 〈賀生子〉詩에 "寄語王渾防跨竈, 阿戎淸賞
  祗須臾"라 함.

276

'이처럼 뛰어난 아이'라는 표현은 남의 아들을 부러워하는 말이요,
'나라의 그릇이 될 손 안의 구슬'이란 남의 아들을 칭찬하는 말이다.

「寧馨英物, 皆是羨人之兒;
　國器掌珠, 悉是稱人之子.」

【寧馨】 진나라 때의 口語. "이와 같은"의 뜻. '寧馨英物'은 '이처럼 뛰어난 영물
(아이)'이라는 뜻. 山濤가 어린 王衍을 보고 너무 뛰어나 놀라서 "寧馨兒!"라
하였음.(《晉書》王衍傳)
【國器】 나라의 보배. 나라를 다스릴 대단한 인재.《漢書》韓安國傳에 "惟天
子以爲國器"라 하고 顔師古의 주에 "國器者, 言其器用重大, 可施於國政也"
라 함. '掌珠'는 손 안의 구슬. 지극히 아끼는 보배, 혹은 아이를 뜻함.

277

아름답다. 자손이 많음이여, 마치 종사螽斯의 칩칩함과 같도다.
부럽도다. 호손의 창성함이여, 마치 과질瓜瓞이 끝없이 뻗어감과 같도다.

「可愛者, 子孫之多, 若螽斯之蟄蟄;
　堪羨者, 後人之盛, 如瓜瓞之緜緜.」

【螽斯】메뚜기의 일종으로 옛사람들은 일생 99명의 아들을 둔다고 여겼음.
이에 따라 자손이 많은 자를 칭송하는 말로 쓰임.《詩經》周南 螽斯에
"螽斯羽, 詵詵兮. 宜爾子孫, 蟄蟄兮"라 함. '蟄蟄'은 매우 많이 모여 있는 모습.

【瓜瓞】오이 넝쿨이 계속 뻗어 자꾸 오이가 달림을 뜻함. 자손이 창성함을
축하하는 말로 쓰임.《詩經》大雅 緜에 "緜緜瓜瓞, 民之初生, 自土沮漆"
이라 함.

▶ 增文

278

경서를 남겨 대대로 가르침을 삼았으니 위현성韋玄成이 어진 부형이 계심을 즐거워한 것이요,

서단의 당시 명성에 왕희지王羲之는 집안의 아름다운 자제라 칭찬을 들었다.

「經遺世訓, 韋玄成樂有賢父兄;
　書擅時名, 王羲之卻是佳子弟.」

【韋玄成】 西漢 韋賢의 아들로 아버지가 당시 대단한 학자였으며 재상을 역임함. 아들 역시 그 학문을 이어 재상이 됨. 이에 당시 사람들이 "자식에게 황금을 상자 가득 남겨주는 것보다 경서 하나 가르침이 낫다"(遺子黃金滿籯, 不如敎子一經)라 칭하였다.(《漢書》韋賢傳)

【王羲之】 동진 때의 서예가.(전출) 그의 재질을 두고 백부 王敦이 "너야말로 우리 왕씨 집안의 아름다운 인물"(汝是吾家佳子弟)이라 칭찬하였음.(《世說新語》賞譽)

279

왕경칙王敬則은 고각鼓角을 울리는 큰 인물이 되었으니 어머니가 아들이 성공할 것이라 예견한 것이요,

두종무杜宗武는 헛되이 비단 주머니를 띠고 다닌 것이 아니니 아버지가 아들의 게으름을 타이른 것이다.

「敬則應得鳴鼓角, 母覘子榮;
　宗武更勿帶羅囊, 父規兒怠.」

【敬則】王敬則(435~498). 南朝 때 인물로 어머니는 巫女, 자신은 개 백정이
었으나 뒤에 宋, 齊 때 정변에 참여, 공을 세워 司空과 將軍 등의 벼슬을
지냄. 그가 어릴 때 어머니가 "너는 커서 鼓角을 울리는 큰 인물이 되리라"고
하자 사람들이 "북이나 치고 피리나 부는 날나리 꾼을 뜻하는 말이겠지"라
비웃었다. 뒤에 큰 벼슬에 올라 과연 피리불고 북치는 의장대가 그를 맞이
하는 인물이 되었다고 한다.(《南史》王敬則傳)
【宗武】杜宗武. 즉 杜甫의 아들. 두보가 아들을 위하여 지은 시 〈示子宗武〉에
"覓句新知津, 攤書解滿床, 試吟青玉案, 莫帶紫羅囊"이라 하여 보랏빛 비단
주머니만 차고 다니는 헛된 학생이 되지 않기를 타일렀다.

280

송지문宋之問은 능히 아버지의 뛰어남을 이어 나누어 받아 문장에 거듭
빛을 발하였고,
　적겸모狄兼謨는 할아버지의 풍모를 빛내어 차례로 그 빛이 찬란하였다.

「宋之問能分父絶, 作述重光;
　狄兼謨綽有祖風, 後先輝映.」

【宋之問】당대 시인으로 沈佺期와 함께 '沈宋'이라 불림. 그의 아버지 宋令文
은 문장, 시에 뛰어났으며 힘도 세어 '三絶'이라 불렸다. 그 아들 宋之問은

문장(오언시)에, 그리고 宋之悌는 용감함에, 宋之遜은 草書와 隷書에 뛰어나
각기 아버지의 장기 하나씩을 이어받았다고 함.(《舊唐書》 文苑傳 宋之問)
【狄兼謨】唐代 명신 狄仁傑의 손자. 할아버지의 풍모를 이어받아 집안을 빛냄.
(舊唐書 狄兼謨傳)

281

가죽외투를 불사르고 칼을 품고 엎어져 죽은 것은 나기생羅企生의
어머니와 왕릉王陵의 어머니가 모두 어진 이였음을 전한 것이며,
  잉어가 뛰어오르고 닭을 잡아 어머니를 모신 이야기는 강시姜詩와
모용茅容이 모두 효성이 훌륭하였음을 말한 것이다.

「焚裘伏劍, 羅母與陵母俱賢;
  躍鯉殺雞, 姜生與茅生幷孝.」

【羅母】東晋 때 羅企生의 어머니. 桓玄이 반란을 일으켜 荊州로 쳐들어오자
나기생이 이에 맞서다가 피살되었다. 그 어머니가 이를 듣고 "내 아들은
충신이다. 죽음에 한은 없다"라 담담히 여기면서
일찍이 환현이 선물했던 비싼 가죽외투를 마당에
꺼내놓고 불살라 버렸다.(《晉書》 忠義傳 羅企生傳)
【陵母】漢初 王陵의 어머니. 項羽가 왕릉의 어머
니를 인질로 회유하자 "두 마음을 품지 말라"(漢王
長者, 吾兒不用因爲我而生二心)고 몰래 사람을 아들
에게 보낸 후 자살함. 이에 왕릉은 고조(劉邦)에게
귀의하여 공을 세움.(《漢書》 王陵傳)
【姜生】한나라 때 姜詩라는 자는 어머니에게 효성
을 다하자 집 앞에 연못이 생겨 잉어가 뛰어올라

〈姜詩의 아내〉《晩笑堂畫傳》

이로써 봉양했다 함.(《後漢書》列女傳)

【茅生】후한 때 茅容이라는 자 역시 효성이 뛰어났었음. 당시 대학자 郭泰가 그의 집을 방문했을 때 마침 닭을 잡고 있어 이를 자신을 대접하려는 것인 줄 알았으나 어머니에게 드리고 자신과는 나물반찬만으로 함께 식사하는 것에 감동하여 학문을 권유, 큰 학자로 키웠다 함.(《後漢書》郭泰傳, 476, 751, 931 참조)

282

사령운謝靈運의 자손은 기의기 봉황 같은 뛰어난 존재였으니 어찌 사사로운 자랑이겠으며,
왕승건王僧虔의 후손은 반 이상이 용과 같았으니 지나친 자랑이 아니었다.

「靈運子孫多是鳳, 豈是阿私;
　僧虔後嗣半爲龍, 原非自侈.」

【靈運】남조 宋나라의 유명한 시인 謝靈運(385~433). 山水詩에 뛰어났으며 이 謝氏는 남조 시대 대단한 명문귀족 문벌로 謝奕, 謝安, 謝尙, 謝玄, 謝石, 謝萬 등 매우 많았음.(《宋書》謝靈運傳) 蘇軾의 〈答馬忠王〉 시에 "靈運子孫多是鳳, 苟家兄弟孰非龍"이라 함.

【僧虔】남조 齊나라 때의 王僧虔(426~485). 같은 족벌로 王導, 王羲之 등 역시 대단한 집안이었음. 집안 교육에 엄격하여 그의 〈誡子書〉에는 "王家門中, 優者爲龍爲鳳, 劣者爲虎爲豹, 失蔭之後, 豈龍虎之謂哉? 況吾不能爲汝蔭, 正宜各自努力耳"라 하였다.(《南齊書》王僧虔傳)

283

마원馬援은 후손 마린馬璘이 능히 그 무용을 빛냈으니 끝내 어진 후손을 둔 것이요,

기해祁奚는 아들 기오祁午를 추천하였으니 자식도 피하지 않은 것은 실로 그 자식이 훌륭했기 때문이었다.

「馬援得璘能耀武, 畢竟孫賢;
　祁奚擧午不避親, 實因子肖.」

【馬援】東漢의 명장(14~49). 伏波將軍으로 서역 평정에 공이 있었으며 新息侯에 봉해짐.(후한서 마원전) "大丈夫死於邊, 以馬革裹尸"라는 유명한 말을 남김. 그의 후손 唐나라 馬璘(722~777)이 조상의 이 구절을 읽고 발분하여 "令吾祖勳業墜地下乎?"라 하면서 군문에 들어가 安史의 난을 평정한 공을 세워 中興猛將으로 불렸음.(《舊唐書》 馬璘傳)

【祁奚】춘추 시대 晉나라 때 인물로 퇴직하면서 임금이 후임을 묻자 자신의 원수인 解狐를 추천하였으며, 해호가 죽고 나자 다시 자신의 아들 祁午를 추천하여 당시 "外擧不避仇, 內擧不避親"이라 함. 능력만을 위주로 인물을 본 것으로 널리 알려진 고사임.《國語》 晉語(7),《說苑》 등에 널리 실려 있음.

284

촉접觸讋은 자신의 막내아들을 불쌍히 여기는 것을 비유하여 중요한 관리로 삼아달라고 임금太后에게 요청하였고,

소경蕭儆은 증손을 보는 것이 즐겁다고 하면서 계단 아래에서 손자가
할아버지 부르는 소리를 흉내내었다.

「觸讋猶憐少子, 乞淸要於君前;
　蕭儆喜見曾孫, 效傳呼於階下.」

【觸讋】전국시대 인물로 趙太后가 병이 들자 자기 아들 사랑을 예로 들어
태후로 하여금 長安君을 인질로 보내어 나라를 구하도록 유세함.(《戰國策》
趙策 四) 본문의 '淸要'는 지위가 높은 관리를 뜻함.
【蕭儆】당나라 때 재상으로 집을 찾아온 객에게 "我不以得相爲喜, 所幸壽考,
又見曾孫"이라 하면서 계단에 내려가 손자의 말소리를 흉내내면서 할아버지
를 부르는 시늉을 하였다 힘.(《舊五代史》 蕭頎傳)

285

왕패王霸는 일찍이 귀한 손님이 오자 부끄러움을 느꼈고, 장빙張憑은
훌륭한 아들을 두었다는 할아버지 말씀을 '희롱한다'고 바로잡았다.

「王霸則曾慚貴客, 張憑則戲說佳兒.」

【王霸】왕패는 소년시절 令狐子伯과 친구였는데 영호자백이 楚나라 재상이
되어 그의 아들이 이 사실을 적은 편지를 가지고 왕패의 집을 찾아오자 왕패의
아들은 감히 쳐다보지도 못했으며 왕패는 부끄러움을 느꼈다 함.(《逸民傳》)

【張憑】張蒼梧가 아들에게 "내가 너만 못하다" 하였으나 아들이 이를 알아 듣지 못하였다. 장창오가 "너는 훌륭한 아들(佳兒)을 두었다는 뜻이다"라 설명하였다. 손자 장빙은 겨우 몇 살 밖에 안 된 어린 나이로 "할아버지는 어찌 손자 앞에서 아들을 희롱하십니까?"라 하였다 한다.《世說新語》 排調篇에 "張蒼梧是張憑之祖, 嘗語憑父曰: '我不如汝.' 憑父未解所以. 蒼梧曰: '汝有佳兒.' 憑時年數歲, 斂手曰: '阿翁, 詎宜以子戲父?'"라 함.

286

이교李嶠는 아들 일로 비웃음을 샀고, 감라甘羅는 누구나 부러워하는 아이였다.

「李嶠貽譏, 甘羅堪羨.」

【李嶠】당나라 때 재상(645~714). 李嶠의 아들과 蘇瓌(蘇瑰)의 아들이 어린 시절 황제를 뵙는 자리에서 황제는 그들에게 배운 것을 외우도록 하였다. 소괴의 아들이 "木從繩則正, 后從諫則聖"(나무는 먹줄을 따르면 곧게 켤 수 있고, 왕은 간언을 따르면 성인이 된다는 뜻)이라 하자, 이교의 아들은 "斮朝涉之脛, 剖賢人之心"(이는 폭군 紂가 아침에 물을 건너는 자가 어찌하여 다리가 시린가를 알아 보려고 정강이를 베고, 현인은 어찌하여 간언을 하는가 하고 비간의 심장을 도려내어 살폈다는 고사를 말함)이라 하였다. 황제는 이를 듣고 "蘇瓌有子, 李嶠無兒"라 하여 이교의 아들이 사악하게 크고 있다고 여겼다.(《松窗雜錄》)
【甘羅】전국 시대 진나라 정치가. 甘茂의 손자로 기지가 있었으며 머리가 좋아 12세에 呂不韋의 가신이 되어 많은 어려운 일을 잘 해결하였음.(《史記》 樗里子甘茂列傳)

287

‘공의 재능이 후손에게 나타난다’ 함은 먼 후손까지 이어짐을 즐거워 ‘운잉’雲仍이라 하고,

조상의 유지를 이어받음을 말할 때 차라리 ‘위태’委蛻라 표현함만 하겠는가?

「公才公望, 喜說雲仍;
　率祖率親, 寧云委蛻?」

【公才公望】 ‘공의 재능이 공의 후손에게서 다시 나타난 것’이라는 뜻. 南朝 齊나라 王儉이 재상이었을 때 빈객들이 와서 몇 살밖에 되지 않은 그의 손자를 보고 “公才公望, 復在此乎”라 평함.(《南史》 王暕傳)
【雲仍】 원래 8대 후손을 일컫는 말.(《爾雅》 釋親)
【率祖率親】 조상의 유지를 이어받음을 말함.《禮記》 大傳에 “自仁率親, 等而 上之於祖, 名曰輕”이라 함.
【委蛻】 대자연이 내려준 몸이나 껍질.《莊子》 知北遊에 “孫子非汝有, 是天 地之委蛻也”라 함. 그러나 여기서는 내 몸이 후손에게 하늘의 이치대로 이어 갈 것이므로 소유로 여기거나 집착하지 말라는 뜻.

288

두맹杜孟의 보전寶田은 지금도 있고, 설가薛家의 반석도 아직 남아 있다.

「杜氏之寶田斯在, 薛家之磐石猶存.」

【杜氏】杜孟. 宋代 인물로 그가 太學에서 공부할 때 당시 蔡京이 전권을
휘두르자 분연히 퇴학하면서 "忠孝吾家之寶, 經史吾家之田"이라 하여 당시
그를 '杜氏寶田'이라 하였음.(《宋史》 杜孟傳)
【薛家】당나라 때 薛道衡이 侍郎이 되어 매번 中書省을 드나들 때 반석 아래
에서 원고를 베꼈다 함. 뒤에 그의 손자 薛元超가 역시 中書舍人이 되어
그 반석을 지날 때마다 조부를 생각했다 함.(《舊唐書》 薛元超傳)

289

원숙員俶이 학문 변론에 뛰어났던 것은 이미 집안의 연원이 있었기 때문
이요, 양기楊奇가 권세에 굴함이 없었던 것은 가풍의 매움을 이어받은
때문이었다.

「詞辨旣見淵源, 强項亦徵風烈.」

【詞辨】문장이나 학문의 옳고 그름을 따져 토론함. 당나라 때 員俶이 9살에
벌써 여러 사람 앞에서 문장을 토론하였는데 그는 員半千의 손자로 집안
학문 淵源이 있었기 때문이라 함.(《新唐書》 李泌傳)
【强項】권세에 굽히지 않음을 말함. 첩운어. 漢代 楊震이 관리로서 여러 차례
상서를 올리면서 굽히지 않은 것으로 유명하며 그 손자 楊奇 역시 이와
같아 靈帝가 "卿强項, 眞楊震子孫, 有祖風烈"이라 함.(《後漢書》 楊震傳. 538,
674, 707 참조)

⊛ 참고

〈祖孫父子〉편 '續增' 3聯

○「祖與父, 爲直系之尊親; 子若孫, 是相承之血胤.」

○「謂人祖父, 曰乃祖乃父; 稱人子孫, 曰文子文孫.」

○「桂子聯芳, 見燕山之家敎; 蘭孫茁秀, 瞻馬氏之淸徽.」

8. 형제兄弟

❋ 본 장은 형제간의 우애와 사람, 심지어 갈등까지도
제재로 하여 역대 훌륭한 형제들의 일화와 본받을 점
등을 제시하여 설명하고 있다.(총 24연)

〈他日相呼圖〉(清末民初) 齊伯石

290

천하에 옳지 못한 부모란 없으며, 세상에 가장 얻기 어려운 것이 형제
이다.

「天下無不是底父母, 世間最難得者兄弟.」

【不是底】 '底'는 '的'과 같음. '~는/은'의 뜻. 이 구절은 《增廣賢文》에도 인용
되어 있다.
【世間最難】 北齊 때 蘇瓊이 任河太守였을 때 고을의 普明 형제가 田地를
두고 다툼이 벌어져 몇 년을 끌자 소경이 이들을 불러 "天下難得者兄弟,
易求者田地. 失兄弟, 心如何?"라 달래어 두 형제가 화해를 이루었다
함.(《北齊書》 循吏傳)

291

모름지기 부모로부터 같은 혈기를 타고 난 영광이 있으니, 수족과 같은
형제의 아름다운 우애를 손상시키는 일이 없도록 하라.

「須貽同氣之光, 毋傷手足之雅.」

【同氣】부모의 혈기를 똑같이 타고났음을 뜻함. 형제의 다른 말.(《後漢書》
  東平憲王蒼傳)
【手足】형제를 뜻함.

292

'옥곤금우'玉昆金友란 형제가 모두 어진 것을 부러워하는 것이요,
'백훈중지'伯壎仲篪란 동기가 서로 잘 어울리는 것을 말한 것이다.

> 「玉昆金友, 羨兄弟之俱賢;
> 伯壎仲篪, 謂聲氣之相應.」

【玉昆金友】형제가 모두 훌륭함을 뜻함. 남조 때 王銓과 아우 王錫이 모두
  효행이 있어 당시 사람들이 "玉昆金友"라 칭찬함.(《南史》王銓傳)
【伯壎仲篪】伯은 형, 仲은 아우. 壎과 篪는 모두 악기 이름. '형이 훈을 불고
  아우는 지를 연주하다'의 뜻으로 형제간에 우애가 아주 조화를 이룸을
  말할 때 '壎篪'라 함.《詩經》小雅 何人斯에 "伯氏吹壎, 仲氏吹篪"라 함.
【同氣相應】서로 잘 어울림을 말함.《周易》乾卦에 "同聲相應, 同氣相求"라 함.

293

'형제기흡'兄弟旣翕이란 화악花萼이 서로 빛을 비춰줌을 말하고,
'형제연방'兄弟聯芳이란 상체棠棣가 다투어 빼어남을 말한 것이다.

「兄弟旣翕, 謂之花萼相輝;
　兄弟聯芳, 謂之棠棣競秀.」

【兄弟旣翕】형제 사이에 매우 화합을 잘 이룸.《詩經》小雅 常棣에 "兄弟旣翕,
和樂且湛, 常棣之華, 鄂不韡韡. 凡今之人, 莫如兄弟"라 함. 花萼은 花鄂과
같음. 꽃과 꽃받침. 역시 형제를 비유한 것. 한편 唐 玄宗은 우애가 깊어
긴 베개와 큰 이불을 만들어 형제가 함께 자면서 그들의 침소였던 西樓에
'花萼相輝'라는 편액을 걸었다 함.(鄒聖脈 注)
【棠棣】'常棣'로도 쓰며 나무 이름.《시경》의 상체는 형제애를 다룬 시로 흔히
형제를 뜻함.

294

어려울 때 서로 돌아보는 것은 척령鶺鴒이 저 들에 있는 것과 같고,
　수족兄弟이 분리되는 것은 마치 행렬을 지어 날아가던 기러기 날개가
부러지는 것과 같다.

「患難相顧, 似鶺鴒之在原;
　手足分離, 如雁行之折翼.」

【鶺鴒】할미새. '脊令'으로도 쓰며 이 새는 들판에서 홀로 높이 날아 동기를
　부르느라 계속 울음을 그치지 않는다고 함.《詩經》小雅 常棣에 "脊令在原,
　兄弟急難"이라 함.(1223 참조)

【雁行】 기러기는 하늘을 날면서도 반드시 그 순서를 지켜 '시옷(ㅅ)'자의 대열
  을 이룬다. 이를 두고 흔히 형제의 우애를 비유함.《禮記》王制에 "兄之齒,
  雁行"이라 함.

295

  진식陳寔의 두 아들陳紀, 陳堪은 모두가 훌륭하여 할아버지 태구령이
'난제난형'難弟難兄이라 칭찬하였고,
  송교宋郊와 송기宋祁는 모두 급제하여 당시 사람들이 '대송소송'大宋小宋
이라 불렸다.

「元方·季方俱盛德, 祖太丘稱爲難弟難兄;
  宋郊·宋祁俱中元, 當時人號爲大宋小宋.」

【元方·季方】漢末 태구령을 지냈던 陳寔의 두 아들 陳紀(元方)와 陳堪(季方)은
  둘 모두 똑똑하여 우열을 가릴 수 없었다 함. 이에 그 할아버지가 "元方難
  爲兄, 季方難爲弟"라 하여 '難兄難弟'의 성어가 생김.(《世說新語》德行) 太丘令
  은 관직이름으로 진식의 직책이었으나 여기서는 할아버지가 한 말로 보았음.
【宋郊·宋祁】宋祁(998~1061)가 아우이고 宋郊가 형이었으니 둘 모두 宋 天聖
  2년(1024)에 과거를 보아 급제하였지만 동생이 장원을 하고 형이 차등을
  하자 이들을 만나본 章憲太后가 "어찌 아우가 형 앞에 있을 수 있는가?"
  라며 형을 장원으로 삼음. 이 둘을 大宋, 小宋이라 하여 '二宋'으로 불렸으며
  뒤에 관직에 올라 이름을 떨쳤음.(《宋史》宋祁傳, 1066 참조)

296

한나라 때 순숙荀淑의 아들 형제는 '팔룡'八龍이라는 멋진 이름을 얻었고,
당나라 때 하동의 설수薛收 형제들은 '삼봉'三鳳이라는 아름다운 이름
으로 불렸다.

「荀氏兄弟, 得八龍之佳譽;
　河東伯仲, 有三鳳之美名.」

【荀氏兄弟】漢나라 때 荀淑은 아들을 儉, 緄, 靖, 燾, 汪, 爽, 肅, 敷 등 여덟을
두었는데, 모두 뛰어나 당시 '八龍'이라 불렸음.(《後漢書》荀淑傳)
【河東伯仲】唐나라 때 薛收와 종형의 아들 薛元敬, 족형 薛德音 등 세 사람은
모두 덕행과 문재가 있어 당시 '河東三鳳'이라 불렸음.(《舊唐書》薛收傳)

297

관숙 채숙이 반란을 하자 이를 쳐서 없앤 것은 주공周公이 대의를 위해
혈친까지 멸한 예이며,
적을 만나 형제가 서로 죽겠다고 다툰 것은 조효趙孝가 자신의 몸을
아우 대신 내세운 예이다.

「東征破斧, 周公大義滅親;
　遇賊爭死, 趙孝以身代弟.」

【周公】周初 성인이며 文王의 아들, 武王의
아우. 무왕이 殷을 멸하고 아우 管叔과 蔡叔을
은나라 땅으로 보내어 紂王의 아들 武庚을
감시하도록 임무를 맡겼으나 도리어 관숙과
채숙이 그들과 내통하여 반란을 일으키자
주공이 나서서 3년의 기간을 거쳐 이를 평정
하고 법으로 처리함.《詩經》豳風 破斧에
"旣破我斧, 又缺我斨, 周公東征, 四國是皇"이
라 함.

【趙孝】西漢 末期 사람으로 그의 아우 趙禮
가 도적에게 잡혀 도적들이 그 살을 먹겠
다고 하자 조효가 찾아가 "내가 더 살이

〈周公平叛圖〉明

졌으니 나를 대신 잡아 먹으라" 하여 서로 다투자 도적이 감동하여 둘 모두
풀어주었다 함.(《後漢書》 趙孝傳)

298

콩을 삶으면서 콩깍지를 때는 것은 형제간에 서로 해침을 말한 것이요,
한 말 곡식과 한 폭의 옷감은 형제간에 서로 용납하지 못함을 기롱한
것이다.

「煮豆燃萁, 謂其相害;
　斗粟尺布, 譏其不容.」

【煮豆燃萁】형제간에 잔혹하게 구는 것을 뜻함. 魏 文帝 曹丕가 아우 曹植을
몹시 미워하여 "일곱 발자국을 걷는 동안 시를 완성하지 않으면 죽이겠다"고

하자 조식이 "煮豆燃豆其, 豆在釜中泣. 本是同根生, 相煎何太急"이라 하여
〈七步詩〉를 지음.(《世說新語》文學, 786, 510, 1002, 1308 참조)
【斗粟尺布】漢 文帝 때 아우 淮南厲王 劉長이 모반을 꾀하자 문제가 이를
  폐출시켜 蜀郡으로 귀양을 보냈으나 도중에 굶어 죽음. 이에 "一尺布 尙可縫;
  一斗粟, 尙可春, 兄弟二人不相容"이라는 민가가 생겼다 함.(《史記》淮南衡山
  列傳)

299

형제가 집안에서 싸운다는 것은 형제가 못되게 싸움을 말하는 것이요,
하늘이 내린 깃과 날개란 형제 사이에 서로 친함을 두고 한 말이다.

「兄弟鬩牆, 卽兄弟之鬥狠;
  天生羽翼, 謂兄弟之相親.」

【鬩牆】담장 안(집안)에서의 형제간 싸움.《詩經》小雅 常棣에 "형제는 집안
  에서는 싸우다가도 남이 모욕을 하면 함께 이를 막는다"(兄弟鬩於牆, 外禦
  其務)라 함.
【羽翼】깃과 날개. 唐 玄宗의 〈賜五王書〉에 "魏文帝詩云: '西山一何似, 高高
  殊無極, 上有兩仙童, 不飲亦不食; 賜我一丸藥, 光輝有五色, 服之三五日, 身體
  生羽翼.' 朕每言寧如我兄弟, 天生之羽翼乎?"라 함.

300

강굉姜肱은 장가를 들고도 큰 이불로 삼형제가 함께 잤으며, 송宋 태조
太祖는 아우가 쑥뜸을 할 때 자신도 생뜸을 뜨며 고통을 나누었다.

「姜家大被以同眠, 宋君灼艾而分痛.」

【姜家】後漢 때 姜肱은 아우 仲海, 季江과 우애가 너무 깊은 나머지 각기
장가를 들고도 큰 이불을 만들어 함께 덮고 잤다 하며 이것을 '강씨이불'
(姜被)이라 하였다 함.(《後漢書》江肱傳. 613 참조)
【宋君】宋 太祖 趙匡胤은 아우 趙匡義와 우애가 깊었다. 아우가 병이 나서
쑥뜸을 뜰 때 너무 아파할까 여겨 자신도 곁에서 생뜸을 뜨며 기다려주었다
함.(《宋史》太祖本紀) 한편 《增廣賢文》에는 "骨肉相殘, 煮豆然其; 兄弟相愛,
灼艾分痛"일 함. 157, 567, 739, 1026 참조.

301

전씨田氏가 재물을 나누자 뜰 앞의 형수荊樹라는 나무가 갑자기 시들
었고,
백이와 숙제는 나라를 양보하여 함께 수양산首陽山에서 고사리를 캐먹
었다.

「田氏分財, 忽瘁庭前之荊樹;
　夷齊讓國, 共採首陽之蕨薇.」

【田氏分財】隋나라 때 田眞, 田廣, 田慶 삼형제는 우의가 깊었으나 재물을
나눌 때는 뜰에 있는 紫荊樹라는 나무
까지 나누어 갖기로 하였다. 그런데
다음날 아침에 그 나무가 저절로 말라
죽는 것을 보고 형제들이 참회를 하자
그 나무가 다시 살아나 무성하게 꽃을
피웠다 함. 南朝 梁 吳均의 《續齊諧記》
紫荊樹에 「京兆田眞兄弟三人, 共議
分財, 生貲皆平均; 惟堂前一株紫荊樹,
共議破三片, 明日就截之. 其樹卽枯死,

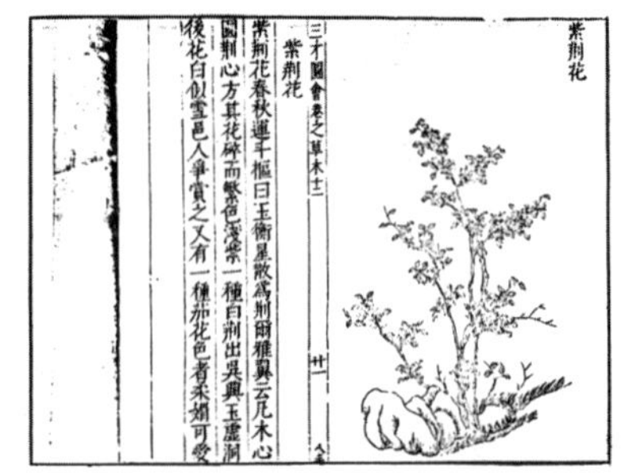

〈紫荊花〉《三才圖會》

狀如火然. 眞往見之, 大驚, 謂諸弟曰: "樹本同株, 聞將被斫, 所以憔悴, 是人
不如木也."因悲不自勝, 不復解樹. 樹應聲榮茂, 兄弟相感, 合財寶, 遂爲孝門」
이라 함. 한편 《增廣賢文》에는 "小窗莫聽黃鸝語, 踏破荊花滿院飛"라 함.
【夷齊讓國】殷나라 말기 孤竹國의 두 형제 伯夷와 叔齊가 서로 왕위를 사양
하다가 周 武王이 덕이 있다는 말을 듣고 그에게 오는 길에 그가 殷을 정벌
하러 나서는 것을 보고 의롭지 못하다 여겨 首陽山에 들어가 고사리를 캐먹
다가 굶어죽었다 함.(《史記》 伯夷列傳)

302

비록 안전하게 날을 보내고 있다고 하지만 친구로 살아가는 것만 못하고,
사실 평범한 사람으로 형제만한 사이도 없다.

「雖曰安寧之日, 不如友生;
　其實凡今之人, 莫如兄弟.」

【安寧之日】《詩經》小雅 常棣에 "喪亂旣平, 旣安且寧. 雖有兄弟, 不如友生.
……常棣之花, 鄂不韡韡. 凡今之人, 莫如兄弟"라 함.
【不如友生】형제로서 싸운다면 친구로 살아가는 것만도 못함. 《增廣賢文》에
"兄弟相害, 不如友生. 外御其侮, 莫如兄弟"라 함.

▶ 增文

303

《시》에는 형제간에 작작綽綽한 모습을 노래하였고, 성인 공자는 형제간에 이이怡怡하게 하라고 가르쳤다.

「詩歌綽綽, 聖訓怡怡.」

【綽綽】 관대하고 여유가 있는 모습.《詩經》小雅 角弓에 "此令兄弟, 綽綽 有裕"라 함.
【怡怡】 마음이 평안한 모습.《論語》子路篇에 "兄弟怡怡"라 함.

304

'갈말봉호'羯末封胡는 모두 훌륭한 형제 넷을 칭하는 말이요,
'제수락유'醍酥酪乳는 진기한 형제들을 일컫는 것이다.

「羯末封胡, 俱稱彦秀;
 醍酥酪乳, 幷屬珍奇.」

【羯末封胡】 晉나라 때 謝氏 집안의 네 사람의 자, 혹은 兒名. 謝韶(封), 謝朗(胡), 謝玄(羯), 謝川(末). 이 네 사람은 모두 우수하여 당시 뛰어난 인재(彦秀) 라는 칭찬을 들었음.《晉書》謝萬傳)

【醍酥酪乳】唐나라 때 穆贊의 형제들이 모두 뛰어나 당시 사람들이 乳製品의 맛으로 이들을 비유하였음. 穆贊은 俗忌가 적어 酪에, 穆質은 문장이 아름다워 酥에, 穆員은 醍醐에, 그리고 穆賞은 乳腐에 비유함.(《舊唐書》穆寧傳)

305

육기陸機와 육운陸雲 형제는 낙읍洛邑에서 함께 그 이름을 떠들썩하게 하였고,
계심季心과 계포季布는 관중關中에서 그 의기가 세상을 덮을 정도였다.

「陸機·陸雲, 名共喧於洛邑;
　季心·季布, 氣幷蓋於關中.」

【陸機·陸雲】두 형제는 삼국시대에 吳나라가 망하자 晉나라 洛陽으로 들어가 모두 크게 이름을 날렸음. 陸機(261~303)는 자가 士衡이며 〈文賦〉, 〈登樓賦〉 등 유명한 작품을 남김.(《晉書》陸機傳) 陸雲(263~303)은 육기의 아우로 자는 士龍.(《晉書》陸雲傳)
【季心·季布】두 형제는 漢初의 인물. 楚나라 출신으로 모두 관중으로 들어가 크게 이름을 떨침. ‘季布一諾’의 고사를 남기기도 함.(《史記》季布欒布列傳, 644, 706 참조)

306

유준劉峻의 허리띠는 네모난 청색이었으며, 마량馬良의 눈썹은 흰색
이었다.

「劉孝標之綬方青, 馬季常之眉本白.」

【劉孝標】 남조 梁나라 때의 劉峻(458~521).《世說新語》의 주를 단 것으로도
유명함. 일찍이 포로가 되었다가 남쪽으로 왔으며 형제와의 이별을 슬퍼한
시〈家園別陽羨始興〉에 "四鳥怨離群, 三荊悅同處. 如今腰艾綬, 東南各殊擧"라
힘.(《梁書》劉峻傳) '艾綬'는 청색의 허리띠를 뜻함. 주에 거론한 그의 詩를
두고 표현한 것.
【馬季常】 삼국시대 蜀漢의 인물 馬良(187~222)을 가리킴. 자가 季常이었음.
그는 미간에 흰 눈썹이 있었으며 형제 다섯이 모두 뛰어났으나 그 중 특히
출중하여 '白眉'라는 고사를 남김.(《三國志》蜀志 馬良傳. 570 참조)

307

문채는 송나라 때 미산眉山의 소식蘇軾과 소철蘇轍 형제요, 재명은 당나라
때 진경위秦景暐와 진경통秦景通 형제였다.

「文采則眉山軾·轍, 才名則秦氏暐·通.」

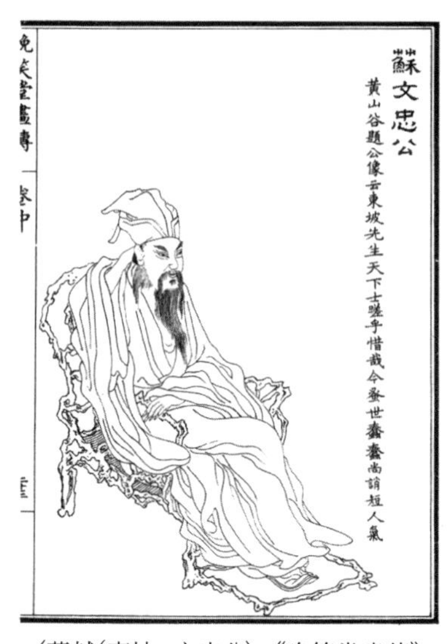

〈蘇軾(東坡, 文忠公)〉《晚笑堂畫傳》

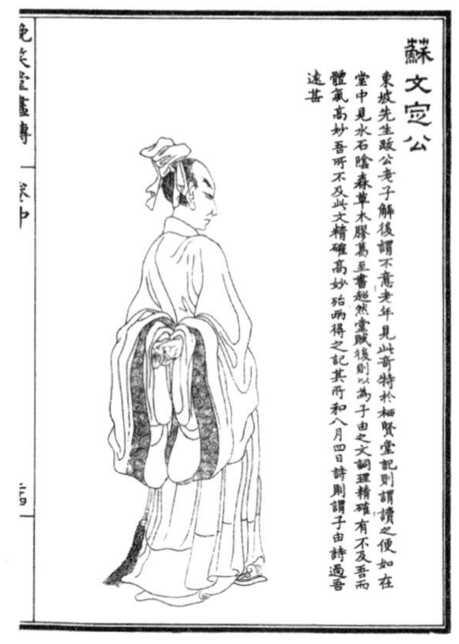

〈蘇轍(子由, 文定公)〉《晚笑堂畫傳》

【軾·轍】蘇軾과 蘇轍. 그의 아버지 蘇洵과 함께 '唐宋八大家'의 대문장가이며
고향이 四川 眉山이었음.(전출)

【暐·通】秦景通과 秦景暐 형제. 둘 모두 당나라 학자로 《漢書》에 정통하여
大秦君과 小秦君으로 불림.(《新唐書》儒學 秦景通傳)

308

아우를 성공시키고자 함에 허무許武가 비록 좋은 것은 다 주었다 해도
그것이 어찌 허물이 되겠으며,

재산을 나누면서 설포薛包는 차라리 황무지와 낡을 것을 자신이 가지면
서도 편안하게 여겼다.

「欲成弟名, 雖擇肥美而何咎;
　中分財産, 寧取荒頓以爲安.」

【欲成弟名】아우를 성공시키기 위하여 형이 온갖 정성을 다함을 뜻함. 후한 때 許武라는 자는 동생을 성공시키기 위하여 재산을 나눌 때 많은 토지와 힘센 노비를 모두 주었으며, 뒤에 다시 자신의 재산을 세 배로 늘려 이 역시 모두 아우에게 주어 성공하도록 도와주자 이웃들이 심하다고 여겼다 함.(《後漢書》許荊傳)
【中分財産】薛包라는 사람은 재산을 나눌 때 자신은 荒田과 늙은 종, 낡은 가구만 갖고 좋은 것은 모두 아우에게 주었다 함.(《小學紺珠》)

309

'한 집안의 오동나무'란 형제가 영화로움을 말한 것이요, '천리를 달릴 어린 준마'라 하였으니 누가 그에 필적하겠는가?

「一家之桐木稱榮, 千里之龍駒誰匹?」

【桐木】北宋 때 韓子華 형제는 모두 재상을 지냈으며 그의 집 앞에는 모두 오동나무가 있어 당시 사람들이 "桐木韓家"라 불렀다 함.(《宋史》韓億傳)
【龍駒】한창 건장한 준마를 말함. 陸雲이 여섯 살일 때 尙書 吳閔鴻이 그의 뛰어남을 보고 "此兒若非龍駒, 當是鳳鶵"라 칭찬하였다 함.(《晉書》陸雲傳)

310

　‘상류전’^{上留田}은 ‘염양강’^{廉讓江}의 이야기에 비하면 얼마나 잘못된 것인가? 문을 걸어 잠그고 가슴을 칠 정도라면 역시 남이 얼굴에 침을 뱉어도 참고 견뎌야 한다.

「上留田何如廉讓江, 閉戶撾亦當唾面受.」

【上留田】 원래 지명. 그곳 어떤 사람이 부모가 죽은 후 그 아우를 돌보지 않는 것을 보고 슬피 여겨 〈上留田〉이라는 노래를 지어 불렀다 함.(《古今注》音樂)

【廉讓江】 交州의 李祖仁이라는 사람의 열 명 형제는 모두 효성과 우애가 깊고 양보심이 대단하여 그들이 사는 근처의 강을 ‘廉讓江’이라 불렀다 함.(《交州記》)

【閉戶撾】 문을 닫고 가슴을 침. 東漢 때 무동(繆肜) 형제 넷이 각기 장가들고 분가를 하고 나서 소원해지자 무동이 문을 닫고 가슴을 치며 "내가 집안을 잘 다스리지 못한 죄"라고 통곡을 하였음. 아우들이 이를 듣고 다시 화목하게 되었다 함.(《後漢書》獨行傳)

【唾面受】 당나라 婁師德이 인내가 가장 중하다고 여겨 아우에게 남이 내 얼굴에 침을 뱉더라도 저절로 마를 때까지 참고 기다리도록 가르쳤다 함. (《新唐書》婁師德傳. 245, 525 참조)

311

　토지를 서로 미루어 양보하였으니 한연수^{韓延壽}의 교화를 실행하여야 함을 안 것이요,

눈물을 뿌리면서 다툼을 막은 것은 소경蘇瓊의 말이 훌륭함에 감동한
것이다.

「推田相讓, 知延壽之化行;
　灑淚息爭, 感蘇瓊之言厚.」

【延壽】한나라 때 韓延壽(?~B.C.57). 東郡太守를 지냈으며 그가 高陵縣을 순시
할 때 형제가 농토를 두고 소송이 벌어진 것을 보고 이는 자신의 부덕 때문
이라 통한하여 문을 닫고 참회를 하자 두 형제가 잘못을 깨닫고 반대로
서로 그 토지를 양보했다 함.(《漢書》韓延壽傳)
【蘇瓊】北齊 때 南淸河太守를 지낸 인물. 자신의 관내에서 형제간의 토지소송
이 벌어지자 이들을 불러 "형세는 천하에 잊기 어려운 깃이요, 토지는 쉽게
구할 수 있는 것이다. 토지를 얻고 형제를 잃는다면 무슨 이익이 되겠는가?"
라고 눈물로 권유하여 화해를 이루었다 함.(《北齊書》循吏傳)

312

송대 공씨 형제 셋은 이미 정립鼎立으로 추천을 받았고,
당대 다섯 장씨도 역시 명경과明經科에 이름이 드날렸다.

「三孔旣推鼎立, 五張亦號明經.」

【三孔】北宋 때 孔文仲, 孔武仲, 孔平仲 삼형제. 모두 文才로 이름이 나서
당시 "淸江三孔"이라 불렀음.(《宋史》孔文仲傳) 鼎立은 鼎의 세 발처럼 나라의

안정을 줄 인물이라는 뜻. 黃魯直의 시에 "二蘇相聯璧, 三孔分立鼎"이라 함.
【五張】唐代 張知塞 형제 다섯. 모두 학식이 뛰어났으며 특히 科擧 明經科에
급제하여 그 이름을 날림.(舊唐書 張知塞傳) 明經은 당대 과거제도로 유가
경전의 내용을 해석하는 실력으로 인재를 뽑는 것. 進士科와 같은 등급
이었음.

313

사랑과 공경은 의당 사마광司馬光을 법으로 삼고, 공손과 겸양은 양춘
楊椿을 스승으로 삼을지니라.

「愛敬宜法溫公, 恭讓當師延壽.」

【溫公】宋代 司馬光을 가리킴.(전출) 溫國公에 봉해졌었음. 그는 형 伯康과
우애가 깊었으며 형이 여든이 넘자 어버이 모시는 태도로 봉양하였다 함.
(《小學紺珠》)
【延壽】北魏의 楊椿. 자는 延壽. 그는 형 播(延慶), 아우 津(羅漢)과 우애가
몹시 깊어 당시 널리 알려졌다 함.(《北史》 楊播傳)

✺ 참고

〈兄弟〉편 '續增' 7聯

○ 「四海之內, 猶是同胞; 一本所生, 尤宜友愛.」

○ 「式相好, 無相尤, 歡言一室; 旣有義, 尤有禮, 推重一鄕.」

○ 「兄弟如左右手, 夙有名言; 兄弟雖旁系親, 究爲同産.」

○ 「憂喜推誠, 傲弟猶封有庳; 始終守義, 讓兄莫若延陵.」

○ 「與弱弟同臥起, 方百川期慰二親;
　　事伯兄如嚴師, 韓慕廬允精三禮.」

○ 「同宗有孤苦者, 最近親等, 負扶養之責, 兄弟與焉;
　　遺産無遺囑者, 直系親屬, 有承受之權, 兄弟次之.」

○ 「大抵家庭有至樂; 須知枝葉勿相殘.」

9. 부부 夫婦

〈耕織圖〉(淸) 焦秉貞(畫)

314

음陰이 홀로 생육을 할 수 없다. 양陽도 홀로는 자랄 수 없다. 그러므로 천지가 음양으로써 짝을 이루었다.

남자는 여자로써 '실'室을 이루고, 여자는 남자로써 '가'家를 이룬다. 그러므로 사람은 부부로써 짝을 이룬다.

「孤陰則不生, 獨陽則不長, 故天地配以陰陽;
　男以女爲室, 女以男爲家, 故人生偶以夫婦.」

【陰陽】 남녀를 상징하는 말로 쓰였음.
【室家】 室은 남자가 여자를 맞아 가정을 이룸. 《禮記》 曲禮에 "三十曰壯, 有室"이라 함. 家는 여자가 출가하여 가정을 이룸. 《詩經》 周南 桃夭에 "之子 于歸, 宜其室家"라 함.

315

음과 양이 조화한 이후에야 비의 혜택이 내린다.
부부가 화합한 이후에야 가정의 도가 이루어진다.

「陰陽和, 而後雨澤降;
　夫婦和, 而後家道成.」

【陰陽】 우주 기상의 음과 양.

316

　지아비가 아내를 부를 때 ‘졸형’拙荊이라 하고 혹 ‘내자’內子라 하기도
한다.
　아내가 지아비를 부를 때 ‘고침’藁砧이라 하고 혹 ‘양인’良人이라 하기도
한다.

「夫謂妻曰拙荊, 又曰內子;
　妻稱夫曰藁砧, 又曰良人.」

【拙荊】 자신의 아내를 낮추어 부르는 말. 東漢 때 隱士 梁鴻의 아내 孟光은
생활이 검박하여 荊枝(가시나무 가지)로 비녀를 삼고 거친 베로 치마를 해
입었음.(328, 441, 444, 983 참조,《太平御覽》718에 인용된《列女傳》) 그래서
자신의 아내를 拙樸한 가시나무 비녀를 한 사람이라는 뜻으로 부르는 말.
【內子】 아내의 낮춤말.《左傳》僖公 24년에 “以叔隗爲內子, 而己下之”라 함.
【藁砧】 稿椹(고심)과 같음. 원래 짚으로 만든 刑具. 고대 죄인을 참형할 때
밑에 깔던 기구로 이를 부(鈇)라 했는데 음이 부(夫)와 같아 隱語로 남편을
지칭하는 말이 되었다 함. 周祈의《名義考》권5에 “古有罪者, 席稿伏於椹上,
以鈇斬之; 言稿椹則兼言鈇矣. 鈇與夫同音, 故隱語稿椹爲夫也”라 함.
【良人】 여자가 자신의 남편을 부르는 말.《孟子》離婁(下)에 “良人者, 所仰
望而終身也”라 함.

317

아내를 얻음을 축하할 때 '항려伉儷가 영화롭게 해로하십시오'라 하고,
물건을 남겨두었다가 아내에게 갖다 주는 것을 '돌아가 세군細君에게
준다'라 한다.

「賀人娶妻, 曰榮諧伉儷;
　　留物與妻, 曰歸遺細君.」

【伉儷】 부부를 함께 칭하는 말. 대등하다는 뜻을
　　지니고 있음.(《左傳》成公 11년)
【細君】 漢 武帝가 신하들에게 고기를 하사하려고
　　할 때 東方朔이 먼저 이를 들고 집으로 감. 무제
　　가 책하자 細君에게 갖다주고자 했다 함. 일설
　　에 細君은 동방삭의 아내 이름이라고도 하며, 혹
　　동방삭이 자신을 제후에 비유하여 아내를 小君
　　(細君)이라 지칭했다고도 함.(《漢書》 東方朔傳)

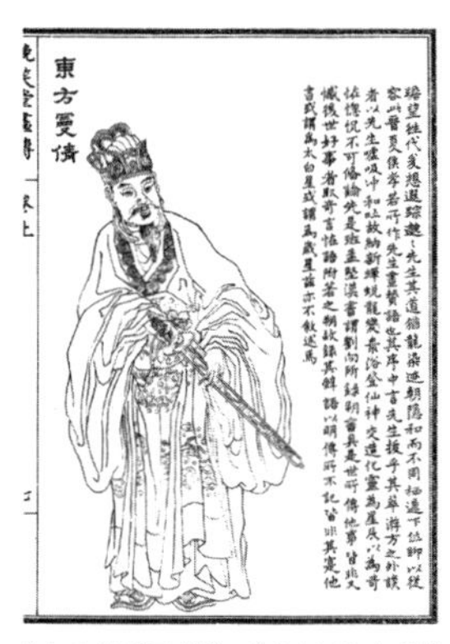

〈東方朔(曼倩)〉《晚笑堂畫傳》

318

'수실'受室이란 아내를 맞아들이는 것이요, '납총'納寵이란 남이 첩을 들인
것을 두고 하는 말이다.

「受室卽是娶妻, 納寵謂人娶妾.」

【受室】고대 嫡妻만을 室이라 하였음.(《左傳》桓公 6년)
【納寵】첩을 맞아들이는 것. 아내와 달리 부모의 허락 없이 맞아들일 수
있었다 함.(《四賢記》開演)

319

정처를 일러 '적'嫡이라 하고, 여러 첩을 '서'庶라 한다.

「正妻謂之嫡, 衆妾謂之庶.」

【嫡】'대등하다(敵)', 혹은 '正'의 뜻을 가지고 있음.《釋名》釋親屬에 "妻者,
齊也. 與夫敵體也"라 함.
【庶】'旁支, 여럿, 무리, 일반'의 뜻을 가지고 있음.《爾雅》釋親에 "長婦爲敵
婦, 衆婦爲庶婦"라 함.

320

남의 처를 칭하여 '존부인'尊夫人이라 하고, 남의 첩을 칭하여 '여부인'
如夫人이라 한다.

「稱人妻曰尊夫人, 稱人妾曰如夫人.」

【如夫人】원래 '부인과 같다'는 말.《左傳》僖公 17년에 "齊侯好內, 多內寵, 內嬖如夫人者六人"이라 함.

321

'결발'結髮은 초혼을 말하는 것이요, '속현'續弦은 재취를 말하는 것이다.

「結髮, 係是初婚; 續弦, 乃是再娶.」

【結髮】성례를 치른 날 저녁에 남자는 왼쪽으로 여자는 오른쪽으로 머리를 묶어 부부가 되었다는 뜻의 예를 올림. 이를 '결발'이라 하며 흔히 原配夫人을 뜻함. 蘇武의 시에 "結髮爲夫婦, 恩義兩不疑"라 함.
【續弦】續絃으로도 쓰며 거문고의 줄(혹은 활줄)이 끊어져 다시 잇는다는 뜻. 이에 따라 喪妻를 '斷弦'이라 함.《通俗編》婦女 續弦에 "今俗謂喪妻曰斷弦, 再娶曰續弦"이라 함. 한편 추성맥 주에《漢書》를 인용하여 "武帝令鉤弋夫人趙氏彈琴, 弦忽斷. 趙氏泣曰: '斷弦者, 凶兆.' 帝曰: '可續.' 以外國所進鸞血作膠續之"라 함.

322

부인이 거듭 결혼하는 것을 '재초'再醮라 하고,
남자로서 짝이 없는 것을 '환거'鰥居라 한다.

「婦人重婚, 曰再醮;
　男子無偶, 曰鰥居.」

【再醮】 고대 결혼식에서 부모가 신랑신부에게 술을 주는 의식을 '초(醮)'라 함.
이에 따라 남녀 모두 재취나 중혼을 '재초'라 함.(《孔子家語》本命解)
【鰥居】 鰥은 물고기는 눈을 감을 수 없어 늘 뜨고 자는 것처럼 아내가 없어
고통을 받는 것이라 함.(北里志, 附錄 鄭合敬先輩)《孟子》梁惠王(下)에 "老而
無妻曰鰥; 老而無夫曰寡; 老而無子曰獨; 幼而無父曰孤"라 함.

323

슬금瑟琴을 연주함과 같다 함은 부부가 잘 어울림을 말한 것이요,
금슬이 조화를 이루지 못함은 부부가 반목함을 말한 것이다.

「如鼓瑟琴, 夫婦好合之謂;
　琴瑟不調, 夫妻反目之謂.」

【瑟琴】 琴瑟과 같음. 부부를 상징하는 말.《詩經》小雅 常棣에 "妻子好合,
如鼓瑟琴"이라 한 데서 비롯됨.
【反目】《周易》小畜에 "夫妻反目, 不能正室也"라 함.

324

'암탉이 새벽을 지킨다'牝雞司晨는 것은 부인이 일을 주관함을 비유한 것이요,

'하동의 사자후'河東獅吼란 남자가 아내를 두려워함을 기롱한 것이다.

「牝雞司晨, 比婦人之主事;
　河東獅吼, 譏男子之畏妻.」

【牝雞司晨】'암탉이 새벽을 지키다'의 뜻. 《書經》 牧誓에 "牝鷄無晨, 牝鷄之晨, 惟家之索"이라 함.

【河東獅吼】河東은 柳氏를 지칭하는 말(柳氏의 貫籍이 河東이었음. 柳宗元을 柳河東이라 부름). 여기서는 당나라 陳慥의 아내가 유씨였으므로 칭한 말. 獅吼는 獅子吼. 즉 불교에서 부처가 설법을 하는 위엄을 뜻함. 당대 陳慥(自稱 龍丘居士)라는 사람은 불교를 화제로 토론하기를 좋아하였으므로 蘇東坡가 이 말을 시에 사용한 것임. 진조는 빈객을 불러들이기를 좋아하였고 게다가 이들을 위해 많은 聲妓(노래하는 기생)도 두었더니, 그 아내 유씨가 질투가 많아 손님들이 올 때마다 아내의 꾸짖음과 질투의 싸움소리만을 듣게 되었다 함. 이에 宋代 蘇軾이 "龍丘居士亦可憐, 談空說有夜不眠, 忽聞 河東獅子吼, 拄杖落手心茫然"이라는 시를 지음.(洪邁 《容齋隨筆》 권3)

325

아내를 죽여 장군자리를 얻은 것은 오기吳起가 한 짓으로 어찌 그토록 잔인한 마음이었을까?

배를 익히지 않았다고 아내를 내쫓았으니 이는 증자曾子가 효도를
온전히 하려는 뜻이었다.

「殺妻求將, 吳起何其忍心;
　蒸梨出妻, 曾子善全孝道.」

【吳起】戰國시대 吳起가 齊나라에서 魯나라를
칠 것을 주장하면서 자신이 장군직을 맡겠다
고 했지만 마침 오기의 처가 魯나라 사람이라
는 것을 이유로 제나라 조정이 머뭇거리자 오
기는 아내를 죽여 영향을 미치지 않을 것임
을 보였음. 이에 따라 자신의 영달을 위해
수단을 가리지 않는다는 뜻으로 '殺妻求將'
이라는 말이 생김.(《史記》孫子吳起列傳)

〈吳起〉

【曾子】증삼의 아내가 시어머니에게 제대로 익히지 않은 배를 드리자 이를
안 증자가 아내를 내쫓아 버림.《孔子家語》七十二弟子解에 "參後母遇之
無恩, 而供養不衰, 及其妻以藜烝不熟, 因出之. 人曰: '非七出也.' 參曰: '藜烝,
小物耳, 吾欲使熟而不用吾命, 況大事乎?' 逐出之, 終身不取妻, 其子元請焉,
告其子曰: '高宗以後妻殺孝己, 尹吉甫以後妻放伯奇, 吾上不及高宗, 中不比
吉甫, 庸知其得免於非乎?'"라 함.

326

장창張敞은 아내를 위해 눈썹을 그렸다 하니 아름답게 보이려는 태도가
가히 웃을 만하고,

동씨董氏는 남편에게 베로 머리를 묶도록 하여 정절을 지켰으니 자랑할 만하도다.

「張敞爲妻畫眉, 媚態可哂;
　董氏對夫封髮, 貞節堪誇.」

【張敞】 장창은 아내와 정분이 두터워서 아내를 위해 눈썹을 그려 화장을 해주자 아내가 정에 겨워 나무랐다 함. 이에 부부간의 아름다운 정을 '畫眉'라 함.(《漢書》張敞傳)

【董氏】 唐代 賈直言이 嶺南으로 유배를 가면서 아내 董氏에게 "지금 떠나고 나면 생사를 기약할 수 없으니 다른 곳으로 시집을 가라"(生死不可期, 吾去, 汝可嫁)고 하자 아내는 끈과 베로 자신의 머리를 묶은 다음 "그대 손이 아니면 풀지 않으리"(非君手不解)라 쓰도록 함. 20년 후 그가 돌아왔을 때 아내는 약속을 지키고 있었으며 이를 벗기고 머리를 감기자 머리카락이 모두 빠졌다 함.(《新唐書》列女 賈直言妻董傳)

〈張敞畫眉〉

327

기읍冀邑의 각결郤缺 부부는 서로 존경함이 마치 손님 대하듯 깍듯하였고,

진중자陳仲子 부부는 남의 정원에 물을 주는 일을 하면서 그 힘으로 먹고사는 것으로 만족하였다.

「冀郤缺夫妻, 相敬如賓;
　陳仲子夫婦, 灌園食力.」

【冀郤缺】 춘추시대 晉나라 臼季가 다른 나라에 사신으로 가다가 冀邑을
지나게 되었다. 그때 마침 들에서 일하던 郤缺이라는 자는 그 아내가 밥을
날라 왔는데 서로의 태도가 마치 손님 대하듯 깍듯이 예를 다하는 것을
보고 이를 晉文公에게 추천하여 大夫로 삼았다 함.(《左傳》僖公 33년)
【陳仲子】 춘추시대 제나라 사람. 어느 날 초왕이 많은 예물로 그를 재상으로
삼고자 사신을 보내자 아내와 함께 먼 곳으로 가서 남의 정원에 물을 주는
일을 하면서 종신토록 숨어살았다 함.(《列女傳》齊靈仲子)

328

'조강糟糠의 아내를 버리지 못한다'함은 송홍宋弘이 광무제光武帝에게
대답한 말이며,
　'눈썹높이까지 밥상을 들고 지아비를 공경한 것'은 양홍梁鴻의 배필
맹광孟光의 어짊이었다.

「不棄糟糠, 宋弘回光武之語;
　擧案齊眉, 梁鴻配孟光之賢.」

【糟糠】 등겨와 술지게미. 부부가 가난을 겪어냄을 뜻함. 後漢 光武帝의 누이
湖陽公主가 과부가 되자 광무제가 군신들과 상의하여 공주의 의도를 묻자
공주가 "宋弘 정도라면 좋겠다"고 말하였다. 이에 병풍 뒤에서 지켜보도록

한 후 송홍을 불러 "富易交, 貴易妻, 人情乎?"라 넌지시 묻자 송홍은 대뜸 "貧賤之交不可忘, 糟糠之妻不下堂"이라 하였다 한다.(《後漢書》 宋弘傳)

【齊眉】밥상을 눈썹 높이까지 들고 남편을 모심. 後漢 때 孟光이라는 여자는 못생겼으나 덕행이 뛰어났으며 서른이 되도록 시집을 가지 않았음. 아버지가 묻자 가난한 梁鴻이라는 사내를 지칭하여 그에게 시집을 보냄. 양홍은 가난하여 남의 방아를 찧어주는 일을 생업으로 삼았으나 맹광은 자신의 남편에게 밥상을 올릴 때는 눈썹 높이까지 들고 공경을 다하였다 함.(《後漢書》 梁鴻傳, 316, 441, 444, 983 참조)

329

소혜蘇蕙는 비단에 회문시廻文詩를 지어 멀리 남편에게 보냈고, 낙창공주樂昌公主는 거울을 반으로 쪼개어 가졌으니 이는 부부가 생이별함이요,
　장첨張瞻이 확에 밥을 짓는 꿈을 꾸었고, 장자는 분盆을 두드리며 노래를 불렀으니 이는 부부의 사별을 말한 것이다.

> 「蘇蕙織廻文, 樂昌分破鏡, 是夫婦之生離;
> 　張瞻炊白夢, 莊子鼓盆歌, 是夫婦之死別.」

【蘇蕙】晉나라 때 竇滔라는 자가 襄陽으로 부임해가면서 첩만 데려가고 소식을 끊자 아내 蘇蕙(자는 若蘭)가 남편을 그리워하는 시를 비단에 적에 보냄. 내용이 매우 아름다우며 무려 840자, 縱橫首尾 어느 곳으로 읽어도 200여 수의 시가 되는 '回文詩'임.(《晉書》 列女 竇滔妻蘇氏傳)

【破鏡】남조 때 徐德言은 樂昌公主(陳 後主의 여동생)를 아내로 맞았다. 그런데 나라가 망하는 것을 보고 "國破汝必入豪家, 倘情分未斷, 尙冀相見乎?"라 하면서 가지고 있던 거울을 반으로 깨어 나중에 정월 보름날(元宵節) 모처에서

다시 만나면 증거로 삼자고 약속을 하고 헤어짐. 천신만고 끝에 이들은 다시 만나 옛정을 이루었다 함.(孟棨《本事詩》情感) 그 뒤 부부가 어쩔 수 없이 헤어짐을 '破鏡'이라 하며 헤어졌던 부부가 다시 합하는 것을 '破鏡重圓'이라 함. 오늘날의 '파경'과는 다름. 그러나 '흉한 짐승이름'(破獍)이라고도 함.(《漢書》郊祀志,《顔氏家訓》文章篇)

【張瞻】 옛날 張瞻이라는 사람이 행상을 나섰다가 확(절구, 臼)으로 밥을 짓는 꿈을 꾸어 이를 해몽자에게 묻자 이것은 솥(釜)이 없다는 뜻으로 釜는 婦와 음이 같아 아내를 잃을 것(君歸不見妻矣. 臼中炊, 無釜也. 釜與婦同音)이라 함. 이에 급히 집으로 돌아와 보았더니 아내가 죽었더라 함.(《酉陽雜俎》前集 夢)

【鼓盆】 莊子의 아내가 죽어 惠施가 문상을 갔더니 장자는 분(盆, 질그릇)을 두드리며 노래를 부르고 있었다 함. 이로써 '鼓盆'은 喪妻를 대신하는 말로 쓰임.(《莊子》至樂)

330

한나라 포선鮑宣의 아내는 물동이를 이고 즉시 물 길러 나섰으니 아름다운 순종의 도를 보여준 것이요,

제나라 안자晏子의 마부 아내는 문틈으로 남편을 보고 격려시켰으니 내조의 현명함이라 칭할 만하다.

「鮑宣之妻, 提甕出汲, 雅得順從之道;
　齊御之妻, 窺御激夫, 可稱內助之賢.」

【鮑宣】 漢나라 때 鮑宣은 집이 무척 가난하였지만 그의 선생님이 그가 재능이 있음을 알아보고 딸(桓少君)을 주어 사위로 삼으면서 혼례에 많은 재물을

실어보냈음. 이에 포선은 "汝父富家, 吾貧賤不敢當"이라 하자 환소군은 즉시
거친 베옷으로 갈아입고 함께 鹿車(아주 작은 수레)를 밀고 포선의 집으로
향함. 집에 닿자 시부모에게 婦道의 예를 마친 후 즉시 물동이를 이고 물을
길어 왔다 함.(《後漢書》列女傳)

【齊御之妻】晏子가 제나라 재상일 때 그 마부의 아내가 문틈으로 남편이
신분에 맞지 않게 의기양양해하는 것을 보고 돌아온 후 헤어질 것을 요구
하면서 바로잡아 주자 이를 알게 된 안자가 추천하여 大夫로 삼았다 함.
(《史記》管晏列傳,《晏子春秋》)

331

탓할 만한 사람은 주매신朱買臣의 아내이니 가난을 참지 못해 떠나갔지만
엎질러진 물 다시 담기 어려움을 생각지 못하였다.

추하기는 사마상여司馬相如의 아내이니 한밤중에 도망하였지만 그래도
거문고의 뜻을 알아차렸도다.

「可怪者買臣之妻, 因貧求去, 不思覆水難收;
　可醜者相如之妻, 夤夜私奔, 但識絲桐有意.」

【買臣之妻】漢代 朱買臣은 자기가 미처 현달하기 전에 아내가 가난을 견디지
못하여 그만 떠나고 말았다. 뒤에 주매신이 성공하여 會稽郡守가 되고 어느
날 순시 중에 그 남편이 아내를 보게 되었다. 불쌍히 여겨 太守府에 와서
살도록 하였으나 그 아내는 목을 매어 자살하고 말았다. 그러나 뒷사람들은
주매신이 성공한 후 아내가 다시 합칠 것을 청하자 "엎질러진 물을 다시
주워담을 수 없다"(覆水難收) 하며 거절했다고 함.(《漢書》朱買臣傳)

【相如之妻】漢代 司馬相如는 젊은 시절에 부잣집 악기 연주로 생활을 하였다. 그가 臨邛의 부자 卓王孫의 집에 갔을 때 〈鳳求鳳〉(사랑을 구하는 내용)이라는 곡조에 반한 부자의 딸 卓文君이 사마상여와 함께 도주하여 成都에서 술집을 열었다. 이에 그의 아버지가 부끄럽게 여겨 도움을 주었으며 뒤에 그는 子虛賦 上林賦 등을 지어 武帝에게 사랑을 받았고 한대 제일의 辭賦 작가로 성공하게 되었음.(《史記》司馬相如列傳, 621 참조) 본문의 '賮夜'는 한밤중을 뜻하며, '絲桐'은 거문고. 사마상여가 〈鳳求鳳〉을 연주한 것을 가리킴.

332

수신修身을 하고 나서 제가齊家를 알려고 하라. 지아비가 의로우면 아내는 자연히 순종하게 된다.

「要知身修而後家齊, 夫義自然婦順.」

【身修家齊】修身齊家와 같음. 《대학》에 "欲齊其家者, 先修其身"이라 함.

▶ 增文

333

《시詩》에는 '해로'偕老라는 말이 있고, 《역易》에는 '가인'家人이라는 말
이 기록되어 있다.

「詩稱偕老, 易著家人.」

【偕老】 부부가 탈 없이 함께 늙음. 《詩經》 鄭風 女曰鷄鳴에 "宜言音註, 與子
　偕老"라 하였으며 邶風 擊鼓에는 "死生契闊, 與子成說. 執子之手, 與子偕老"
　라 하는 등 많은 구절이 있음.
【家人】《주역》家人卦에 "象曰: 風自火出, 家人"이라 하고 孔穎達의 疏에
　"火出之初, 因風方熾; 火旣熾盛, 還復生風. 內外相成, 有似家人之義"라 함.

334

벽에 구멍을 내어 손님을 훔쳐본 여자도 있고, 혹 베틀의 짜던 베를
끊고 학문을 격려한 아내도 있다.

「或穿墉以窺賓, 或斷機而勖學.」

【窺賓】 죽림칠현 중 山濤가 嵇康, 阮籍과 집안에서 술을 마시며 함께 자게
　되었을 때 산도의 아내가 담장의 구멍으로 이들의 행동을 지켜본 후 남편

에게 "그대는 저들만 못하니 더욱 흉금을 터놓고 사귈 것"을 권유함.《世說
新語》賢媛篇에 "山公與嵇阮一面, 契若金蘭. 山妻韓氏, 覺公與二人異於常交,
問公. 公曰: '我當年可以爲友者, 唯此二生耳!' 妻曰: '負羈之妻, 亦親觀狐趙;
意欲窺之, 可乎?' 他日, 二人來, 妻勸公止之宿, 具酒肉, 夜穿墉以視之, 達旦
忘反. 公入, 曰: '二人何如?' 妻曰: '君才殊不如, 正當以識度相友耳.' 公曰: '伊輩
亦常以我度爲勝.'"라 함.

【斷機】맹자의 어머니가 학업을 중단하고 돌아온 맹자를 깨우치기 위하여
짜던 베를 끊은 이야기로 이 이야기는 매우 널리 알려져 있음. '斷機之敎',
'孟母斷機' 등의 성어를 낳음.(《列女傳》鄒孟軻母) 그러나 여기서는 부부
사이를 뜻하는 것으로 보아 漢나라 樂羊子의 처에 관련된 고사로 보임.
악양자의 처가 역시 짜던 베를 끊으며 남편의 학업을 권유하여 뒤에 장군
으로 성공시켰다고 함.(《後漢書》樂羊子妻傳)

335

가대부賈大夫가 꿩을 쏘아 잡자 그제야 아내가 웃었다니 부부의 정이
아직 즐거웠던 것이 아니요,
백리해百里奚는 아내가 암탉을 잡아 주었으면서 어찌 만나지 못함을
혐의하는고?

「賈大夫之射雉, 未足歡娛;
　百里奚之烹雌, 何嫌寂寞?」

【賈大夫】춘추시대 賈大夫는 매우 못생겨 아내를 맞았을 때 아내는 불만을
품고 웃지도 않고 말도 하지 않았음. 어느 날 함께 수레를 타고 나갔을 때
가대부가 마침 날아가는 꿩을 활로 쏘아 잡자 그제야 웃기 시작하였다 함.

《左傳》昭公 28년에 "昔賈大夫惡, 娶妻而美, 三年不言不笑. 御以如皐, 射雉,
獲之, 其妻始笑而言. 賈大夫曰: '才之不可以已. 我不能射, 女遂不言不笑夫!'
今子少不颺, 子若無言, 吾幾失子矣. 言之不可以已也如是! 遂如故知"라 함.
(549 참조)

【百里奚】춘추시대 秦나라 穆公 때의 재상. 다섯 마리 양가죽 값으로 진나라
목공에게 팔려가서 재상이 되었다고 하여 '五羔大夫'로 불림. 그가 젊은 시절
가족이 이산하여 소식을 몰랐다가 뒤에 재상이 되어 어느 날 손님 중에
자신이 아는 남의 빨래로 살아가는 여인이 "백리해여, 다섯 마리 양가죽에
팔려갔지. 헤어질 때 암탉을 잡아 주었고 대문 빗장을 떼어 밥을 지어 주었네.
지금 그대는 부귀해졌다고 어찌 나를 잊고 있단 말인가?"(百里奚, 五羊皮.
臨別時, 烹伏雌, 吹扊扅. 今富貴, 忘我爲)라는 노래를 부른다는 이야기를 듣고
자신의 아내와 가족을 찾았다고 함.(《能改齋漫錄》炊扊扅,《風俗通》, 920 참조)

336

여전히 옛 칼을 찾겠다고 한 것은 한나라 선제가 허후許后와 오랜 정분을
잊지 않은 것이요,
　갑자기 새 옷을 입도록 한 것은 환충桓沖의 지나친 고집을 아내가 하루
아침에 고쳐준 것이다.

「仍求故劍, 宣帝不忘許后於多年;
　忽著新衣, 桓沖頓化成心於一旦.」

【許后】漢 宣帝(劉洵)는 戾太子의 아들로 巫蠱의 亂에 휩쓸려 민간에서 성장
하였으며 뒤에 소제가 죽고 나서 霍光의 힘으로 제위에 올랐음. 그가 민간에
묻혀 있을 때 이미 許廣漢의 딸을 아내로 맞았었으나 즉위 후 대신들이

곽광의 딸을 皇后로 삼을 것을 논하자 선제는 "求微時故劍"(옛 미천할 때
쓰던 칼을 찾는다)라는 조서를 내림. 이를 알아차린 대신들이 허씨를 황후로
삼았다 함.(《漢書》外戚傳上)
【桓沖】 동진 때 환충(328~384)은 새 옷으로 갈아입기를 지극히 싫어하였음.
어느 날 참다못한 아내가 목욕 후 일부러 새 옷을 바치자 크게 화를 내는
것을 보고 "새 옷을 입지 않으면 어찌 헌옷이라는 것이 생겨나겠소?"라
하여 깨우쳤다 함.《世說新語》賢媛에 "桓車騎不好箸新衣, 浴後, 婦故送新
衣與; 車騎大怒, 催使持去. 婦更持還, 傳語云: '衣不經新, 何由而故?' 桓公
大笑, 箸之"라 함.(611 참조)

337

　오은지吳隱之는 훌륭한 아내를 만났으니 직접 땔감을 지고 다니는 것이
어찌 부끄러웠겠으며,
　사마의司馬懿의 아내는 어질어 직접 부엌일을 맡아 아궁이에 불을 때는
일을 마다하지 않았다.

「吳隱之得淑女, 奚惜負薪;
　司馬懿有賢妻, 勿辭執爨.」

【吳隱之】 晉나라 오은지는 晉陵太守였음에도 아내는 스스로 땔감을 져
　날랐고 다시 左衛將軍까지 올랐을 때도 아내는 스스로 빨래를 해 입었으며
　겨울에는 솜옷도 없이 살았다 함.(《晉書》良吏 吳隱之傳)
【司馬懿】 司馬仲達(179~251). 삼국 魏나라의 중신. 그가 한때 병을 핑계로
　사직하고 집에 있을 때 마침 폭우가 쏟아지자 널려 있던 빨래를 직접 모두
　거두어들임. 여종이 이를 본 것을 안 그의 아내가 여종을 죽여 그런 사실이

밖에 나가지 못하게 하면서 부엌일을 직접 하였다 함.(《晉書》宣穆張皇后傳)
그의 손자 司馬炎이 뒤에 晉나라를 세우고 조부 사마의를 宣帝로 추존함.

338

죽을 각오를 한 병사를 모아 적을 물리친 것으로 이간李侃의 아내
양씨楊氏의 견결함만 한 이가 누가 있겠으며,
　몇몇 기마병만으로 포위를 뚫고 남편을 구출해낸 여자로 유하劉遐의
처 소희邵姬의 용맹한 나섬만 한 경우가 있겠는가?

「募死士以拒敵, 誰同楊氏之堅持;
　提數騎以拔圍, 孰比邵姬之勇往.」

【楊氏】唐나라 德宗 때 叛軍 李希烈이 項城을 공격하자 그곳 현령 李侃이
자신의 성이 너무 작아 버틸 수 없을 것이라 여겨 미리 도망하고자 함. 이에
그의 처 楊氏가 이를 말리면서 장사들을 모아 지켜냈다 함.(《新唐書》列女傳)
【邵姬】西晉 劉遐의 처는 邵續의 딸로서 아버지를 닮아 俠氣가 있었다. 남편이
石崇에게 포위되자 즉시 몇몇 기마를 이끌고 수만에 이르는 무리를 헤치고
들어가 남편을 구출해 냈다고 함.(《晉書》劉遐傳)

339

이익李益은 의처증이 심하여 방비할 계획으로 항상 문 앞에 식은 재를
뿌려 드나드는 사람을 점검하였고,

양지견楊志堅은 헤어지자는 아내에게 시를 주어 보내면서 마음대로
새로운 신랑에게 가라고 읊었다.

「李益設防妻之計, 常撤冷灰;
　志堅撝送婦之詞, 任撩新髮.」

【李益】 당나라 李益은 의처증이 너무 심하여 항상 문 앞에 재를 뿌려놓고
누가 드나들었는가를 점검하여 당시 사람들이 '妬癡'라 불렀다 함.(《新唐書》
李益傳)
【志堅】 唐나라 楊志堅이라는 사람은 집이 너무 가난하여 그의 아내가 헤어
　지면서 증거가 될 시를 한 수 지어달라고 하자 "金釵任意撩新髮, 鸞鏡
　從他別畫眉. 此去便同行路客, 相逢卽是下山時"라 지어주었음. 이를 가지고
　州刺史 顔魯公에게 가서 증거로 제시하며 이혼을 허락해 달라고 하자 공은
　태장 20대를 치며 임의로 개가해도 좋다고 함. 이에 양지견은 그 여인에게
　곡식과 비단을 주면서 서명을 하고 자신은 군대에 입대하였음. 당시 이야기를
　전해 들은 사람들은 모두 잘한 일이라 여겼다 함.(《雲溪友議》) '新髮'은 새롭게
　結髮하여 비녀를 사용하라는 뜻. 改嫁를 뜻함.

340

진실로 예기 내칙內則의 내용에 부끄럽지 않도록 하고, 집안에서 밥을
짓는 임무를 잘 한다는 말을 듣도록 하라.

「苟內則之無忝, 自中饋之稱能.」

【內則】《禮記》의 편명. 부녀자의 행동규범과 가정 생활에 대한 내용으로 되어
 있음. '忝'은 '부끄럽다'의 뜻.
【中饋】여자가 집안에서 밥을 짓는 임무.《周易》家人에 "無攸遂, 在中饋,
 貞吉"이라 함.

⊛ 참고

〈夫婦〉편 '續增' 4聯

○「男女有相感之義, 夫婦爲一體之親.」

○「樂而不淫, 關雎正國風之始;
　　甘與同夢, 鳴鷄傳戒旦之詩.」

○「前耕後鋤, 陶靖節得妻同志;
　　脫鞋易履, 程鵬擧因婦成名.」

○「汪冷妻抗義辭金, 與夫偕隱;
　　沈夫人血書求救, 爲夫解圍.」

10. 숙질 叔姪

※ 본 장은 삼촌과 조카, 즉 숙질간의 아름다운 관계를 강조하였으며, 아울러 역사 속에 알려진 이들의 일화와 고사를 모아 설명하고 있다.(총 12연)

〈宴樂圖〉甘肅 嘉峪關 戈壁灘 魏晉 1호묘 磚畫

341

‘제부’諸父라 하고 ‘아부’亞父라 하는 것은 모두가 ‘숙부’나 ‘백부’의 항렬을 말하며,
‘유자’猶子라 하고 ‘비아’比兒라 함은 모두가 조카를 두고 칭하는 것이다.

「曰諸父, 曰亞父, 皆叔伯之輩;
　曰猶子, 曰比兒, 俱姪兒之稱.」

【亞父】아버지에 버금간다는 뜻. 項羽가 范增을 이렇게 불렀음.(《史記》項羽
　本紀)
【猶子】아들과 같다는 뜻.《禮記》檀弓에 “兄弟之子, 猶子也”라 함.
【比兒】조카를 가리킴. 생김이 아버지 어머니와 같다는 뜻. 李漁의《蜃中樓》
　에 “常語道: 比兒猶子類椿萱”이라 함.

342

‘아대’阿大, ‘중랑’中郞은 사도온謝道韞이 숙부를 아름답게 칭한 말이며,
우리 집 용마龍馬라는 것은 양소楊素가 조카를 아름답게 칭찬한 말이다.

「阿大中郞, 道韞雅稱叔父;
　吾家龍文, 楊素比美姪兒.」

【道韞】謝道韞을 가리킴. 東晉 시대 謝奕의 딸이며 王凝之의 아내로 詩賦와
  玄談을 잘 한 걸출한 여인으로 그는 숙부를 阿大, 中郎이라 불렀음.(《晉書》
  列女傳)
【楊素】北齊 때 楊愔이 어려서 매우 총명하여 그의 삼촌(사촌 형) 楊昱이
  "此兒乳牙未落, 已是吾家龍文, 十年後, 當求之千里之外"라 함(《北史》楊愔傳)
  '龍文'은 '龍馬'와 같음.

343

오의항烏衣巷이 여러 낭군이란 강동에서 왕씨 집안과 사씨 집안의
자제를 칭하는 말이었으며,
  우리 집의 천리 말 망아지란 부견苻堅이 조카 부랑苻朗을 부러워한
말이다.

「烏衣諸郎君, 江東稱王·謝之子弟;
  吾家千里駒, 苻堅羨苻朗爲侄兒.」

【烏衣】검은 색 옷. 六朝 시대의 權門이었던 王氏들과 謝氏들은 江東(建康,
  지금의 南京)의 한 곳에 살았다. 그들은 모두 화려한 검은 비단옷을 입어
  그들이 사는 거리를 '烏衣巷'이라 불렀으며 그들 자제를 '烏衣諸郎'이라 하였음.
  당시 이 두 가문은 대단하였으니, 王敦, 王導 등과 謝安, 謝玄 등 재상과 장군
  들이 모두 이 집안에서 배출되었음.(《世說新語》,《晉書》,《南史》 등 참조)
  江東은 지금의 남경 지역을 중심으로 한 南朝를 일컫는 말.
【苻堅】十六國 당시 前秦의 황제. 그는 당형의 아들 苻朗을 "吾家千里駒也"라
  하였음.(《晉書》苻朗傳) '駒'는 잘 달리는 건장하고 어린 말을 뜻함.

344

‘죽림’竹林은 숙질간의 칭함이요,
‘난옥’蘭玉은 자질간에 자랑함이다.

「竹林, 叔侄之稱;
　蘭玉, 子侄之譽.」

【竹林】晉나라 때 竹林七賢 중에 阮籍과 阮咸은 숙질간이었지만 서로 격의
없이 지냈음.(《世說新語》任誕)
【蘭玉】‘芝蘭玉樹’의 줄인 말. 이는 東晉 때 謝玄이 숙부 謝安에게 한 말.
(《晉書》謝安傳)

345

조카를 살리고 아들을 버렸으나 백도伯道의 후손 없음이 안타깝고,
　숙부를 아버지처럼 모신 유공작柳公綽은 관직이 높았으니 그를 부럽게
여긴다.

「存侄棄兒, 悲伯道之無後;
　視叔猶父, 羨公綽之居官.」

【伯道】晉나라 때 鄧攸(자가 伯道). 그는 난리가 일어나자 아들과 조카를 함께
　데리고 다녔는데 어쩔 수 없어 결국 아들을 포기하고 조카를 살려냄. 뒤에
　그의 아내가 더 이상 아이를 낳지 못해 대가 끊어졌음.《世說新語》賞譽에
　"謝太傅重鄧僕射, 常言: '天地無知, 使伯道無兒!'"라 함.
【公綽】당대 柳公綽(765~832). 그는 높은 관직이었음에도 평소 숙부를 아버지
　처럼 모셔 '視叔如父'라는 말을 들었다. 그가 죽고 난 다음 공작의 아들 仲郢
　역시 아버지가 한 대로 모셨다고 함.(新舊《唐書》柳公綽傳)

346

　노매盧邁는 아들이 없사 자신이 죽은 후 조카가 뒷일을 치리할 것이라
하였고,
　장범張範은 도적에게 아들과 조카가 잡혀가자 아들 대신 조카를 살려
달라고 하여 모두 살려냈다.

「盧邁無兒, 以侄而主身之後;
　張範遇賊, 以子而代侄之生.」

【盧邁】唐나라 때 中書侍郎을 지낸 인물로 두 번 장가를 들었으나 후사가
　없어 다른 사람이 다시 첩을 들일 것을 권하자 "조카가 있으면 됐다. 조카는
　아들과 같다. 그에게 뒷일을 맡기면 된다"(兄弟之子, 猶子也, 可以主後)라
　하였다 함.(《新唐書》盧邁傳)
【張範】삼국시대 위나라 사람. 장범은 아들과 조카가 도적에 잡혀가자 살려
　달라고 애걸하였다. 도적이 아들만 보내겠다고 하자 "아들 대신 조카를
　살려달라"(吾憐侄小, 請以子代之)고 하여 적이 감동, 둘 모두를 풀어주었다고
　함.(《三國志》魏志 張範傳)

▶ 增文

347

사밀謝密은 숙부가 이미 아름다운 인물이 될 것이라 칭찬하였고, 유유
劉孺는 삼촌이 집안의 명주라 부를 만하다고 하였다.

「謝密能成佳器, 劉孺可號明珠.」

【謝密】東晉 시대 인물로 자는 弘微. 그는 어려서 아주 신중하여 이를 본 숙부
謝混이 "이 아이는 뒤에 큰 인물이 될 것이다. 이런 아들 하나 있었으면
족하겠다"(此兒深中夙敏, 必成佳器, 有子如此, 足矣)라 칭찬함.(《南史》謝弘微傳)
【劉孺】南朝 梁나리 시대 인물로 7세 때 이미 글을 지었음. 이를 본 숙부
劉瑨이 친구들에게 항상 "이 아이는 우리 집안의 명주"(此兒吾家明珠也)라고
자랑했다 함.(《南史》劉孺傳)

348

어떤 조카는 〈범호도泛湖圖〉를 숙부에게 바치고, 어떤 조카는 초은사
招隱寺보다 숙부 집 대청이 더 아름답다고 하였다.

「或獻泛湖之圖, 或稱招隱之寺.」

【泛湖圖】春秋 말기 范蠡(905, 922 참조)가 호수에 배를 띄워 놓고 노는
모습을 그린 그림. 陳恭公이 생일을 맞자 친척들이 모두 〈壽星圖〉를 바쳤
으나 조카 世修만은 〈范蠡游五湖圖〉를 그려 바쳤다 함.(《倦游錄》)

【招隱寺】원래 杭州에 있는 절 이름. 唐代 李約이 숙부 李錡와 한담하면서
숙부가 초은사 모습을 자랑하고는 "초은사와 도성 안이 어떻게 다른가?"
라고 묻자 "저는 많은 곳을 구경하지 못했지만 아무리 좋다 해도 숙부님의
집 대청만은 못할 것입니다"(約所賞疏野耳, 若遠山將翠幕遮, 古松用彩幅裡,
腥鱔浣鹿, 跑泉音樂, 亂山鳥聲, 實不如在叔父大廳也)라고 하여 숙부에게 기쁨을
주었다 함.(《因話錄》)

349

    육납陸納은 좋은 음식을 재상에게 대접하는 조카를 소박한 가풍을
허물었다 꾸짖었고,
    양위楊暐는 구리 쟁반에 좋은 음식을 담아 조카에게 주면서 여러 조카
들보다 더욱 그를 아꼈다.

「陸家精飯, 有損素風;
  楊氏銅盤, 獨逾諸子.」

【陸家】東晉 때 재상 謝安이 陸納의 집을 방문했을 때 육납의 조카가 훌륭한
음식으로 사안을 대접하면서 매우 명랑한 것을 보고 육납이 도리어 "우리
집안의 소박한 가풍을 어지럽히며 너무 좋은 음식을 마련하다니"라고 하면서
곤장 40대를 쳤다 함.(《晉書》 陸納傳)

【楊氏】北齊의 楊愔은 어려서 재주가 있어 숙부 楊暐의 지극한 사랑을 받았다. 숙부는 심지어 그를 위해 竹林에 따로 집을 지어 그곳에서 공부하도록 마련해주고 좋은 음식을 구리 쟁반에 담아 날라주면서 다른 조카들이 본받아 학업에 정진토록 하였다고 한다.(《北史》楊愔傳)

350

사안謝安은 동산東山에 저택을 짓고 조카들을 위해 수백 금을 썼고, 완함阮咸은 숙부 완적阮籍에 비해 북쪽 가난한 동네에 살았다.

「謝安石東山之費, 阮仲容北都之貧.」

【謝安石】東晉 때 유명한 재상 謝安(전출)의 자가 安石이었음. 그는 會稽의 東山에 큰 저택을 지어 놓고 조카들을 불러 놀면서 맛있는 음식을 해 주느라 수백 금씩 썼다 함. 이에 다른 사람들이 비난했지만 전혀 개의치 않았다 함.(《晉書》謝安傳)

【阮仲容】竹林七賢의 한 사람인 阮咸. 阮籍의 조카로 자가 仲容이었으며 당시 阮氏 일족은 모두 거리 남쪽에 살아 부유하였으나 완함은 북쪽의 가난한 동네에 살았음.(《世說新語》任誕)

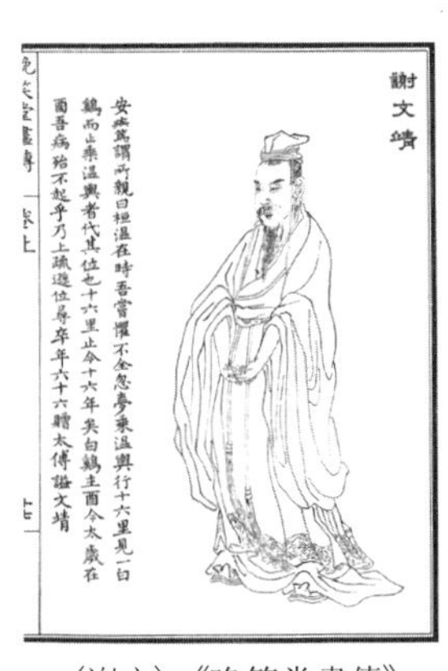

〈謝安〉《晚笑堂畵傳》

351

‘도독이 될 인물’이라 한 것은 왕혼王渾이 조카 왕준王浚의 재능을 미리 예견한 말이요,

‘네가 성공하지 못하면 우리 집안이 깨지리라’ 한 것은 종병宗炳이 조카 종각宗慤의 큰 뜻을 헤아린 말이다.

> 「可爲都督, 王渾預評猶子之詞;
>   必破吾門, 宗炳先料比兒之語.」

【王渾】晉나라 시절 왕혼의 조카 王浚(자가 彭祖)은 어릴 때 제대로 알려지지 않았지만 숙부 왕혼만은 동생 王深(왕준의 아버지) 등에게 "너희들은 왕준을 가볍게 보지 마라. 평시에는 방백 정도는 할 것이요, 전시에는 도독이나 삼공을 할 인물이다"(卿等莫輕彭祖, 此兒平世不減方州牧伯, 亂世可爲都督三公)라 칭찬함. 뒤에 과연 왕준은 幽冀都督에 오름.(《晉書》王渾傳, 王浚傳)

【宗炳】南朝 宋나라 때 인물(375~443). 종병이 조카 종각에게 장래 뜻을 물었을 때 "큰 바람을 타고 만리의 풍랑을 깨뜨리겠습니다"(願乘長風破萬里浪) 하자 종병이 "너 같은 재능으로 부귀를 누리지 못한다면 우리 집안이 깨지리라"(汝不富貴, 必破吾門) 하여 높이 보았다 함. 뒤에 과연 종각은 豫州, 雍州 등의 刺史를 지냄.(《宋書》宗慤傳)

352

아무리 조카라도 능력이 없으니 파 가게로 돌아가야 한다고 했고, 똑똑한 조카는 금도金刀를 가지고 삼촌을 찾아냈다.

「愚者宜歸蔥肆, 賢者得返金刀.」

【蔥肆】 파를 파는 채소가게. 南朝 梁나라 때 呂僧珍은 출신이 미천하여 파 장사를 하였으나 학업에 정진하여 벼슬길에 오름. 뒤에 조카가 벼슬자리를 부탁하자 그는 "너희들은 너희들대로 마땅한 분수가 있다. 어서 파 가게로 돌아가라"(汝等自有常分, 但當速歸蔥肆)고 꾸짖었다 함.(《梁書》 呂僧珍傳)

【金刀】 十六國의 前秦 苻堅이 前燕을 공격하여 慕容德의 아우 慕容垂의 여러 아들을 죽여 모용수만 멀리 피하여 만날 수가 없게 됨. 그 때 모용수의 조카 慕容超는 겨우 열 살이었는데 할머니 公孫氏가 임종에 金刀를 주면서 천하가 태평해지거든 숙부(모용수)를 찾아 이 칼을 보여주면 조카임을 알 것이라 유언함. 그는 거지 행세를 하며 모용수를 찾아 그 칼을 전해주어 숙질이 다시 만났다 함.(《晉書》 載記 慕容超傳)

〈叔姪〉편 ‘續增’4聯

○ 「兄弟之子, 謂同產子; 叔姪之親, 卽旁系親.」

○ 「王家叔半生隱德, 名士何痴;
　 鄧氏姪三載持喪, 伯道無憾.」

○ 「李密陳情, 悲無叔伯; 任瑰足智, 免爲保傭.」

○ 「事叔如事父, 施愚山輒肅衣冠;
　 尋叔如尋親, 李汝恢不辭跋涉.」

11. 사생 師生

✤ 본 장은 스승과 제자의 관계를 중심으로 하여 교육의 발생과 학문의 승계, 나아가 사제간에 얽힌 아름다운 일화와 고사를 제재로 하여 교육과 사제간 존경의 중요함을 설명하고 있다.(총 17연)

畫像石(漢) 〈講經圖〉

353

마융馬融은 붉은 장막을 치고 앞에는 생도들을 앉히고 뒤에는 여자 악대를
세워 놓고 가르쳤으며,
　공자는 행단杏壇에서 가르쳤는데 제자가 3천 명이었으며 그 중 뛰어난
현인은 70인이었다.

「馬融設絳帳, 前授生徒, 後列女樂;
　孔子居杏壇, 賢人七十, 弟子三千.」

【馬融】 東漢의 대학자(79~166). 항상 학생이 천여 명이었으며 鄭玄과 盧植
등이 그 문하였음. 그는 강의할 때 붉은 색 장막(絳帳)을 치고 앞에는 생도가
앉고 뒤에는 미인을 배치하여 노래와 음악을 연주하도록 하였다 함.《後漢書》
馬融傳). 뒤에 '設帳'은 가르치는 장소를 뜻하는 말로 쓰임.
【杏壇】 공자는 제자가 3천 인이었으며 그 가운데 뛰어난 제자가 70(혹 72)인
이었다 함.(《史記》 孔子世家, 仲尼弟子列傳.《孔子家語》 七十二弟子解) 공자는
늘 은행나무 아래에서 강학했다고 한다.《莊子》 漁父에 "孔子遊於緇帷之林,
休坐乎杏壇之上. 弟子讀書, 孔子絃歌鼓琴, 奏曲未半. 有漁父者, 下船而來,
須眉交白, 被髮揄袂, 行原以上, 距陸而止, 左手據膝, 右手持頤以聽."라 함.
한편 '행단'에 대하여 지금의 山東 曲阜 孔廟의 大成殿 앞의 나무를 지칭
하나 실제 이 나무는 宋 建興(1022년) 때 심은 것이라 함.(1318 참조)

354

배움터를 만들어 가르치는 것을 '설장'設帳, 혹은 '진탁'振鐸이라 하고,

자신이 배움터를 만들어 가르침을 겸손히 말할 때는 '호구'糊口, 혹
'설경'舌耕이라 한다.

「稱敎館曰設帳, 又曰振鐸;
　謙敎館曰糊口, 又曰舌耕.」

【振鐸】 고대 법령을 선포할 때 방울을 울려 이를 알렸으며 문사의 경우 목탁을,
　무사의 경우 금탁을 쳤다 함.(《周禮》夏官 大司馬)
【糊口】 직접 농사를 짓지 아니하고 가르치는 업으로만 먹을 것을 해결한다는
　뜻. 선생님(교사)을 가리킴. 원래 기식의 뜻.(《左傳》隱公 11년)
【舌耕】 입으로 농사를 짓는다는 뜻. 말로 남을 가르침을 뜻함. 王嘉《拾遺記》
　前漢(卜)에 "世所謂舌耕也"라 함.

355

스승을 '서빈'西賓이라 하고 스승의 자리를 '함장'函丈이라 하며, 배움을
'가숙'家塾이라 하고 배움의 값을 드림을 '속수'束脩라 한다.

「師曰西賓, 師席曰函丈, 學曰家塾, 學俸曰束脩.」

【西賓】 옛날 주인을 '東主', '東家'라 칭하여 동쪽이 주인이 거하는 장소로
　보았으며, 이들은 주로 재물을 대거나 후원하는 사람들이었다. 이에 그들의
　후원으로 제자를 모아 가르치는 선생님을 서쪽의 빈객이라는 뜻의 '서빈'
　이라 하였음.(《稱謂錄》師友)

【函丈】 고대에는 선생님이 앉는 자리(서쪽) 앞에 상자(函)를 두었으니, 이에
따라 선생님을 지칭하는 말이 되었다 함.《禮記》曲禮에 "若非飮食之客,
前布席, 席間函丈"이라 하였음.

【家塾】 개별적인 학교. 개인 선생님에게 배우는 학당을 뜻함.《禮記》學記에
"古之敎者: 家有塾, 黨有庠, 鄕有序, 國有學"이라 하여 塾, 庠, 序, 學으로 구분
하였음.

【束脩】 束脩는 '다듬어 말린 고기 묶음'을 뜻함. 선생님에게 배우고자 할 때
드리는 선물. 학비.《論語》述而篇에 "自行束脩以上, 吾未嘗無誨焉"이라 함.

356

'도리桃李가 그대 문하로다' 한 것은 제자가 많음을 칭하는 것이요,
 '밥상에 항상 목숙苜蓿 나물뿐이로다' 한 것은 선생님께 드리는 음식이
초라함을 말한 것이다.

「桃李在公門, 稱人弟子之多;
 苜蓿長蘭干, 奉師飮食之薄.」

【桃李】 선발되거나 추천된 인재, 혹은 가르쳐 이름을 날린 제자를 뜻함. 唐代
狄仁傑은 인재 선발에 뛰어난 안목이 있어 그가 추천한 桓彦, 范卒 등
모두가 뒤에 명신이 되었음. 이에 사람들이 그에게 "天下桃李, 盡在公門矣"
라 칭함.(《資治通鑑》唐測天皇后久視元年)

【苜蓿】 거여목. 개자리라는 풀. '豌豆'라고도 하며 豆科 식물. 옛날 선생님은
청빈하여 이를 나물로 먹었으며 뒤에 선생님을 지칭하는 말로 쓰였음. 唐
薛令之가 東宮侍講이 되어 음식이 초라함을 보고 "盤中無所有, 苜蓿長蘭干"
이란 시를 지었다 함.(王定保《唐摭言》) '長'은 '常'과 같음.

357

얼음은 물에서 생기지만 물보다 차다 함은 학생이 선생님보다 나음을
비유한 것이요,
　푸른색은 쪽이라는 풀에서 나오지만 풀보다 낫다 함은 제자가 선생님
보다 우수함을 말한 것이다.

「氷生於水而寒於水, 比學生過於先生;
　青出於藍而勝於藍, 謂弟子優於師傅.」

【青出於藍】 제자가 선생님보다 뛰어남(뛰어나야 함)을 말한 것으로《荀子》
勸學篇에 "青, 取之於藍而青於藍; 氷, 水爲之而寒於水"라 한 데서 유래됨.
藍은 쪽풀로 푸른 색 물감을 얻는 식물.

358

그 문안으로 들어가 보지 않아 학문을 제대로 알지 못함을 '궁장외망'
宮牆外望이라 하고,
　스승이 비결을 넘겨주어 제자가 이어받는 것을 '의발진전'衣鉢眞傳이라
한다.

「未得及門, 曰宮牆外望;
　稱得秘授, 曰衣鉢眞傳.」

【宮牆外望】 선생님의 학문은 높은 담장 안처럼 들여다볼 수 없는 집의 물건 같아 직접 들어가 보지 않고는 알 수 없다는 뜻. 《論語》 子張篇에 "叔孫武叔語大夫於朝曰: '子貢賢於仲尼.' 子服景伯以告子貢. 子貢曰: '譬之宮牆, 賜之牆也及肩, 窺見室家之好. 夫子之牆數仞, 不得其門而入, 不見宗廟之美, 百官之富. 得其門者或寡矣. 夫子之云, 不亦宜乎!'"라 함.

【衣鉢眞傳】 스님의 袈裟와 鉢釪. 禪宗에서 師徒 사이에 이를 전수함을 道法을 계승하는 것으로 여겼음.(《傳燈錄》834 참조) 한편 五代 때 范質이 진사에 급제할 때 당시 시험관 和凝이 그의 문장을 좋아하여 13명을 합격시키면서 범질에게 "그대의 문장은 13명을 굴복시킬 정도였고. 그대에게 이 늙은이의 의발을 넘겨주고 싶소"(君文宜冠多士, 屈居十三. 欲君傳老夫衣鉢也)라 하였으며, 얼마 후 화응은 재상이 되었고, 뒤에 범질 역시 재상 자리에 올랐다 함.(《五代通錄》)

359

한나라 때 사람들은 양진楊震을 '관서부자'關西夫子라 불렀고, 진나라 때 세상에는 하순賀循을 '당세유종'當世儒宗이라 불렀다.

「人稱楊震爲關西夫子, 世稱賀循爲當世儒宗.」

【楊震】 東漢 시대의 弘農 華陰 사람(?~124). 자는 伯起. 학문에 뛰어나 따르는 자가 천여 명이었으며 당시 그를 '關西夫子', 혹은 '關西孔子'라 불렀음.(《後漢書》 楊震傳, 289, 674, 707 참조)

【賀循】 晉나라 會稽 사람(260~319). 晉 元帝 司馬睿를 지지하여 江南의 領袖가 되었으며 종묘제악의 문물제도에 대하여 자문 역할을 하여 당시 '儒宗'이라 칭함을 받음.(《晉書》 賀循傳)

360

책 보따리를 짊어지고 천리를 찾아간 소장蘇章은 선생님을 따르겠다는 심정이 간절했던 것이요,

눈이 한 자나 쌓이도록 선생님 문 앞에서 기다린 유초游酢와 양시楊時는 선생님을 존경함이 이토록 지극하였던 것이다.

「負笈千里, 蘇章從師之殷;
 立雪程門, 游·楊敬師之至.」

【負笈】 '笈'은 책을 담은 대나무 상자. 이를 짊어지고 스승을 찾아감을 뜻함. '負笈千里', '負笈越海' 등의 성어를 낳음.

【蘇章】 한나라 시대 인물. 책을 담은 상자를 지고 천리를 멀다 않고 선생님을 찾아가 학문을 이루었다 함.(《文苑》)

【立雪程門】 宋나라 때 理學의 대가인 程頤의 제자로 游酢와 楊時가 있었다. 때마침 선생님께 배우러 갔을 때 선생님이 수면을 취하고 있었다. 이에 두 사람은 차마 선생님을 깨우지 못한 채 문 앞에 선 채로 기다렸다. 그런데 그 사이에 눈이 한 자나 쌓였다고 함.(《宋史》 楊時傳) 정이(1033~1107, 伊川)는 북송 이학 중의 대가로 형 程顥(明道)와 함께 二程으로 불렸으며, 游酢(1053~1123, 廣平), 楊時(1054~1135, 龜山), 謝良佐, 呂大臨이 그들의 제자였음. 이 네 인물을 흔히 '程門四先生'이라 하여 程氏正宗으로 여겨 朱熹에게 학문이 이어져 '程朱學'이라 함.

〈程頤(正公, 正叔)〉《晩笑堂畫傳》

361

　제자로서, 선생님께서 잘 가르쳐 주심을 '마치 봄바람 속에 앉아 있는 듯하다'고 표현하고,

　학업으로, 선생님께서 이루어 주신 것을 감사할 때 '때맞추어 오는 비의 은택을 앙모한다'라고 말한다.

「弟子稱師之善敎, 曰如坐春風之中;
　學業感師之造成, 曰仰沾時雨之化.」

【春風】宋代 朱光庭이 程顥에게 학문을 배우고 돌아와 사람들에게 "光庭在 春風中坐了一月"이라 한 것에서 '如坐春風之中'은 훌륭한 선생님에게 배운 것을 영광스럽게 여기는 말로 쓰임.(《二程全書》外書十二)
【時雨】비가 때맞추어 내려 만물이 흡족하게 은택을 입는 것에 비유함.(《孟子》盡心(上)에 "有如時雨化之者"라 함.

▶ 增文

362

사람으로 태어나 사람 구실을 할 때 똑같이 여겨 모셔야 할 대상이
셋이요, 선생님으로서 지녀야 할 기술은 네 가지이다.

「民生在三, 師術有四.」

【三生】'君師父一體'와 같은 말. 세상에 태어나 세 사람 때문에 인간 구실을
   하는 것이니 이 셋은 똑같이 모셔야 할 대상이라는 뜻.《國語》晉語(一)에
   "欒子曰: 民生於三, 事之如一: 父生之, 師敎之, 君食之"라 함.
【四術】선생님으로서 갖추어야 할 네 가지 기술과 태도 및 능력.《荀子》
   致士篇에 "師術有四: 尊嚴而憚, 耆艾而信, 誦說而不凌犯, 知微而論"이라 함.

363

경서를 붙잡고 그 뜻을 물으니 스승 모시기를 어버이 모시듯 해야 하고,
책 상자를 열고 책 보따리를 메고 다니니 식견 좁은 선비가 찾아와도
선생님으로서는 거절할 수 없는 것이다.

「執經問義, 事若嚴君;
　鼓篋擔囊, 不辭曲士.」

【事若嚴君】아버지처럼 모심.《呂氏春秋》勸學에 "事師之猶事父也"라 하였고, 《魏書》常爽傳에는 "弟子事之若嚴君焉"이라 하였음.

【鼓篋擔囊】고는 개와 같음. 책 상자를 열고 책 보따리를 메고 다님. 학업을 뜻함.《禮記》學記에 "入學鼓篋, 孫其業也"라 함.

【不辭曲士】아무리 식견이 좁은 선비라도 찾아와 배움을 청하면 이를 거절하지 않음. 柳宗元 〈與太學諸生書〉에 "師儒之席, 不拒曲士"라 함.

364

역사책을 왼쪽에 경서를 오른쪽에 두고 치우침이 없이 공부하는 것은 선비가 진정한 학문을 닦는 것이요,

나의 도道가 남쪽으로 가고, 내 가르친 《역易》이 동쪽으로 갔다고 하는 것은, 다른 사람도 그 가르침의 은택을 입게 되었음을 말한 것이다.

「史居左, 經居右, 士得眞修;
　道已南, 易已東, 人沾敎澤.」

【左右】'左史右經', '朝經暮史'와 같음. 왼쪽에는 역사책을, 오른쪽에는 경서를 끼고 균형을 이루어 공부함을 뜻함. 張載(橫渠)가 제자들에게 '左史右經, 朝弦暮誦'이라 하였다 함.

【南東】宋代에 楊時가 程頤에게 학문을 배울 때 기한이 되자 고향(남쪽)으로 돌아가겠다고 하니 정이가 "내 학문이 남쪽으로 가겠구나"(吾道南矣) 하며 흡족히 여겼다 함.《宋史》道學 楊時傳) 그리고 漢代 丁寬이 田何(杜陵, 서쪽)에게 《易經》을 배운 후

〈楊時(龜山)〉《晚笑堂畫傳》

고향(梁, 동쪽)으로 돌아가게 되자 "역경이 이미 동쪽으로 가게 되었구나"
(易已東矣)라 하였다 함.(《漢書》儒林傳)

365

월지月池에서 잔치를 열어 스승을 모신 자리에서, 제자가 황제가 된
것은 자랑할 만한 것이요,
　군영 막사에서 태연히 독서를 하였으니 반란의 불길이 있다고 해서 어찌
책읽기라는 것이 그칠 일이겠는가?

「賜宴月池之上, 翼贊堪誇;
　誦書帷帳之中, 烽煙奚避?」

【賜宴月池】唐 高祖 李淵이 太原을 진수하고 있을 때 張復胤을 스승으로
삼았었는데 이연이 唐을 세워 즉위한 후 그 아들 太宗(李世民)이 月池에서
잔치를 열어 아버지의 스승을 모시면서 "오늘 우리 집안이 어떻소?"라고 묻자
장부윤은 "옛날 공자 제자가 3천이라고는 하나 公侯伯子男 중에 子男의
지위조차 얻은 자가 없었소. 그런데 지금 신이 한 사람 가르쳐 천하의 왕이
되었으니 나의 공이 공자보다 나은 것이 아닌가 하오"(昔孔子門人三千, 達者
無子男之位, 臣翼贊一人, 乃王天下, 計臣之功過于宣聖)이라 하였다 함.(《合璧》,
《譚賓錄》, 421, 517, 739 참조) '翼贊'은 원래 '보좌'의 뜻, 여기서는 '가르치다'.
【帷帳】군영의 막사. 漢代 張奐이라는 자가 변방에 출사하여 갔을 때 그곳
민족이 반란을 일으켜 사방이 불길에 솟아 군사들이 동요하자 장환은 막사
에서 태연자약하게 제자들과 독서를 하며 토론하여 그들을 진정시켰다 함.
(《東觀漢記》)

증공曾鞏이 《충신록》과 《효자록》을 교재로 삼은 것은 삼강오륜을 함께 진작시켜야 함을 뜻한 것이요,

호원胡瑗이 '경의재', '치사재'라는 교실을 지어 가르친 것은 근본과 응용을 함께 온전히 터득해야 함을 뜻한 것이다.

「忠臣錄, 孝子錄, 綱常互振;
　經義齋, 治事齋, 體用兼全.」

【綱常】三綱五倫을 뜻함. 송대 曾鞏이 일찍이 역대 충신과 효자의 일을 모아 이를 제자 가르침에 사용하면서 "忠孝, 綱常之最大者, 汝曹具知之"라 하였다 함.(《曾南豐集》)

【體用】體는 본체, 用은 응용의 뜻. 북송 胡瑗이 '經義齋'와 '治事齋'라는 교실을 지어놓고 제자들에게 '義를 근본으로 삼아 일을 처리해야 한다'는 뜻을 전했다 함.(《名臣言行錄》 胡瑗)

〈曾鞏(文定)〉《晚笑堂畫傳》

〈忠孝節義圖〉淸, 民間 年畫

‘동쪽 집 공구孔丘’라 하였지만 더 이상 공자만한 이가 없었으니 도덕이 그 문장으로 빛을 발하게 된 것이며,

‘북두北斗 이남以南으로는 적인걸狄仁傑’이라 하였으니 일의 공적이 학술로부터 나왔음을 뜻하는 것이다.

「東家之外更無丘, 道德由文章炫出;
　北斗以南應有傑, 事功從學術做來.」

【東家】 동쪽 집에 사는 공자. 공자 당시 서쪽 이웃 사람들은 공자의 위대함을 모른 채 그저 ‘동쪽 집 저 孔丘’(彼東家丘)라 불렀다 함.《顔氏家訓》慕賢에도 “魯人謂孔子爲東家丘”라 함. 한편 漢末魏初의 邴原이 孫崧이라는 자를 스승으로 모시고자 찾아갔더니 손숭이 “그대 고향에 鄭君이란 분은 학자들이 스승의 모범으로 여기고 있소. 그대는 그런 분을 버리고 왔으니 이를 일러 소위 ‘東家丘’라는 것이요”(君鄕里鄭君, 學者師模也. 君乃舍之, 所謂以鄭爲東家丘也)라 하자 병원이 “사람마다 뜻이 있고 지향하는 바가 다른데 그대는 정군을 동가구라 한다면 나를 서쪽 이웃 어리석은 자라 여기는 거요?”(人各有志, 所向不同, 君謂鄭爲東家丘, 以僕爲西家愚夫耶?)라 하였다 함.《三國志》魏志 邴原傳)

【北斗】 唐代 유명한 재상 狄仁傑(630~700)을 두고 한 말. 그는 정치가이면서 학문에 깊어 당시 사람들이 “狄公之賢, 北斗以南, 一人而已”라 함.《新唐書》狄仁傑傳) ‘北斗’는 황제를 뜻하며 ‘以南’은 황제 이외의 천하 사람을 지칭함.

368

변소邊韶는 늘어진 모습에 배가 뚱뚱하여 한때 제자들의 조롱을 받았고,
한유韓愈는 고고한 생각으로 우리 유가들의 앙모를 받고 있다.

「邊孝先便便大腹, 曾見嘲於弟子;
　韓退之表表高標, 宣共仰於吾儒.」

【邊孝先】邊韶. 동한 때 사람으로 자가 孝先이었음. 그가 처음 공부할 때
뚱뚱하면서 낮잠을 즐겨 사람들이 "邊孝先, 腹便便, 五經笥, 但好眠"이라
비웃었다 함.(《後漢書》邊韶傳)
【韓退之】당송팔대가의 하나인 韓愈. 唐代 대문장가. 그는 〈論佛骨表〉를 지어
尊儒抑佛을 주장하였음.(《新唐書》韓愈傳)

369

응소應劭는 홀로 자신의 관직을 들먹였으니 어찌 선생 모시는 예라 할 수
있겠는가?
이고李固는 아버지의 관직을 자랑하지 않았으니 이것이 바로 제자로써
훌륭하다 칭하는 것이다.

「應生獨擧官銜, 豈事先生之禮;
　李固不矜父爵, 乃稱弟子之良.」

【應生】한나라 때 應劭(자는 仲遠). 《風俗通》이라는 저술을 남김. 그가 泰山
  太守를 그만두고 鄭玄의 문하에 들어가 공부를 하려고 하면서 첫 대면했을
  때 "내가 태산태수를 지낸 응소요. 북면하여 그대가 제자라 칭하면 어떻겠소?"
  (故泰山太守應仲遠, 北面稱弟子何如)라고 하자 정현이 "공자 제자로 넷을 잘
  하는 이들이 있었으나 안회나 자사 같은 이도 그 관직을 들먹이지 않았소"
  (仲尼之門, 分以四科, 回賜之徒, 不稱官銜)라 하여 부끄러움을 느꼈다 함.(《後
  漢書》鄭玄傳) '官銜'은 관직의 직함.

【李固】漢代의 李固(94~147). 그는 자신의 아버지(李郃)가 司徒라는 높은
  벼슬임에도 자신의 이름을 바꾸고 몰래 태학에 들어가 공부하면서 전혀
  신분을 밝히지 않아 아무도 알 수 없도록 하였다 함. 뒤에 刺史, 太守, 太尉
  등 높은 벼슬을 지냄.(《後漢書》李固傳)

◉ 참고

〈師生〉편 '續增' 8聯

○「先生施敎, 弟子是則.」

○「十聖六賢, 尊師不怠; 三年一昒, 事師獨誠.」

○「西河受業, 田子方之屬, 爲王者師;
　　北面受書, 文中子之徒, 皆人中杰.」

○「尊聞行知, 憶龍門之垂誠; 講學論性, 循鹿洞之遺規.」

○「前姚江, 後蕺山, 學徒稱盛;
　　北孫李, 南顧陸, 宗派不同.」

○「顏習齋力崇實學, 剛主從游;
　　江愼修夙號經師, 東原就業.」

○「橫山門下有詩人, 盛傳吳會;
　　隨園弟子多女士, 藻繪西湖.」

○「古設膠庠, 生徒濟濟; 今興學校, 士子莘莘.」

12. 붕우빈주 朋友賓主

❋ 본 장은 친구 사귐의 중요성과 손님 대접의 예의와 절차, 그리고 사회생활에서 인간 관계의 아름다움이 담긴 일화와 고사를 모아 설명하고 있다.(총 34연)

〈駱賓王詠鵝詩意圖〉 淸 惲壽平(畫)

370

선善을 취하고 인仁으로 서로 이끌어줌은 모두가 친구로서 해야 할 일이요,

왕래하고 교제함에는 서로 차례로 주인과 손님이 되어야 한다.

「取善輔仁, 皆資朋友;
　往來交際, 迭爲主賓.」

【取善輔仁】《論語》述而篇에 "子曰: '三人行, 必有我師焉: 擇其善者而從之, 其不善者而改之.'"라 하였고, 顔淵篇에는 "曾子曰: '君子以文會友, 以友輔仁.'" 이라 함.
【迭爲主賓】차례로 주빈이 됨. 한쪽이 일방적으로 주인 노릇을 하거나 손님 노릇을 해서는 안됨. 《孟子》萬章(下)에 "舜尙見帝, 帝館甥于貳室, 亦饗舜, 迭爲賓主, 是天子而友匹夫也"라 함.

371

너와 내가 한 마음인 것을 '금란'金蘭이라 하고,
친구 사이에 서로 바탕이 되어줌을 '여택'麗澤이라 한다.

「爾我同心, 曰金蘭;
　朋友相資, 曰麗澤.」

【金蘭】《周易》繫辭(上)에 "二人同心, 其利斷金; 同心之言, 其臭如蘭"이라 함.
【麗澤】'麗'는 '連'과 같음. 두 못의 물이 서로 연결되어 주고받아 정화되고
만물을 윤택하게 함.《周易》兌卦에 "麗澤, 兌, 君子以朋友講習"이라 함.

372

동쪽 집을 '동주'東主라 하고, 선생님을 '서빈'西賓이라 한다.

「東家曰東主, 師傅曰西賓.」

【東主】옛날 동쪽은 주인의 위치이며 서쪽은 손님의 위치였음. 그러나 여기
서는 동주는 재물을 대어 학교를 설립, 선생이 학생을 가르치도록 마련해
주는 사람을 뜻함. 따라서 '西賓'은 선생님을 뜻함.(355 참조)

373

아버지의 친구는 '부지'父執의 예로 존경하여 모시고,
자신과 같이 일을 하는 친구를 '동포'同袍라 한다.

「父所交遊, 尊爲父執;
　己所共事, 謂之同袍.」

【父執】아버지를 대할 때와 같은 예로 모심을 뜻함. '부지'로 읽음.《禮記》
  曲禮(上)에 "見父之執, 不謂之進, 不敢進; 不謂之退, 不敢退; 不問, 不敢對,
  此孝子之行也"라 함.
【同袍】옷을 함께 입을 정도로 친한 친구.《詩經》秦風 舞衣에 "豈曰舞衣,
  與子同袍"라 함.

374

마음과 뜻이 서로 맞아 사귀면 '막역지우'莫逆之友가 되는 것이요, 나이에
관계없이 사귐을 '망년지교'忘年之交라 한다.

「心志相孚爲莫逆, 老幼相交曰忘年.」

【莫逆】어떠한 경우라도 거역하지 아니함.《莊子》大宗師에 "琴牢與子桑戶
  孟之反三人爲友, 相視而笑, 莫逆於心, 遂相與爲友"라 함.
【忘年】나이 차이를 잊을 정도로 아주 가까움. 나이에 관계없이 친구로 사귐.
  漢나라 때 彌衡은 20이 되지 않았고 孔融은 이미 50이었지만 둘은 서로
  '너나'하면서 忘年之交로 사귀었다 함.(《後漢書》孔融傳) 그리고 남조 范雲과
  何遜 역시 忘年交로 사귐.(《南史》何遜傳)

375

'문경지교'刎頸之交는 인상여藺相如와 염파廉頗의 고사에서 비롯되었고,
'총각지호'總角之好라 함은 손책孫策과 주유周瑜의 사귐에서 비롯되었다.

「刎頸交, 相如與廉頗;
　總角好, 孫策與周瑜.」

【刎頸】 전국시대 藺相如와 廉頗의 고사에서 비롯됨. 전국시대 趙나라가 秦
　나라에게 和氏之璧으로 고통을 받을 때 인상여가 이를 완벽하게 되돌려
　오자(完璧歸趙) 이를 시기한 염파와 알력이 생김. 이에 '兩虎相鬪'의 설득으로
　염파를 깨우치자 염파가 肉袒負荊의 죄를 빌어 서로가 목을 베어도 후회
　하지 않을 친구(刎頸之交)의 의를 맺음.(《史記》 廉頗藺相如列傳, 219, 529, 723,
　738, 888, 1303 참조)
【總角】 원래 머리를 뿔처럼 묶었다는 뜻으로 미혼의 남자를 뜻함.(《詩經》
　齊風 甫田) 여기서는 삼국시대 孫策(吳나라 군주. 孫堅의 아들. 175~200)과
　周瑜(175~210, 자는 公瑾)가 어린 시절부터 아주 친한 친구였으며, 손책이
　나중에 "周公瑾與孤有總角之好, 骨肉之分"이라 함.(《三國志》 吳志 周瑜傳)

376

　아교와 옻칠같이 투합하는 친구란 진중陳重이 뇌의雷義에게 한 일을
두고 하는 말이며,
　닭을 잡고 기장밥을 만들어 함께 하기로 한 약속을 지킨 것은 장소
張劭와 범식范式의 우정을 두고 하는 말이다.

「膠漆相投, 陳重之與雷義;
　鷄黍之約, 元伯之與巨卿.」

【膠漆】 아교와 옻. 이 두 가지를 가구의 접착제와 칠로 사용하면 어떠한 경우라도 벗겨지거나 떨어지지 않음. 그 때문에 '떨어질 수 없는 친구'라는 뜻으로 쓰임. 동한 雷義라는 자가 茂才(인재선발 과목)에 추천되자 친구 陳重이 대신 뽑히기를 청원하였지만 刺史가 허락하지 않자 瘋病을 핑계로 도망하여 뒤에 둘이 함께 孝廉科에 합격하여 모두 尙書郎을 역임함. 이에 당시 사람들이 "膠漆自謂堅, 不如雷與陳"이라 함.(《後漢書》雷義傳)

【鷄黍之約】 원래 손님을 대접함을 뜻함.《論語》微子篇에 "丈人止子路宿, 殺鷄爲黍而食之"라 함. 여기서는 漢나라 때 張劭(元伯)와 范式(巨卿)의 고사를 말함. 두 사람은 아주 친한 친구로 함께 太學에서 공부를 마치고 서로 먼 고향으로 헤어지면서 범식이 몇 년 후 그대 고향을 방문하여 어머니께 인사를 드리리라"라고 약속을 함. 그 때가 되자 장소의 어머니는 닭을 잡고 기장밥을 준비하면서 몇 년 전 일에다 천리 먼 길인데 과연 오겠는가?"라고 묻자 "거경은 믿음을 가진 선비입니다. 틀림없이 약속을 지킬 것입니다"(巨, 信士也. 必不違約)라 하였다. 그 때 과연 범식이 나타나 어머니께 인사를 드리고 기쁨을 나누었다 함.(《後漢書》獨行傳) 한편《搜神記》권11에는 그 뒤 장소가 먼저 죽고 그 사실이 꿈에 나타나자 범식이 그 먼 길을 달려가니, 땅에서 떨어지지 않아 묻을 수 없던 관이 그제야 떨어져 묻을 수 있었다고 한다.

377

착한 사람과 사귀는 일은 마치 난초가 있는 집안으로 들어가는 것과 같아 오래 지나면 그 향기를 맡지 못하지만 향내는 몸에 배어 있는 것이다.

나쁜 사람과 사귀는 일은 마치 어물전에 들어가 있는 것 같아서 오래 지나면 생선 악취를 맡을 수 없는 것 같지만 악취에 배게 마련이다.

「與善人交, 如入芝蘭之室, 久而不聞其香;
　與惡人交, 如入鮑魚之肆, 久而不聞其臭.」

【芝蘭】《孔子家語》六本篇에 "與善人居, 如入芝蘭之室, 久而不聞其香, 卽與
　之化矣. 與不善人居, 如入鮑魚之肆, 久而不聞其臭, 亦與之化矣"라 하였으며
　《說苑》雜言篇에도 실려 있음.

378

간과 쓸개가 서로 비추어주듯 하는 것을 '복심지우'腹心之友라 하고,
의기가 서로 부합되지 못하는 것을 '구두지교'口頭之交라 한다.

「肝膽相照, 斯爲腹心之友;
　意氣不孚, 謂之口頭之交.」

【肝膽相照】간과 쓸개가 서로 비추어주듯 서로의 성의를 다하는 친구 사이.
　(史記 老莊申韓列傳 司馬貞 索隱)
【腹心】'心腹'과 같음. 뱃속의 마음처럼 지극히 통하는 친구. 唐나라 때 杜審言
　과 李嶠, 崔融, 蘇味道 등 네 사람이 우정이 깊어 당시 '心腹四友'라 하였다 함.
【意氣不孚】의기가 서로 통하지 않음. 이를 흔히 입으로만 친구인 척 하다의
　뜻인 '口頭之交'라 함. 孟郊의 〈擇友〉 시에 "面結口頭交, 肚裡刺荊棘"이라 함.

379

피차간에 서로 화합하지 못함을 일러 '삼상'參商이라 하고,
너와 내가 서로 원수가 됨은 마치 '빙탄'冰炭과 같아지는 것이다.

「彼此不合, 謂之參商;
　爾我相仇, 如同冰炭.」

【參商】둘 모두 별 이름으로 28宿의 하나. 삼성은 서쪽, 상성은 동쪽으로
두 별을 동시에 볼 수 없음. 서로 아주 멀리 떨어져 있음을 비유함.(《左傳》
昭公 元年, 017 참조)
【冰炭】얼음과 숯은 함께 섞을 수 없음. 서로 용납할 수 없음을 뜻함. '冰炭
不相容'이라 함.《韓非子》顯學篇에 "冰炭不同器而久, 寒暑不兼時而至"라
하였고, 蘇軾은 "君子小人, 勢如冰炭, 同處必爭"이라 하였고 容人篇에는
"冰炭不合形"이라 함.

380

백성親舊이 덕을 잃으면 하찮은 찬밥을 두고 서로 원망하고,
다른 산의 돌도 나의 옥을 다듬는 데는 쓸 수 있는 법이다.

「民之失德, 乾餱以愆;
　他山之石, 可以攻玉.」

【乾餱】마른 밥. 하찮은 것이란 뜻으로 쓰였음. 《詩經》 小雅 伐木에 "民之
失德, 乾餱以愆. 有酒湑我, 無九酤我"라 함.
【他山之石】다른 산의 돌도 자신의 옥을 다듬는 기구로 쓸 수 있음. 그러나
흔히 남의 일을 두고 자신의 잘못을 고치거나 수양거리로 삼을 수 있다는
뜻으로 쓰임. 《詩經》 小雅 鶴鳴에 "鶴鳴于九皐, 聲聞于天. 魚在于渚, 或潛
在淵. 樂彼之圓, 爰有樹檀, 其下維穀. 它山之石, 可以攻玉"이라 함.

381

떨어지는 달이 지붕에 가득함은 두보杜甫가 이백李白의 얼굴을 그리워
함을 읊은 것이요,
저녁 구름 봄 나무는 두보가 이백의 아름다운 모습을 그리워한 시
구절이다.

「落月屋梁, 相思顔色;
　暮雲春樹, 想望丰儀.」

【落月屋梁】杜甫의 〈夢李白〉 시에 "落月滿屋梁, 猶疑見顔色. 水深波浪闊, 無使
蛟龍得"이라 하여 흔히 친구를 그리워하는 뜻으로 쓰임.
【暮雲春樹】역시 杜甫의 〈春日憶李白〉 시에 "渭北春天樹, 江東日暮雲. 何時
一樽酒, 重與細論文"이라 함.
【丰儀】훌륭한 儀表나 자태. 모습.

382

왕양王陽이 벼슬길에 오르자 공우貢禹는 갓을 털며 자신을 추천하리라
기대하였고,
두백杜伯이 죄 없이 죽게 되었을 때 좌백左儒은 차라리 죽을지언정
임금의 뜻은 따를 수 없다고 하였다.

「王陽在位, 貢禹彈冠以待薦;
　杜伯非罪, 左儒寧死不徇君.」

【王陽】 한나라 시대 王陽과 貢禹는 아주 친한 사이로 왕양이 먼저 益州刺史의
　　벼슬길에 오르자 공우가 갓을 털며 그가 곧 자신을 추천할 것이라 기대를
　　걸었다 함.(《漢書》 王吉傳)
【杜伯】 西周 宣王 때 신하 杜伯이 죄가 없이 죽임을 당하게 되었을 때 그
　　친구 左儒가 간언을 하면서 "臣寧明君之過, 以正杜伯之無罪"라 하였으나
　　왕이 결국 두백을 죽이자 좌유도 따라죽음.(《竹書紀年》 周宣王 箋)

383

'분수'分首, '판메'判袂란 이별을 뜻하는 말이요,
빗자루를 들고 대문을 쓴다는 것은 손님을 공경히 맞는다는 뜻이다.

「分首·判袂, 敍別之辭;
　擁篲掃門, 迎迓之敬.」

【分首·判袂】 모두 헤어짐을 표현한 말. 머리를 돌려 갈 길을 가고 옷깃을
분리함.(杜甫〈直到錦州更分首〉詩) 그리고 唐代 蕭鳳이 玉門關으로 出任
하자 그 아우 蕭頻이 전별해 주며 "취한 술기운에 이별하면 슬프지 않으리"
(醉中分袂庶不悲)라 함.
【擁篲掃門】 빗자루를 들고 대문 앞을 쓸어 손님맞이 준비를 함. 손님을 공경
함을 뜻함. 杜甫의 〈客至〉 시에 "花徑不曾緣客掃, 蓬門今始爲君開"라 함.

384

육개陸凱는 매화를 꺾어 역사驛使를 만나자 이를 강남江南의 봄소식
이라고 친구에게 보냈고,
　왕유王維는 버들을 꺾어 멀리 떠나는 친구에게 주어 드디어 양관陽關의
악부노래로 세 번 부르는 절창이 되었다.

「陸凱折梅逢驛使, 聊寄江南一枝春;
　王維折柳贈行人, 遂唱陽關三疊曲.」

【陸凱】 南朝 梁나라 陸凱는 范燁과 아주 친한 친구로 그가 멀리 江南에 있을
때 마침 우연히 長安으로 공문을 가지고 가는 驛使를 만나자 그에게 매화
한 가지를 꺾어 시 한 수와 함께 장안의 범엽에게 전해줄 것을 청하였다 함.

그 시는 "折梅逢驛使, 寄與隴頭人. 江南無所有,
聊贈一枝春"이었음.(盛弘之《荆州記》)
【王維】唐나라 시인 王維(699~761)의 〈渭城曲
(送故友元二使安西)〉 시에 "渭城朝雨浥輕塵, 客舍
靑靑柳色新. 勸君更進一杯酒, 西出陽關無故人"
이라는 시를 지음.(《新唐書》文藝傳 中 王維傳)
【陽關三疊】고대 악곡에서 한 번 연주를 一疊
이라 함. 陽關은 甘宿 敦煌 남쪽의 관문. 흔히
중국과 서역의 경계 관문으로 여겼음.

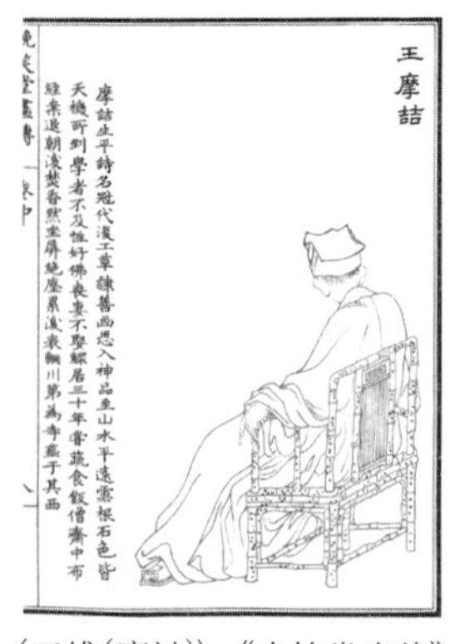

〈王維(摩詰)〉《晚笑堂畫傳》

385

자주 와도 싫지 않은 친구를 '입막지빈'入幕之賓이라 하고,
청하지 않았는데도 오는 친구를 '불속지객'不速之客이라 한다.

「頻來無忌, 乃云入幕之賓;
　不請自來, 謂之不速之客.」

【入幕之賓】東晉 시대 郗超가 桓溫의 참모였는데 마침 대신 謝安 등이 환온의
집에 와서 중요한 일을 의논하게 되었음. 이 때 환온은 치초를 몰래 장막
뒤에서 듣도록 함. 그런데 바람이 불어 장막이 걷히자 이를 본 사안이 "치초
정도라면 우리 막사 안의 손님이 되어도 되지"라 하여 믿을 만한 幕僚를
'入幕之賓'이라 함.(《晉書》郗超傳) 여기서는 '비밀스러운 일에 참여하여도
꺼릴 것이 없는 사람'을 뜻함.
【不速之客】남의 집에 와서 어서 떠나지 않고 있는 손님.《周易》需卦에
"維不速之客三人來, 敬之, 終吉"이라 함.

386

단술을 준비하지 않는 것은 초왕 유무劉戊가 선비를 대접하는 성의가 게을러진 것이요,

수레바퀴 빗장을 뽑아 우물에 던진 것은 한나라 진준陳遵이 손님을 떠나지 못하도록 한 간절한 마음 속 성의였다.

「醴酒不設, 楚王戊待士之意怠;

　投轄於井, 漢陳遵留客之心誠.」

【楚王戊】 한나라 楚 元王(劉交)은 穆生과 친한 사이로 목생이 술을 마시지 못하자 늘 그를 위해 단술(醴酒)을 준비하였음. 그러나 그 아들 劉戊가 왕위를 이어받아 역시 목생을 위해 주연을 베풀면서 단술을 준비하지 않자 "可以逝矣, 醴酒不設, 王之意怠, 不去, 楚人將鉗我於市"라 화를 내며 돌아섰다고 함.(《漢書》楚元王傳) 이에 따라 대접이 소홀해지는 것을 '醴酒不設'이라 함.(761 참조)

【漢陳遵】 한나라 때 陳遵은 친구들을 좋아하여 그의 집에 많은 친구를 불러 놓고 술을 마실 때면 그들이 타고 온 수레의 바퀴 빗장(車轄)을 뽑아 우물에 던져 넣어 가지 못하게 했다 함.(《漢書》陳遵傳)

387

채옹蔡邕은 나막신을 거꾸로 신고 손님을 맞았고,

주공周公은 감던 머리를 쥐고 선비를 대하였다.

「蔡邕倒屣以迎賓, 周公握髮而待士.」

【蔡邕倒屣】동한 말 蔡邕(132~192)은 자신의 집에 어떤 많은 손님이 와도 그저 덤덤히 맞았으나 어느 날 王粲이 온다는 소리를 듣자 왕찬이 어리고 작은 키에 볼품 없는 모습임에도 신발을 거꾸로 신을 정도로 급이 나서서 맞이함. 모두들 놀라 이유를 묻자 "왕찬은 기이한 인물이다. 내가 그만 못하다"(此王公孫有異才, 吾不如也)라 함.(《三國志》 魏志 王粲傳)
【周公握髮】周初 周公(旦)은 아들 伯禽을 魯나라 봉지로 대신 보내면서 "나는 머리 한 번 감을 때도 세 번씩이나 감던 머리를 틀어쥐고, 한번 밥을 먹다가도 세 번이나 수저를 놓으면서 일어나 찾아온 손님을 맞으면서 도리어 그렇게까지 하면서도 천하의 현인을 놓치면 어쩌나 걱정하였다"(我文王之子, 武王之弟, 成王之叔父, 我於天下亦不賤矣. 然我一沐三捉髮, 一飯三吐哺, 起以待士, 猶恐失天下之賢人)라 하였음.(《史記》 魯周公世家) 이에 따라 '吐哺握髮'의 고사가 생김.

388

동한 진번陳蕃은 서치徐穉를 중히 여겨 그만을 위한 자리를 내려 서로 맞이하였고,
공자는 길에서 정생程生을 만나자 수레를 비스듬히 세워놓고 종일 이야기를 나누었다.

「陳蕃器重徐穉, 下榻相延;
 孔子道遇程生, 傾蓋而語.」

【下榻相延】東漢 때 陳蕃은 豫章太守로 명성이 대단했으나 손님맞기를 즐겨
하지 않으나 오직 당시 은사 徐穉만은 대단히 중히 여겨 그를 위해 따로
자리를 마련하여 모셨으며, 그가 가고 나면 그 자리를 다시 벽에 걸어둘
정도였다 함.(《後漢書》徐穉傳)
【傾蓋而語】孔子가 郯 땅으로 가는 길에 평소 흠모하던 程子(程本子, 子華子)를
만나자 길가에 수레를 비스듬히 세워놓고 종일토록 담소를 나누었다 함.
이를 '傾蓋而語'라 함.(《孔叢子》雜訓, 《韓詩外傳》卷二, 《說苑》尊賢篇, 《孔子
家語》致思篇, 《子華子》등 참조)

389

백아伯牙가 현을 끊어버린 것은 종자기鍾子期를 잃고 나서 더 이상 음을
알아주는 무리가 없음이요,
　관녕管寧이 자리를 베어 화흠華歆과 절교한 것은 뜻을 같이 하는 사람이
아님을 말한 것이다.

「伯牙絶弦失子期, 更無知音之輩;
　管寧割席拒華歆, 謂非同志之人.」

【伯牙絶弦】주나라 때 伯牙(兪伯牙)는 거문고 연주의 대가였는데 그가 악상을
떠올리며 연주하는 것을 鍾子期는 모두 알아들었음. 이에 知音이라 하였음.
뒤에 종자기가 죽자 백아는 더 이상 자신의 음악을 알아 줄 사람이 없다고
여겨 거문고 줄을 끊어버림.(《列子》湯問篇)
【管寧割席】管寧과 華歆이 함께 글을 읽고 있을 때 마침 밖에 고관의 행렬이
지나가자 하흠이 부러워하며 나가서 구경을 하고 돌아옴. 이에 관녕이 함께
깔고 앉았던 자리를 잘라 버리면서 "너는 이제 내 친구가 아니다"라 함.

따라서 '割席'은 뜻이나 포부가 달라 함께 할 수 없는 친구와의 절교를 뜻함.
《世說新語》德行에 "管寧·華歆共園中鋤菜, 見地有片金, 管揮鋤與瓦石不異,
華捉而擲去之. 又嘗同席讀書, 有乘軒過門者, 寧讀書如故, 歆廢書出看. 寧割
席分坐曰: ‘子非吾友也!’"라 함.

390

　장사를 한 이익을 더 많이 차지하는 관중管仲을 보고 포숙鮑叔은 집이
가난하기 때문이라 이해하였고,
　비단 옷을 내려주었던 것은 수가須賈가 범저范雎의 궁함을 심히 가련
하게 여겼던 것이다.

「分金多與, 鮑叔獨知管仲之貧;
　綈袍垂愛, 須賈深憐范叔之窘.」

【鮑叔】춘추시대 齊 桓公을 도와 패자로 만들었던 管仲의 친구로 ‘管鮑
之交’의 고사를 낳음. 함께 장사를 하였을 때 관중이 그 이익을 더 차지하는
것을 보고 "집이 가난한 데다 늙으신 어머니를 모시고 있기 때문"이라
하였음.《列子》,《史記》齊太公世家,《韓詩外傳》등에 아주 널리 실려 있음.
【須賈】전국시대 范雎는 원래 魏나라의 신하였는데 당시 大臣 須賈에게
지극히 미움을 받아 견딜 수 없게 되자, 이름을 張祿으로 바꾸고 秦나라로
들어가 재상이 되었음. 뒤에 수가는 범저가 죽은 줄로만 여기고 진나라에
사신으로 왔다. 그때 범저가 초라한 모습으로 나타난 것을 보자 가지고
온 비단 옷을 그에게 주었음. 이에 범저가 재상의 도장을 보여주자 수가는
머리를 조아리며 지난날의 잘못을 빌었으며, 범저는 도리어 그가 자신에게
비단 옷을 줄 정도로 옛 정을 가지고 있다고 여겨 죽이지 않았음.(《史記》

范雎蔡澤列傳) 이에 따라 '綈袍' 혹은 '綈袍垂愛'는 원수를 졌더라도 옛사람의
정을 잃지 않음을 뜻함.

391

손님과 주인의 정을 서로 연결함을 알고자 하면 모름지기 동남지미
東南之美를 다할 것이요,
　붕우 사이에 의로써 합하고자 하면 의당 절시切偲의 정성을 펼쳐 보여야
한다.

「要知賓主聯以情, 須盡東南之美;
　朋友合以義. 當展切偲之誠.」

【東南之美】東은 주인의 자리, 南은 南面(제왕)의 자리를 상징하는 것으로
주인과 손님이 모두 귀한 신분으로 정이 아름다운 것을 칭송한 것. 初唐
王勃의 〈滕王閣序〉에 "臺隍枕夷夏之交, 賓主盡東南之美"라 함.
【切偲】《論語》 子路篇에 "子路問曰: '何如斯可謂之士矣?' 子曰: '切切偲偲,
怡怡如也, 可謂士矣. 朋友切切偲偲, 兄弟怡怡.'"라 함. 절시(切偲)는 '서로
責善하는 모습'.

▶ 增文

392

공자와 노자는 가히 '통가'通家라 할 만하고,
관자와 포숙은 족히 '지기'知己라 할 만하다.

「仲尼·老子, 可謂通家;
 管子·叔牙, 足稱知己.」

【通家】 서로 통하여 사귄 집안. 世交, 혹은 두 사람 사이.(465 참조) 공자
    (仲尼)가 노자(李耳)를 찾아가 예를 물은 것으로 서로 소통했던 관계라는 뜻.
    (《史記》 老莊申韓列傳) 孔融이 겨우 열 살 때 李膺을 찾아가서 한 날.(《後漢書》
    孔融傳) 한편 《世說新語》 言語篇에 "孔文擧年十歲, 隨父到洛; 時李元禮有
    盛名, 爲司隷校尉; 詣門者皆雋才淸稱, 及中表親戚乃通. 文擧至門, 謂吏曰:
    '我是李府君親.' 旣通, 前坐. 元禮問曰: '君與僕有何親?' 對曰: '昔先君仲尼,
    與君先人伯陽, 有師資之尊; 是僕與君奕世爲通好也.' 元禮及賓客莫不奇之.
    太中大夫陳煒後至, 人以其語語之. 煒曰: '小時了了, 大未必佳!' 文擧曰: '想君
    小時, 必當了了!' 煒大踧踖"이라 함.
【知己】 서로의 고통이나 생각을 잘 알아주는 친구. 管仲과 鮑叔의 관계를
    말함.(《史記》 管晏列傳,《列子》,《韓詩外傳》)

393

백도伯桃는 자신의 식량을 모두 친구에게 주고 홀로 떠돌다 죽음을 달게
여겼고,

자여子輿는 밥을 싸서 친구에게 보내어 그의 가난함을 모른체 하지
않았다.

「伯桃併糧於共事, 甘殞流離;
　子輿裏飯於同儕, 不忘貧賤.」

【伯桃】춘추시대 羊角哀와 左伯桃가 楚王이 어질다는 소문을 듣고 찾아가
　기로 하여 함께 길을 떠났으나 중간에 폭설을 만나 옷과 먹을 것이 모자
　라자 백도가 자신의 옷과 먹을 것을 모두 양각애에게 주고 자신은 홀로
　버드나무 숲으로 가서 죽었다 함.(《太平御覽》409에 인용된 《烈士傳》)
【子輿】子桑과 子輿는 친구 사이로 어느 날 열흘 간 비가 그치지 않자 자여
　가 자상이 먹을 것이 없어 굶고 있으리라 여겨 음식을 싸서 찾아갔더니
　그는 노래를 부르고 있었음.(《莊子》大宗師)

394

　학문 연구에 깊었던 상수向秀와 혜강嵇康은 단짝이 되어 버드나무 아래
에서 토론을 벌였고,
　문장으로 서로 놀며 즐기던 원진元稹과 백거이白居易는 꽃 아래에서
술잔을 기울이며 시를 지었다.

「鈐錘道義, 向·嵇偶鍛於柳中;
　遊戲文章, 元·白啣杯於花下.」

【向·嵇】晉나라 상수(向秀, 227~272)와 嵇康(224~262)은 모두 竹林七賢으로 아주 친한 사이였음. 검추(鈐錘)는 '철을 단련하다', 즉 학문 연구에 지극히 열중함을 뜻함. 두 사람은 늘 단짝이 되어 혜강의 집 마당에 있는 버드나무 아래에서 늘 함께 玄學을 토론했다 함.(《晉書》嵇康傳) '向'은 성씨의 경우 '상'으로 읽음.

【元·白】唐나라 시대 元稹(779~831)과 白居易(772~846)는 두 사람 모두 당대 유명한 시인으로 서로 친하여 당시 '元白'이라 불렀으며 늘 서로 만나 꽃 아래에서 시를 읊고 술을 마셨다 함. 백거이가 원진에게 준 시에 "花時同醉破春愁, 醉折花枝當酒籌. 忽遇故人天際去, 計程今日到凉州"라 함.(《本事詩》徵異)

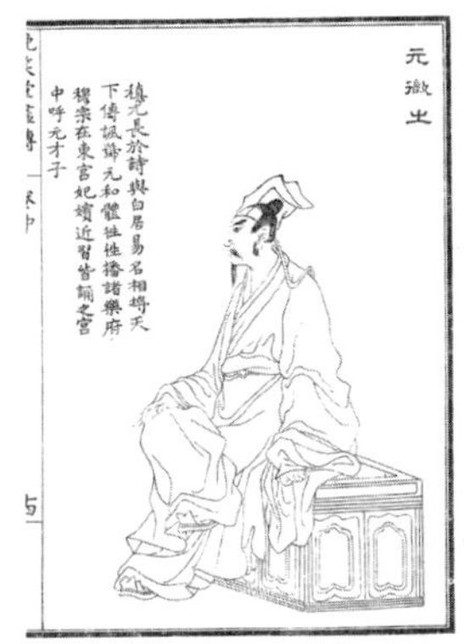

〈元稹(微之)〉《晚笑堂畫傳》

395

정보程普는 주유周瑜를 깔보았으나 그가 끝까지 용납함을 '순한 술을 마셔도 취하고 만다'고 하였고,

주거周舉는 황헌黃憲을 좋아하여 그를 보면 '솜옷을 입지 않아도 저절로 따뜻해지는 것 같다'라 하였다.

「程普見容於周瑜, 若飮醇醪自醉;
　周舉得親於黃憲, 不披綿纊猶溫.」

【程普】삼국시대 오나라 사람(?~215)으로 孫堅을 도와 江南을 다스렸음. 그는

늘 자신이 周瑜보다 나이가 많다고 주유를 깔보았으나 주유는 이에 개의치 않고 잘 대해줌. 나중에 정보는 이를 알고 "주유와 사귀고 있으면 마치 순한 술을 마시는 것과 같아 취하는 줄을 모른다"(與周瑜交, 如飮醇醪, 不覺自醉"라 함.(《三國志》吳志 周瑜傳)

【周擧】 한나라 때 周乘. 자는 子居. 인물로 그는 늘 친구 黃憲(자는 叔度)을 두고 "그를 잠시 몇 달만 보지 못해도 비루한 마음이 생긴다. 그를 만나기만 하면, 마치 솜옷을 입지 않아도 저절로 따뜻해지는 것 같다"(吾時月不見黃叔度, 則鄙吝之心已復生矣. 一見黃叔度, 令人不綿自暖)라 함.(《世說新語》德行, 謝承《後漢書》,《汝南先賢傳》)

396

귀천이 달라져도 잊지 않기로 함에 흰 개와 붉은 닭을 잡아 우정을 약속하고,

유비劉備와 관우關羽는 생사를 함께 하기로 함에 검은 소와 백마를 잡아 그 마음을 맹세하였다.

「貴賤不忘, 素犬丹雞定約;
　死生與共, 烏牛白馬盟心.」

【素犬丹鷄】 흰 개와 붉은 색의 닭. 월나라 사람들은 서로 친구가 됨을 약속할 때는 흰 개와 붉은 닭을 잡아 그 피로써 맹약하되 "卿乘車, 我戴笠, 他日相逢下車揖. 我步行, 卿乘馬, 他日相逢當下馬"라 하여 귀천이 달라져도 전혀 어기지 않기로 한다 함.(《侯鯖錄》)

【烏牛白馬】검은 소와 흰 말. 劉備와 關羽가 桃園에서 結義할 때 백마를 잡아 하늘에 제를 올리고 검은 소를 잡아 땅에 제를 올리며 생사을 함께 할 것을 맹약했다 함.(《三國志演義》)

397

면전에서 사람을 잃은 예는 유파劉巴가 장비張飛와 말도 나누지 않은 경우요,

일이 지나고 나서 친구를 그리워한 예는 주의周顗가 왕도王導를 잃고 슬퍼한 경우이다.

「面前便失人, 劉巴不與張飛語;
　事後方思友, 周顗還崖王導悲.」

【劉巴·張飛】劉巴는 張飛가 대단한 인물인 줄 모르고 늘 그를 무시하여 말도 걸지 않았음. 제갈량이 이유를 묻자 "大丈夫處世, 當友四海英雄, 如何 與兵子共語?"라 함.(《三國志》蜀志 劉巴傳) 장비(?~221)는 삼국 시대 劉備를 도와 촉을 세웠으며 關羽와 함께 '萬人敵'이라 칭할 정도였음.

【周顗·王導】周顗(자 伯仁. 269~322)와 王導(276~339)는 모두 동진 시대 함께 벼슬한 동료로 王敦(왕도의 사촌 형)이 반란을 일으켰을 때 왕도가 연루되자 주의에게 자신을 구제해 주도록 부탁하였음. 그러나 주의는 얼른 대답은 하지 않았으나 곧 상서를 올려 왕돈의 죄를 지적하면서 왕도는 무죄라 함. 뒤에 왕돈이 建康(서울, 지금의 南京)에 입성하여 주의를 죽이고자 할 때 왕도는 주의를 살려줄 것을 왕돈에게 건의하지 않아 결국 주의는 피살됨. 뒤에 왕도가 中書省에서 상소문을 점검하다가 주의가 자신을 살려냈음을 알고 "내 주의를 죽이지 않았으나 주의가 나 때문에 죽었구나"(吾雖不殺伯仁, 伯仁由我而死)라 울면서 탄식함.(《世說新語》尤悔,《晉書》周顗傳)

398

여안呂安은 멀리 있는 친구 혜강嵇康이 그리워 천리를 멀다 않고 그를 찾아 수레를 몰았고,

왕자유王子猷는 눈오는 밤 친구 대안도戴安道가 그리워 야반 삼경에 배를 저어 그를 찾아갔다.

「呂安動遐思, 千里命尋嵇之駕;
　子猷懷雅興, 三更泛訪戴之舟.」

【呂安】三國 시대 魏나라 인물(?~263). 여안은 嵇康을 심히 좋아하여 천리 먼 거리에 살면서도 그가 보고 싶을 때면 수레를 몰고 찾아갔음. 그런데 어느 날 혜강이 집에 없고 그 아들 嵇喜가 맞이하자 '鳳'(凡鳥)이라 써 놓아 오기를 부리고 왔음.《世說新語》簡傲篇에 "嵇康與呂安善, 每一相思, 千里命駕. 安後來, 値康不在, 喜出戶延之; 不入, 題門上作「鳳」字而去. 喜不覺, 猶以爲欣, 故作. '鳳' 字, 凡鳥也."라 함.(705 참조)

【子猷】王徽之(?~388). 王羲之의 아들이며, 王凝之의 아우.《世說新語》任誕篇 에 왕자유가 겨울 밤 큰 눈이 내리자 친구 대안도가 보고 싶어 그가 있는 먼 섬 땅까지 밤새도록 작은 배를 저어 찾아갔으나 아침에 그 집 대문에 이르러 감흥이 사라지자 그대로 돌아왔다는 기록이 있음.(王子猷居山陰, 夜 大雪, 眠覺, 開室, 命酌酒, 四望皎然. 因起仿偟, 詠左思招隱詩; 忽憶戴安道. 時戴 在剡, 卽便夜乘小船就之. 經宿方至, 造門不前而返. 人問其故? 王曰: "吾本乘興 而行, 興盡而返, 何必見戴!")

윤민尹敏과 반표班彪는 어찌 그저 얼굴만 아는 친구 사이겠으며,
산도山濤와 완적阮籍은 이를 일러 정신이 통하는 친구 사이라 한다.

「尹敏·班彪, 豈曰面友;
　山濤·阮籍, 是謂神交.」

【尹敏·班彪】 윤민은 동한 시절 인물로 《古文尙書》
와 《毛詩》에 뛰어났던 인물. 반표(3~54) 역시 동
한의 사학가로 《後漢書》를 쓰기 시작하였으며
그의 아들 班固가 이를 완성함. 두 사람은 친한
친구로 서로 만나면 학문 토론에 빠져 밥 먹는
것도 잊고 밤을 새웠다 함.(《後漢書》 儒林傳, 《東
觀漢記》) '面友'는 '그저 얼굴만 알고 지내는 친
구 사이'라는 뜻.
【山濤·阮籍】 두 사람 모두 竹林七賢으로 서로 정
신까지 통하는 친구 사이(神交)였음.(《世說新語》,
《晉書》 嵇康傳)

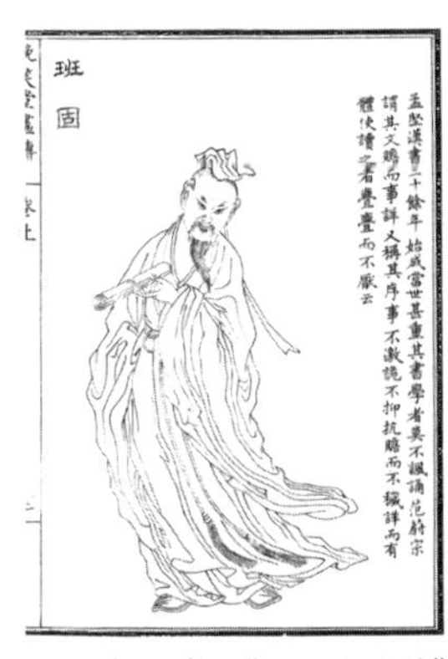

〈班固(孟堅)〉《晚笑堂畫傳》

공융孔融은 그의 집에 항상 친구가 가득하였으니 이는 틀림없이 반드시
예를 갖추어 이들을 불렀기 때문일 것이며,

왕모중王毛仲은 당상의 높은 지위였음에도 집안에 찾아오는 손님이 없었던 것은 남의 재능을 인정하여 고맙다고 찾도록 함이 적었기 때문이리라.

「孔融座中常滿, 必然有禮招徠;
　毛仲堂上全無, 定是乏才感召.」

【孔融】 竹林七賢의 하나로 자는 文擧(158~303). 그의 집에는 항상 친구들이 모여들어 가득 차 있었다 함.(《後漢書》 孔融傳)
【毛仲】 王毛仲(?~732). 唐 玄宗 때 인물로 高句麗 사람이라 함. 그의 아버지가 포로가 되어 李隆基(玄宗)의 家奴였으나 그가 황제로 즉위하자 아들인 왕중모가 총애를 받아 大將軍에 올랐으며 霍國公에 봉해짐. 환관 高力士 등은 그를 매우 두려워했다 함. 그러나 그는 자신의 출신 때문에 사람 사귀기를 꺼려 하여 비난과 원망을 샀다 함.(新舊《唐書》 王毛仲傳,《語林》 方正)

401

음식 대접이 동등하지 않자 이에 감히 생선 반찬이 없다고 하였으나,
　주인과 손님이 서로 공경을 다했다면 어찌 자신의 개를 꾸짖는 일이 있었겠는가?

「式飮式食, 敢曰無魚;
　必敬必恭, 何嘗叱狗.」

【無魚】전국 시대 孟嘗君(田文)의 식객 중에 馮諼
(馮驩)이라는 자가 자신의 대접에 생선반찬이 없다고
"長鋏歸來乎! 食無魚"라 투덜댔던 유명한 고사를 말
함.(《戰國策》齊策四,《史記》孟嘗君列傳, 746 참조)
【叱狗】《禮記》曲禮에 "尊客之前不叱狗"라 하여 손님
이 왔을 때 개를 꾸짖지 않음을 뜻함.

〈馮驩彈鋏〉

402

한기韓琦의 집 선비는 풍류 태도가 멋져 그에게 여자 노비를 주었고,
　이항李沆의 문하에는 어떤 이가 있었던가? 새롭게 멋진 대련을 지어
천자를 만날 수 있었네.

「韓魏公堂前有士, 風流態度, 得贈女奴;
　李文定門下何人, 新巧時聯, 乃逢天子.」

【韓魏公】북송의 유명한 재상 韓琦(1008~1075). 范仲淹과 함께 西夏와의
전쟁에 공을 세워 '韓范'이라 불림. 知州, 樞密使, 재상 등을 지냈으며 魏國公
에 봉해짐. 그의 식객 중 하나가 밤에 담을 넘어 妓女의 집을 드나들자 한기
가 〈種竹〉이라고 시 "은근히 잘 씻어 심은 대나무, 그 중 미친 가지가 담을
넘어가지 않도록 하라"(殷勤洗濯加培植, 莫遣狂枝亂出墙)를 지어 나무라자
그 식객은 도리어 "주인께서 선비의 고절을 불쌍히 여긴다면 그 미친 가지를
도끼를 든 자에게 바치지 말라"(主人若肯憐高節, 莫爲狂枝贈斧戕)라 함. 이에
한기는 그에게 여자 노비 하나를 주었다고 함.(《靑瑣高議》名公詩話)
【李文定】李文靖의 오기. 宋初의 李沆을 가리킴. 당시 王奇라는 자가 李文靖
의 문객이 되었는데 이문정이 죽어 황제가 직접 조문을 왔다가 병풍에

"雁聲不到歌臺上, 秋色偏欺客路中"이라는 쓰인 對聯을 보고 심히 감탄하여 그를 불러 殿試를 보도록 허락하자 왕기는 다시 "不拜春官爲座主, 親逢天子作門生"이라는 聯句를 썼다 함.(《贛州府志》, 厲鶚 《宋詩紀事》)

403

'곰이 아니라 하여 위수 가에서 강태공을 만났으니 어찌 늦은 것이겠는가?'라는 시구는 무한한 감탄을 자아내고,
　'마음에 두고 사는 그 사람은 때가 되어도 오지 않는구나'라 한 시구는 그 안타까움이 얼마나 크겠는가?

「熊飛淸渭逢何暮, 無任悽愴;
　客有可人期不來, 豈勝慨嘆?」

【熊飛淸渭逢何暮】 石曼卿의 詩句. '飛熊'과 같음. 이는 周 文王이 사냥을 나가면서 점을 치자 "오늘 만날 것은 용도 이무기도 아니며 호랑이도 곰도 아니요 천자를 도와 왕업을 이룰 사람"이라 하여 강태공을 渭水 가에서 만났다 함. (《史記》 周本紀) 원래 '非虎非羆'였으나 와전되어 '非熊'이 되었음. 한편 본장의 내용은 宋代 趙平叔이 어린 시절 涎水에 있을 때 군수에게 사랑을 받아 그 문하가 되었다는 이야기로 보임. 뒤에 그 조평숙이 涎水郡守가 되어 부임하자 당시 石曼卿이 감탄하여 "熊飛淸渭逢何暮, 龍臥南陽去不還, 年少客遊今君守, 蔚然疑在立談間"이라 함. 본문의 '悽愴'은 지극히 감탄함을 뜻함. (劉攽 《中山詩話》)
【客有可人期不來】 이는 송대 陳師道의 "書當快意讀易盡, 客有可人期不來. 世事相逢但如此, 好懷百歲幾時開?"라는 시구의 일부. '可人'은 마음 속에 늘 두고 살 만한 친구를 뜻함.

⊛ 참고

〈朋友賓主〉편 '續增' 8聯

○ 「君子之交淡如水, 同心之言臭如蘭.」

○ 「靑松示盟, 白水旌信.」

○ 「願爲東道主, 供行李之往來;
　　同傾北海樽, 喜賓朋之雜沓.」

○ 「孟嘗慢客, 馮鋏常彈; 公瑾乞糧, 魯困慨贈.」

○ 「范巨卿白馬奮喪, 不忘死友;
　　戴弘正金蘭訂簿, 幸得良朋.」

○ 「龍門開宴, 相邀不外知交;
　　虎阜飛觴, 勝會無非遺侶.」

○ 「踏月屢敲門, 造訪免行賓主禮;
　　重城休上鑰, 過從恒爲竟夕談.」

○ 「是皆聲氣應求, 聯爲益友;
　　豈其酒食游戲, 比之匪人.」

13. 혼인 婚姻

❋ 본 장은 고대의 혼인에 대한 유래와 혼례 의식의 예식과 내용, 그리고 부부 인연의 중요함을 들어 그 일화와 고사를 설명하고 있다.(총 26연)

〈清人嫁娶圖〉(부분)

404

좋은 인연으로 부부가 됨은 이미 일찍이 맺어져 있는 것이며,
훌륭한 짝은 하늘로부터 이루어진 것이다.

「良緣由夙締, 佳偶自天成.」

【夙締】 이미 맺어져 있음.
【天成】 하늘이 이루어준 것.

405

'건수'蹇修와 '가인'柯人은 모두 중매쟁이를 일컫는 말이요,
 '빙인'冰人과 '장판'掌判도 모두 혼인 성사를 위해 말을 전달해 주는
사람을 말한다.

「蹇修與柯人, 皆是媒妁之號;
　冰人與掌判, 悉是傳言之人.」

【蹇修·柯人】 중매쟁이의 별칭. 〈離騷〉에 "解佩纕以結言兮, 吾今蹇修以爲理"라
　하였고, 《詩經》豳風 伐柯에 "伐柯如何, 匪斧不克. 娶妻如何, 匪媒不得"이라
　하였음.

【冰人·掌判】역시 중매쟁이의 별칭. 冰人은 晉나라 때 令狐策이라는 사람이 자신이 얼음 위에 서서 얼음 밑에 있는 사람과 대화를 하는 꿈을 꾸었는데 스스로 점을 쳐 “얼음 위는 양이고 얼음 아래는 음이다. 詩에 ‘士如歸妻, 迨冰爲泮’이라 하였으니 이는 음양을 매개하는 것이다. 따라서 중매쟁이의 일을 하라는 뜻이리라” 하였다 함. 그 뒤 ‘冰人’은 중매쟁이를 뜻하는 말로 쓰임.(《晉書》 索紞傳) ‘掌判’은 《周禮》 地官 媒氏에 “媒氏掌萬民之判, 令男子 三十而娶, 女子二十而嫁也”라 한 데서 비롯됨.

406

혼례는 반드시 육례六禮를 두루 실행해야 하고, 이성二姓의 화합을 잘 이루어야 한다.

「禮須六禮之周, 好合二姓之好.」

【六禮】혼인 성사의 수속과 과정. 納采, 問名, 納吉, 納徵, 請期, 親迎의 여섯 단계를 거침. ‘納采’는 남자 집에서 媒妁을 세워 여자 집에 혼인 의사를 물어 논의할 허락을 받으면 예물을 준비하여 보내는 것. ‘問名’은 여자 쪽의 이름과 생년월일을 물어 이를 점치는 것. ‘納吉’은 남자 쪽에서 점으로 길함을 얻은 후 정식 혼인 의사를 쌍방이 체결하는 것. ‘納徵’은 납길 후에 예물을 보내는 것. ‘請期’는 결혼 날짜를 정하여 여자 집에 알려 동의를 얻는 것. ‘親迎’은 사위 될 자가 정식으로 여자 집에 가서 신부를 데려와 혼인 의식을 거행 하는 것.(《儀禮》 士婚禮)
【好合二姓之好】《禮記》 哀公問에 “公曰: ‘寡人願有言. 冕而親迎, 不已重乎?’ 孔子愀然作色而對曰: ‘合二姓之好, 以繼先聖之後, 以爲天地宗廟社稷之主, 君何謂已重乎?’”라 함.

407

여자가 시집가는 것을 '우귀'于歸라 하고, 남자가 혼례를 마침을 '완취'
完娶라 한다.

「女嫁曰于歸, 男婚曰完娶.」

【于歸】 여자의 출가를 뜻함.《詩經》周南 桃夭에 "之子于歸, 宜其室家"라 함.
【完娶】 혼례의 모든 과정을 마침. 남자가 장가들었음을 뜻함.(《水滸傳》32회)

408

혼인에 재물을 논하는 것은 오랑캐나 호로 집안의 도道요,
같은 성씨는 혼인하지 않음은 주례에 그렇게 되어 있다.

「婚姻論財, 夷虜之道;
  同姓不婚, 周禮則然.」

【婚姻論財】《文中子》事君에 "婚姻論財, 夷虜之道也, 君子不入其鄕. 古者男女
  之族各擇德焉, 不以財爲禮"라 함.
【同姓不婚】 原註에 "《周禮》同姓不婚, 敎親也"라 하였으나 지금의 《주례》에는
  이 구절이 없으며 《禮記》曲禮(上)에 "取妻不取同姓"이라 하였고, 〈坊記篇〉

에는 "子云: '取妻不取同姓, 以厚別也. 故買妾不知其姓, 則卜之. 以此坊民,
魯春秋猶去夫人之姓曰吳, 其死曰孟子卒.'"이라 함.

409

여자 집에서 빙례를 받아들이는 것을 '허영'許纓이라 하고,
신부가 조상의 사당에 가서 배례를 올리는 것을 '묘견'廟見이라 한다.

「女家受聘禮, 謂之許纓;
　新婦謁祖先, 謂之廟見.」

【許纓】 여자가 붉은 색 허리띠(纓)를 매어 이미 남에게 매였음을 표시함.
《禮記》曲禮(上)에 "女子許嫁, 則繫以纓, 示有所繫屬也"라 함.
【廟見】 혼인을 치른 석 달 뒤에 신부가 신랑의 조상 사당(祖廟)에 가서 배례를
　하여 정식으로 그 집안 사람이 되었음을 알리는 의식. 《禮記》曾子問에
　"三月而廟見, 稱來婦也. 擇日而祭於禰, 成婦之義也"라 하여 고대에는 '成婚
　之禮'보다 '成婦之禮'를 더 중시하였음.

〈家廟祭祀圖〉

410

'문정'文定과 '납채'納采는 모두가 빙례를 행함을 뜻하는 말이요,
아들 딸 모두 혼례를 마침은 자평子平이 원하던 일을 끝냈음을 말한
것이다.

「文定納采, 皆爲行聘之名;
　女嫁男婚, 謂了子平之願.」

【文定】納徵과 訂婚을 묶어서 하는 말.《詩經》大雅 大明에 "文定厥祥, 親迎
於渭"라 하였으며, 朱熹의 注에 "文, 禮也; 祥, 吉也. 言卜得吉而以納幣之禮
定其祥也"라 함.
【子平】韓나라 때 向長이란 사람은 자가 子平으로 그가 《周易》의 損괘와 益괘
를 읽고 나서 "今吾已知富不如貧, 貴不如賤, 但未知死何如生耳"라 탄식하고
집안의 아들딸을 모두 혼인시킨 다음 "내 소원은 다 끝났다"라 하며 집을 떠나
五嶽 名山을 유람하다가 어떻게 죽었는지 모른다 함.(《後漢書》逸民傳)

411

빙의를 '안폐'雁幣라 하고, 아내가 혼인 점을 치는 것을 '봉점'鳳占이라
한다.

「聘儀曰雁幣, 卜妻曰鳳占.」

【雁幣】 기러기는 평생 짝을 바꾸지 않는다고 하여 이를 혼례에 상징으로 여겼음. 楊衡의 〈夷陵郡內敍別〉에 "雁幣任野薄, 恩愛緣義深"이라 함.

【鳳占】 춘추시대 陳敬仲이 齊나라로 도망하여 오자 제나라 대부 懿氏가 그와 인척을 맺었으면 할 때 그 아내가 점을 쳐보고는 "吉, 是謂鳳凰于飛, 和鳴鏘鏘"이라 하였음. 이에 '봉점'은 혼인 의사를 점친다는 뜻으로 쓰임.(《左傳》 莊公 22년)

412

성혼의 날을 '성기'星期라 하고, 숙명을 전해주는 사람을 '월로'月老라 한다.

「成婚之日曰星期, 傳命之人曰月老.」

【星期】 결혼식을 올리는 날.《詩經》唐風 綢繆에 "綢繆束薪, 三星在天. 今夕 何夕, 見此良人"이라 함.

【月老】 月下老人의 줄인 말. 唐 韋固라는 사람이 혼인을 위해 밤길을 나섰다가 우연히 한 노인을 만났는데 큰 자루에 기대어 달을 향해 책을 보고 있었음. 위고가 묻자 노인은 "천하의 혼인 장부"(天下之婚牘)라 함. 이에 그 자루 속의 물건을 물었더니 "붉은 실로 부부의 다리를 묶는 것이지요. 비록 원수 집안이라도, 혹 귀천이 전혀 다르다 해도, 천 리 밖 멀리서 벼슬을 한다 해도, 오초와 같이 전혀 다른 곳에 산다 해도 이 끈으로 한번 묶이면 벗어날 수가 없습니다"(赤繩子, 以繫人夫婦之足, 雖仇敵之家, 家貧懸隔, 天涯從宦, 吳楚異鄉, 此繩一繫, 終不可逃)라 함.(《續幽怪錄》) 이에 따라 '월하노인'은 '부부의 연을 맺어주는 宿命'을 뜻하며 '중매쟁이'라는 뜻으로 쓰임.(418 참조)

413

'하채'下采는 납폐納幣를 말함이요, '합근'合졸은 교배交杯를 말한다.

「下采卽是納幣, 合졸係是交杯.」

【納幣】納徵의 다른 말.(전출)
【合졸】원래 호로박을 반으로 잘라 붉은 실로 연결하여 만든 두 개의 술잔.
혼인식(親迎)이 끝난 후 이 잔으로 신랑 신부가 동시에 술을 마셔 합심동체가
됨을 상징하는 의식.(《儀禮》土婚禮) 뒤에 '合졸', 혹 '合졸之禮'는 혼인을 대신
하는 말로 쓰임. '졸'은 '졸'으로도 표기함.

414

수건과 빗을 들었다 함이나 키와 빗자루로 받든다 함은 모두가 여자
집안에서 시집보낼 자신의 딸에 대하여 겸손히 하는 말이요,
  결혼 전 교육을 잘 받았다고 하거나 내칙의 공부를 잘했다고 함은 남자
집안에서 며느리 될 자를 칭찬하는 말이다.

「執巾櫛, 奉箕箒, 皆女家自謙之詞;
  嫻姆訓, 習內則, 皆男家稱女之說.」

【巾櫛】 수건과 빗. 남자가 목욕을 하고 나올 때 아내 된 자가 수건과 빗을 들고 기다림. 아내가 자신을 낮추어 쓰는 말. 《左傳》 僖公 32년에 "寡君之 使婢子侍執巾櫛"이라 함.

【箕帚】 箕帚로도 쓰며 키와 빗자루. 역시 남의 아내가 됨을 낮추어 쓰는 말. 《史記》 高祖本紀에 呂叔平(유방 고조의 장인)이 처음 유방을 만났을 때 그 관상을 보고 "僕閱多人矣, 無如季相, 僕有弱女, 願爲箕帚妾"이라 함.

【姆】 고대 50이 되도록 자식이 없는 여자로 오직 시집가기 전의 남의 딸에게 부도를 가르치는 일을 직업으로 하는 자를 '姆'라 함.

【內則】 《예기》의 편명으로 婦道에 대한 것을 기록한 것.

415

'녹창'綠窗은 가난한 집 딸을 뜻하고, '홍루'紅樓는 부잣집 딸을 말한다.

「綠窗是貧女之室, 紅樓是富女之居.」

【綠窗·紅樓】 白居易의 〈秦中吟·議婚〉 시에 "綠窗貧家女, 寂寞二十餘"라 하였고, 다시 "紅樓富家女, 金縷繡羅襦"라 함.

416

‘도요’桃夭는 혼인의 시기가 왔음을 말하는 것이요,
‘표매’摽梅는 혼기가 이미 지났음을 말하는 것이다.

「桃夭, 謂婚姻之及時;
　摽梅, 謂婚期之巳過.」

【桃夭】《詩經》周南 桃夭篇을 말함. 혼인을 비유하여 읊은 내용임. “桃之夭夭,
灼灼其華. 之子于歸. 宜其室家”라 함.
【摽梅】여자가 혼기에 이르렀으나 시집을 가지 못함을 뜻함. 매실이 익어
떨어질 때가 됨을 말함. 《詩經》召南 摽有梅에 “摽有梅, 其實七兮. 求我庶士,
迨其吉兮”라 함.

417

궁궐 도랑으로 시를 써 보내자 우우于祐가 이를 인연으로 궁궐의 예쁜
여자를 배필로 얻게 되었고,
　수놓은 장막 뒤에 숨은 재상 딸의 실을 잡아당겨 곽원진郭元振은 미녀를
얻는 행운을 누렸다.

「御溝題葉, 于祐始得宮娥;
　繡幕牽絲, 元振幸獲美女.」

【御溝題葉】唐 僖宗 연간에 궁녀 韓氏가 붉은 나뭇잎에 시를 지어 이를 궁전
도랑에 띄워 밖으로 내보냈다. 마침 于祐라는 선비가 이를 주워 읽고는
자신도 답시를 지어 그 궁궐로 들어가는 물 상류에서 띄워 보냈다 함. 이에
다시 그 궁녀가 주워 보았고 뒤에 재상 韓泳이 이를 알고 중매를 서서 두
사람을 혼인시켰다 함. 이에 따라 '紅葉題詩', '御溝流葉' 등의 고사가 생김.
(《北夢瑣言》, 《雲溪友議》)

【繡幕牽絲】唐 재상 張嘉貞에게는 딸이 다섯이 있었다. 그래 마침 荊州都督
郭元振을 사위로 삼기로 하고 딸들에게 각각 장막 뒤에서 숨어 실을 하나씩
내놓고 있도록 하여 그 중 하나를 당기게 함. 곽원진이 붉은 실을 당기자
셋째 딸이었고 사색이 뛰이났디 함.(《開元天寶遺事》)

418

한 무제는 아버지 경제가 자신에게 아내를 얻어준다는 논의에 대하여
장차 '금으로 집을 가득 채우겠다'라 하였고,
　위고韋固와 월하노인月下老人이 혼사를 논하다가 비로소 '붉은 실로
두 사람 발을 묶는다'는 것을 알게 되었다.

「漢武對景帝論婦, 欲將金屋貯嬌;
　韋固與月老論婚, 始知赤繩繫足.」

【漢武】한 무제(劉徹, 景帝의 아들)가 어릴 때 그의 고모 長公主(경제의 누이)가 "장가들고 싶으냐?"라 묻자 그렇다고 대답하였다. 그러자 자신의 딸(阿嬌)을 가리키며 "어떠냐?"라 다시 묻자 "아교 정도라면 금으로 가득 집을 채워드리겠어요"(若得阿嬌, 當以金屋貯之)라 하였다 함.(《漢武故事》) 본문의 '경제가 무제의 아내에 대한 논의'는 잘못되었음.
【韋固】'月下老人'의 고사를 낳은 이야기.(412 참조)

419

주씨朱氏와 진씨陳氏는 한 동네 살면서 좋은 인척관계를 맺었고, 춘추시대 진秦과 진晉 두 나라는 자주 인척관계를 맺어 혼인을 이루었다.

「朱·陳一村而結好, 秦·晉兩國以成婚.」

【朱·陳】중국 옛날에 朱氏와 陳氏는 한동네 살면서 대대로 혼인하여 좋은 인척이 됨.《事文類聚》에 "朱陳兩姓, 世爲婚姻"이라 함.
【秦·晉】춘추시대 秦나라와 晉나라는 늘 혼인관계를 맺어 인척국가가 됨. 이로 인해 두 나라가 인척관계이거나 집안의 성혼을 '秦晉之好', '秦晉之匹'이라 표현함.(《世說新語》言語篇 注《別傳》)

420

남전藍田에 옥을 심어 신부를 얻었으니 옹백雍伯의 인연이요,
보창寶窗을 통해 사위를 골랐으니 이는 이임보李林甫의 딸들이었다.

「藍田種玉, 雍伯之緣;
　寶窗選婿, 林甫之女.」

【藍田種玉】 옛날 楊雍伯이라는 사람이 길가는 행인에게 밥을 주자 그 중
한 사람이 씨앗을 주며 이를 심으면 옥이 날 것이요 신부도 얻게 된다고
하였다. 과연 백옥이 자라 밭에 기득하였고 뒤에 옹백이 서씨의 딸을 사모
하여 구혼하자 백옥을 구해오면 허락하겠다고 하여 이에 자신의 백옥 5쌍을
바쳐 소원을 이루어 신부를 얻었다 한다. 임금이 이를 듣고 기이하게 여겨
그를 대부로 삼고 그 땅을 '玉田'이라 하였다 한다.(《搜神記》 권11, 886 참조)
'藍田'은 지명으로 보이나 《수신기》에는 언급되어 있지 않음.
【林甫】 唐 李林甫(?~752). 당 현종의 총애를 입어 19년간 재상을 지냈으며
권력을 농단하여 안록산의 난을 유발시킨 인물. 그가 자신의 대청에 창문
(이를 寶窗이라 하였음)을 만들어 비단으로 가리고 여섯 딸로 하여금 집을
방문하는 젊은이를 몰래 그 창으로 살펴보고 택하도록 하였다 함.(《開元天
寶遺事》, 530, 735 참조)

421

오작교烏鵲橋를 놓아 은하를 건넘은 견우와 직녀의 만남이요,
병풍에 그려진 공작의 눈을 쏘아 맞히어 당 고조는 아내를 얻게 되었다.

「駕鵲橋以渡河, 牛·女相會;
　射雀屛而中目, 唐高得妻.」

【鵲橋】烏鵲橋. 옛날 하늘 나라 견우와 직녀가 사랑을 나누자 이를 못마땅히 여긴 천제의 부인(娘娘)이 은하수를 사이로 갈라놓아 만나지 못하게 함. 이에 천제가 이를 불쌍히 여겨 매년 7월 7일 한 차례만 만나는 것을 허락함. 이 날 까마귀, 까치들이 모두 날아올라 그 은하수에 다리가 되어 두 사람을 건너게 한다 함.(《風俗通》, 017 참조)
【雀屛】당나라를 세운 高祖 李淵(566~635)이 젊을 때 당시(隋나라) 竇毅의 딸이 매우 현숙하여 사위를 고르면서 병풍에 공작을 그려놓고 눈을 맞추는 자를 택하겠다고 하였음. 이에 이연이 두 눈을 모두 맞추어 그 딸을 아내로 맞았으며 이가 太穆竇皇后로 아들 李世民을 낳음.(《新唐書》 太穆竇皇后傳, 365, 517, 739 참조)

422

친영親迎이 이처럼 중요한 예라 함은 인륜을 바르게 하는 시작이기 때문이요,
　《시》에 '호구'好逑를 첫 구절로 삼은 것은 왕도의 교화를 숭상하는 근원이기 때문이다.

「至若禮重親迎, 所以正人倫之始;
　詩首好逑, 所以崇王化之原.」

【親迎】六禮 중의 親迎禮. 신랑이 신부집에 가서 직접 신부를 맞아 오는 것.
(전출)

【好逑】《詩經》國風 周南 關雎의 첫 구절 "關關雎鳩, 在河之洲. 窈窕淑女,
君子好逑"를 말하며 이는 文王이 太姒를 배필로 삼은 것을 축하하는 노래라
하며 이를 왕도정치 교화의 시작이라 여겼음.

▶ 增文

423

물고기와 물이 서로 즐거움을 나누니 정이 얼마나 아름답고 긴밀한가?
토사와 여라 넝쿨 의탁할 곳이 있으니 그 뜻이 심히 빈틈 없도다.

「魚水合歡, 情何款密;
　絲蘿有托, 意甚綢繆.」

【魚水】 물고기와 물의 관계처럼 필수적인 부부를 뜻함.《管子》小問에 "浩浩
者水, 育育者魚, 未有室家, 囪我何爲?"라 함.
【絲蘿】 兎絲와 女蘿. 모두 기생 식물 이름으로 넝쿨이 지며 서로 엉겨 떨어
지지 않음. 부부를 뜻함.《古詩十九首》에 "與君爲新婚, 免絲附女蘿"라 하였
으며,《詩經》頍弁에 "蔦與女蘿, 施于松柏. 未見君子, 憂心奕奕. 旣見君子,
庶幾說懌"이라 함.

424

검은 염소 한 마리를 끌고 이를 예로 삼은 것은 예로부터 내려오는
풍속이요,
　푸른 황새 같은 사위를 골라 혼인을 치른다 함은 진실로 좋은 배필
이라는 뜻이다.

「牽烏羊以爲禮, 自是古風;
　選碧鸛以成婚, 正爲佳匹.」

【烏羊】검은 염소. 남조 宋나라 孔淳之는 성품이 고고하여 친구 王敬弘의
딸을 며느리로 맞으면서 오직 검은 염소 한 마리와 술 한 주전자만으로
예를 삼았다. 이에 '예가 너무 박하다'라고 하자 '옛날 예는 덕을 중히 여기되
재물은 가볍게 여겼다. 이것이 농부로서의 예이다'(重德輕財, 此田父之禮也)라
하였다.(《南史》孔淳之傳)
【碧鸛】唐나라 때 韋詵이 裴寬을 사위로 맞았으니 그는 홀쭉하고 키가 컸다.
혼인식에 푸른 옷을 입히자 그 모습을 본 친척들이 "푸른 황새"(碧鸛)라
불렀다 한다.(《新唐書》裴寬傳)

425

친척을 배필로 정하고자 온교溫嶠는 옥경대를 선물로 보냈고,
　검소함을 따르고 사치함을 없애려고 범중엄范仲淹은 비단 장막을 태워
버리겠다고 하였다.

「因親作配, 溫嶠曾下鏡臺;
　從簡去華, 仲淹欲焚羅帳.」

【溫嶠】동진 때 인물로 자는 太眞(288~329). 자신의 고모가 딸을 보낼 신랑감
을 구해달라고 하자 온교는 거짓으로 이미 구하였다 하고 자신이 玉鏡臺를

선물로 보내어 자신과 결혼하였다. 《世說新語》假譎에 "溫公喪婦, 從姑劉氏, 家値亂離, 唯有一女, 甚有姿慧, 姑以屬公覓婚. 公密有自婚意, 答云: ‘佳婚難得, 但如嶠比云何?’ 姑云: ‘喪破之餘, 乞得粗相存活, 便足慰吾餘年; 何敢希汝比?’ 卻數日, 公報姑云: ‘已得婚處, 門地粗可, 壻身不減嶠.’ 因下玉鏡臺一枚. 姑大喜. 旣婚, 交禮, 女以手披紗扇, 大笑曰: ‘我固疑是老奴. 果如所卜.’ 玉鏡臺, 是公 爲劉越石長史, 北征劉聰所得"이라 하였다.(425 참조)

【仲淹】宋대 范仲淹이 아들을 장가보낼 때 어떤 사람이 신부가 좋은 비단 휘장을 가지고 시집올 것(사치를 부림)이라 하자, 그는 대뜸 "그런 것을 가지고 오면 내 마당에서 당장 불살라 버리리라"(吾家素淸儉, 安得亂吾家法, 若有持來, 吾當火之于庭焉) 함.(《事文類聚》, 220, 783 참조)

426

유경劉景이 마부 두광杜廣을 사위로 택했으니 마부가 어찌 부끄러운 것이리요,

지순摯恂이 제자 마융馬融을 자신의 딸 배필로 삼으니 제자로서 영광 이었다.

「劉景擇婿杜廣, 廐卒何慚;
 摯恂定配馬融, 門徒有幸.」

【劉景】당나라 때 자사 벼슬의 劉景이 자신의 마부 杜廣과 이야기를 나누어 보고 그의 재덕에 감복하여 집으로 돌아와 아내에게 "딸을 위해 사위를 3년 을 찾았지만 우리 마구간에 천리마가 있는 줄 몰랐네"(吾爲女求夫三年, 不意 廐中有騏驥)라 하며 사위로 삼았다 함.(《三十國春秋》)

【摯恂】한나라 때 摯恂은 馬融의 선생님으로 일체 벼슬에 나가지 않고 南山 아래에서 제자만 가르치고 있었다. 그가 마융의 재주를 보고 그를 사위로 삼았다.(《後漢書》馬融傳) 마융은 한대 유명한 학자.(전출)

427

의가 중하고 은혜가 깊어 임금의 여동생이 혼인으로 보답하였고,
　정이 두텁고 의가 새겨지니 한나라 광무제는 뱃속의 아이와 혼인을 약속하였다.

「義重恩深, 禁女因婚報德;
　情孚意契, 漢君指腹連姻.」

【義重恩深】춘추시대 吳나라 군대가 楚나라 서울까지 쳐들어오자 楚 昭王이 피신하였다. 이때 大夫 鍾建이 왕의 어린 여동생 계미(季芈)를 업고 함께 나섰다. 뒤에 초 소왕이 돌아와 계미가 시집갈 나이가 되었을 때 "여자는 남자를 멀리해야 하나 종건이 나를 업었던 적이 있습니다"(所以爲女子, 遠丈夫也, 鍾建曾負我矣)라 하여 종건에게 시집을 갔음.(《左傳》定公 5년) '禁女'는 궁궐의 여자를 말함.
【情孚意契】西漢 말 劉秀(뒤에 東漢 光武帝가 됨)의 수하에 賈復이라는 장수가 있었다. 그런데 전투 중에 그만 심한 상처를 입고 말았다. 마침 그의 아내가 임신 중임을 안 유수가 "그대가 딸을 낳으면 내 며느리를 삼을 것이요, 아들을 낳으면 내 사위로 삼으리라. 처자에 대한 걱정이 없도록 하리라"(復如生女, 我子娶之, 生男, 我女妻之. 不令憂妻子也)고 하여 안심시켰다 한다.(《後漢書》賈復傳)

428

가난하여 시집갈 화장대도 없어 오은지吳隱之의 노비는 개를 끌고
팔러 나섰고,
　사위가 모두 뛰어나 환언桓焉의 두 딸의 사위들을 '승룡'乘龍이라 하였다.

「貧乏奩儀, 吳隱之婢賣犬;
　婿皆賢士, 叔元之女乘龍.」

【吳隱之】 晋나라 謝石이 吳隱之를 衛將軍主簿로 데리고 있었다. 오은지가
딸을 시집보낼 때 그 집이 가난함을 알고 사석이 사람을 보내어 돕노록
하였다. 그 사자가 돌아와 "그 집 노비가 개를 끌고 팔러 가더이다. 그 외
에는 아무것도 없이 가난하더이다"라 하였다.(《晋書》 吳隱之傳) '염의(奩儀)'는
시집갈 때 화장으로 쓰는 물건과 돈.
【叔元】 동한 때의 桓焉(?~143). 자는 叔元. 그의 사위 둘은 모두 司徒에 올라
집안이 대단하였음. 이에 당시 "叔元兩女具乘龍"이라 칭하였음.(《楚國先賢傳》,
467 참조) '乘龍'은 훌륭한 사위를 뜻하는 말로 쓰임.

429

멋지게 생긴 배항裴航은 남교藍橋에서 옥 절구로 신선약을 다 찧고 나서
운영을 만났고,
　멋진 사나이 소사蕭史는 퉁소를 잘 불어 농옥弄玉을 만나 진나라 누각
에서 신선이 되어 봉황을 타고 사라졌다.

「俊逸裴航, 藍橋搗殘玉杵;
　風流蕭史, 秦樓吹徹瓊簫.」

【裴航】 당대 裴航이라는 자가 우연히 雲翹夫人(신선)을 만났다. 그가 "경장
(신선의 약)을 한 번 마시면 온갖 감회가 생겨나고, 현상(역시 신선의 약)을
다 빻으면 운영을 배필로 맞으리. 남교가 곧 신선으로 가는 길이니 하필
힘들게 옥경(신선세계의 궁전)으로 갈 필요가 있으리오?"(一飮瓊漿百感生, 玄霜
搗盡見雲英. 藍橋便是神仙路, 何必崎嶇上玉京)라는 시를 주었다. 뒤에 배항이
'藍橋'라는 다리를 지날 때 한 늙은 부인이 있어 그에게 물을 얻어 마시겠
다고 하였더니 그 부인이 '雲英'이라는 아이를 불러 물심부름을 시키는
것이었다. 이에 자초지종을 이야기하고 그를 아내로 맞아 함께 신선이
되었다 한다.(《太平廣記》 50)

【蕭史】 춘추시대 蕭史라는 사람은 퉁소를 잘 불어 秦 穆公이 자신의 딸 弄玉을
주어 사위로 삼았다. 뒤에 부부가 함께 퉁소를 불자 봉황이 나타나 그를
태우고 날아가 신선이 되었다고 한다. 진 목공은 그들이 살던 곳에 '鳳臺'
라는 누각을 지었다 한다.(《列仙傳》)

◉ 참고

〈婚姻〉편 '續增' 2聯

○ 「男子三十壯有室, 女子許嫁筓而字.」

○ 「三星在戶, 幸見良人; 六轡如琴, 欣來碩女.」

임동석(茁浦 林東錫)

慶北 榮州 上茁에서 출생. 忠北 丹陽 德尙골에서 성장. 丹陽初中 졸업. 京東高 서울 敎大 國際大 建國大 대학원 졸업. 雨田 辛鎬烈 선생에게 漢學 배움. 臺灣 國立臺灣師範大學 國文硏究所(大學院) 博士班 졸업. 中華民國 國家文學博士(1983). 建國大學校 敎授. 文科大學長 역임. 成均館大 延世大 高麗大 外國語大 서울대 등 大學院 강의. 韓國中國言語學會 中國語文學硏究會 韓國中語中文學會 會長 역임. 저서에 《朝鮮譯學考》(中文) 《中國學術槪論》 《中韓對比語文論》. 편역서에 《수레를 밀기 위해 내린 사람들》 《栗谷先生詩文選》. 역서에 《漢語音韻學講義》 《廣開土王碑硏究》 《東北民族源流》 《龍鳳文化源流》 《論語心得》 〈漢語雙聲疊韻硏究〉 등 학술 논문 50여 편.

임동석중국사상100

유학경림 幼學瓊林

程登吉 撰·鄒聖脈 註 / 林東錫 譯註
1판 1쇄 발행/2010년 11월 11일
발행인 고정일
발행처 동서문화사
창업 1956. 12. 12. 등록 16-3799(윤)
서울강남구신사동540-22 ☎546-0331~6 (FAX)545-0331
www.epascal.co.kr
잘못 만들어진 책은 바꾸어 드립니다.

*

*

사업자등록번호 211-87-75330
ISBN 978-89-497-0627-6 04080
ISBN 978-89-497-0542-2 (세트)